UTB **1253**

W0177086

Eine Arbeitsgemeinschaft der Verlage

Böhlau Verlag · Köln · Weimar · Wien
Verlag Barbara Budrich · Opladen · Farmington Hills
facultas.wuv · Wien
Wilhelm Fink · München
A. Francke Verlag · Tübingen und Basel
Haupt Verlag · Bern · Stuttgart · Wien
Julius Klinkhardt Verlagsbuchhandlung · Bad Heilbrunn
Lucius & Lucius Verlagsgesellschaft · Stuttgart
Mohr Siebeck · Tübingen
C. F. Müller Verlag · Heidelberg
Orell Füssli Verlag · Zürich
Verlag Recht und Wirtschaft · Frankfurt am Main
Ernst Reinhardt Verlag · München · Basel
Ferdinand Schöningh · Paderborn · München · Wien · Zürich
Eugen Ulmer Verlag · Stuttgart
UVK Verlagsgesellschaft · Konstanz
Vandenhoeck & Ruprecht · Göttingen
vdf Hochschulverlag AG an der ETH Zürich

Dem Andenken
Georg Streckers
(1929–1994)

Udo Schnelle

Einführung in die neutestamentliche Exegese

7., durchgesehene und ergänzte Auflage

Vandenhoeck & Ruprecht

Prof. Dr. theol. **Udo Schnelle**, o. Professor für Neues Testament an der theologischen Fakultät in Halle. Veröffentlichungen: Gerechtigkeit und Christusgegenwart. Vorpaulinische und paulinische Tauftheologie, ²1986; Antidoketische Christologie im Johannesevangelium, 1987; Wandlungen im paulinischen Denken, 1989; Neutestamentliche Anthropologie, 1991; Neuer Wettstein II (mit G. Strecker); Neuer Wettstein I/2, 2001; Einleitung in das Neue Testament, ⁶2007; Das Evangelium nach Johannes, ³2004; Paulus. Leben und Denken, 2003; Theologie des Neuen Testaments, 2007; Aufsätze.

Bibliografische Information der Deutschen Nationalbibliothek

Die Deutsche Nationalbibliografie verzeichnet diese Publikation in der Deutschen Nationalbibliografie; detaillierte bibliografische Daten sind im Internet über http://dnb.d-nb.de abrufbar.

ISBN 978-3-8252-1253-7 (UTB)
ISBN 978-3-525-03230-5 (Vandenhoeck & Ruprecht)

1.–4. Auflage als Strecker/Schnelle,
Einführung in die neutestamentliche Exegese

7., durchgesehene und ergänzte Auflage
© 2008, 1983 Vandenhoeck & Ruprecht GmbH & Co. KG, Göttingen
Internet: www.v-r.de
Umschlaggestaltung: Atelier Reichert, Stuttgart
Satz: Text & Form, Garbsen
Druck und Bindung: CPI – Ebner & Spiegel, Ulm

ISBN 978-3-8252-1253-7 **(UTB Bestellnummer)**

Vorwort zur 7. Auflage

Dieses Buch möchte dazu beitragen, Studierende zu einem methodisch reflektierten Umgang mit den Texten des Neuen Testaments zu befähigen. Dabei nimmt es die neueren synchronen Fragestellungen auf, ohne jedoch auf die bewährten Methodenschritte zu verzichten. Ein Blick auf die Entwicklung der letzten drei Jahrzehnte zeigt deutlich, dass nicht Methodenpurismus in der einen oder anderen Weise, sondern eine bewusste Methodenvielfalt und Methodenkombination sich als sinnvoll und hilfreich erwiesen haben.

Für die 7. Auflage wurde der Text wiederum durchgesehen und an einer ganzen Reihe von Stellen ergänzt; neu hinzugekommen ist der Abschnitt 13.3.7. Auch Herr Dr. M. Labahn (2.3.13) und Herr PD Dr. M. Lang (15) haben ihre jeweiligen Abschnitte durchgesehen. Zur Weiterarbeit und Vertiefung verweise ich auf: Udo Schnelle, *Einleitung in das Neue Testament*, UTB 1830, [6]2007; ders., *Theologie des Neuen Testaments*, UTB 2917, 2007.

Halle, im Januar 2008   Udo Schnelle

Inhalt

1. Einleitung

Literatur

GENTHE, H. J., Kleine Geschichte der neutestamentlichen Wissenschaft, 1977. – KÜMMEL, W. G., Das Neue Testament. Geschichte der Erforschung seiner Probleme, [2]1970. – REVENTLOW, H. v., Epochen der Bibelauslegung I–IV, 1990–2001. – BAIRD, W., History of New Testament Research I.II, Minneapolis 1992.2003.

Das Ziel der Einführung in die neutestamentliche Exegese besteht darin, die Studierenden zur eigenständigen Analyse eines neutestamentlichen Textes mit Hilfe der historisch-kritischen Auslegungsmethode zu befähigen. Sie sollen einen Text hinsichtlich seines ursprünglichen Wortlautes, seiner sprachlichen und literarischen Struktur, seiner Form, seiner Entstehungsgeschichte, seiner Begriffe und Motive, seiner religionsgeschichtlichen Stellung, seiner redaktionellen Aussagerichtung und seines theologischen Inhalts analysieren und verstehen können.

Als Mittel der Exegese ist die historisch-kritische Auslegungsmethode weder voraussetzungslos noch unveränderlich. Ihre Wurzeln hat sie in der geistesgeschichtlichen Wende der Neuzeit, die sich in den Entdeckungen und Ergebnissen der Naturwissenschaften, der Philosophie, der Ökonomie, der Philologie und der Geisteswissenschaften niederschlug. Vor allem in der französischen, englischen und deutschen Aufklärung entstand ein neues Weltbild, das durch menschliches Autonomiebewusstsein, Pluralismus, Emanzipation und eine fortschreitende Säkularisierung gekennzeichnet war. Die Vorstellungen einer *historia sacra* oder *scriptura sacra* wurden fallengelassen und eine metaphysische Welterklärung sowie die Vormachtstellung der Kirche nicht mehr als selbstverständlich hingenommen. Die Frage nach Wahrheit war hinfort nicht mehr mit dem Verweis auf kirchliche Traditionen und Lehrmeinungen zu beantworten, sondern wurde der Vernunft unterworfen.

Theologiegeschichtlich sind im Rahmen dieser Entwicklung vor allem die Unterscheidung zwischen Heiliger Schrift und Wort Gottes durch J. S. Semler, die Entgegensetzung von ewigen Vernunftwahrheiten und zufälligen Geschichtswahrheiten durch G. E. Lessing und die von J. Ph. Gabler durchgeführte Trennung von „biblischer" und „dogmatischer" Theologie wirksam geworden.

Der Hallenser Theologe JOHANN SALOMO SEMLER (1725–1791) unterzog das Neue Testament einer streng historischen Fragestellung und unterschied dabei zwischen Wort Gottes und Heiliger Schrift, weil es in der Heiligen Schrift Abschnitte gibt, die nur in der Vergangenheit von Bedeutung waren und heute dem Menschen nicht mehr zur ‚moralischen Aufbesserung' dienen. „Heilige Schrift und Wort Gottes ist gar sehr zu unterscheiden, weil wir den Unterschied kennen; hat man ihn vorher nicht eingesehen, so ist ja dies kein Verbot, das es uns untersagte. Zu der heiligen Schrift, wie dieser historische, relative terminus unter den Juden aufgekommen ist, gehört Ruth, Esther, Hohelied etc., aber zum Worte Gottes, das alle Menschen in aller Zeit weise macht zur Seligkeit, gehörten diese heilig genannten Bücher nicht alle."[1] Die Unterscheidung zwischen Wort Gottes und Heiliger Schrift wurde zum Prinzip einer neuen Hermeneutik, welche die Lehre von der Verbalinspiration gänzlich entwertete und ein innerbiblisches Scheidungsverfahren in Gang setzte, dem als Kriterium für die Unterscheidung zwischen dem bleibenden Wort Gottes und dem Historisch-Relativen die moralische Besserung des Menschen diente. „Da wir durch alle 24 Bücher des Alten Testaments nicht moralisch gebessert werden, so können wir uns auch von ihrer Göttlichkeit nicht überzeugen."[2] Semlers Gleichsetzung von „göttlich" und „moralischer Besserung" hatte somit eine Trennung zwischen Altem und Neuem Testament zur Folge. Ebenfalls bedeutsam war eine zweite Unterscheidung Semlers, die zwischen Religion und Theologie. Während mit dem Ausdruck ‚Religion' die von allen Christen zu übende rechte Frömmigkeit gemeint ist, versteht Semler unter ‚Theologie' die zur fachlichen Ausbildung der Theologen notwendigen wissenschaftlichen Methoden. Damit gewinnt er einen zu seiner Zeit keineswegs üblichen Freiraum für kritische wissenschaftliche Arbeit, deren Me-

---

[1] J. S. Semler, Abhandlung von freier Untersuchung des Canon I, 1771, 75.
[2] A.a.O. III, 1773, 26.

thoden und Ergebnisse die von allen auszuübende Religion grundsätzlich nicht in Frage stellen.

Dem Problem ‚Vernunft und Offenbarung' stellte sich in unbestechlicher Schärfe der Dichter und Philosoph GOTTHOLD EPHRAIM LESSING (1729–1781). In dem Essay „Vom Beweis des Geistes und der Kraft" (vgl. 1Kor 2,4) betont Lessing, „daß Nachrichten von erfüllten Weissagungen nicht erfüllte Weissagungen, daß Nachrichten von Wundern nicht Wunder sind"[3]. Was Menschen vor 1800 Jahren unmittelbar zum Glauben veranlasste, kann heute auf die bloße Nachricht hin nicht in gleicher Weise zum Glauben führen. „Wenn keine historische Wahrheit demonstriert werden kann, so kann auch nichts durch historische Wahrheiten demonstriert werden. Das ist: Zufällige Geschichtswahrheiten können der Beweis von notwendigen Vernunftswahrheiten nie werden."[4] Damit leugnet Lessing nicht die Wahrheit des christlichen Glaubens und wendet sich nicht gegen die Offenbarung, sondern gegen die Beweismittel, die man für sie anführt: Weissagungen und Wunder. Er kämpft gegen die ‚Bibliolatrie', gegen die Herrschaft des inspirierten Buchstabens, die den ‚garstigen Graben' zwischen uns und den biblischen Schriften nicht wahrhaben will. Lessings Unterscheidung von Religion und Bibel, wonach die notwendigen Vernunftswahrheiten (natürliche Theologie) der Religion, die zufälligen Geschichtswahrheiten hingegen der Bibel zuzuordnen sind, wird in der „Erziehung des Menschengeschlechtes" (1780) ins Positive gewendet. Die Bibel erhält ihren Platz in der notwendigen Entwicklung von der Offenbarung zur Vernunft. Die biblischen Geschichtswahrheiten werden in den universalen Prozess einer zielgerichteten göttlichen Pädagogik eingebettet, an dessen Ende ein neues ewiges Evangelium stehen wird, das im Neuen Testament selbst verheißen ist und wonach der Mensch durch seine Vernunft das Gute um des Guten willen tun wird.

Von großer Bedeutung war die Unterscheidung zwischen biblischer Theologie und dogmatischer Theologie durch JOHANN PHILIPP GABLER (1753–1826). „Die biblische Theologie besitzt historischen Charakter, überliefernd, was die heiligen Schriftsteller über die göttli-

---

3 G. E. Lessing, Ueber den Beweis des Geistes und der Kraft, in: Sämtliche Schriften X, hg. v. K. Lachmann, ²1856, 38.

4 A.a.O., 39.

chen Dinge gedacht haben; die Dogmatische Theologie dagegen besitzt didaktischen Charakter, lehrend, was jeder Theologe kraft seiner Fähigkeit oder gemäß dem Zeitumstand, dem Zeitalter, dem Orte, der Sekte, der Schule und anderen ähnlichen Dingen dieser Art über die göttlichen Dinge philosophierte. Jene, da sie historisch argumentiert, ist, für sich betrachtet, sich immer gleich (obwohl sie selbst, je nach dem Lehrsystem, nach dem sie ausgearbeitet wurde, von den einen so, von den anderen anders dargestellt wird): Diese jedoch ist zusammen mit den übrigen menschlichen Disziplinen vielfältiger Veränderung unterworfen: Was ständige und fortlaufende Beobachtung so vieler Jahrhunderte übergenug beweist."[5] Die Aufgabe der biblischen Theologie liegt somit in der Erhebung des *sensus scriptorum,* ihr muss ein historisch-exegetisches Verfahren zugrunde liegen, während die dogmatische Theologie sich durch Rationalität, Konfessionalität und philosophische Aktualität auszeichnet. Bibelstellen dienen nicht einfach mehr zum Beweis dogmatischer Aussagen *(dicta probantia),* sondern als *genus historicum* ist die biblische Theologie eine eigenständige Wissenschaft und Voraussetzung der dogmatischen Theologie.

Beim Vollzug der biblischen Theologie als einer rein historischen Disziplin legt Gabler Wert darauf, dass die Lehre von der göttlichen Inspiration der Schrift bei der Ermittlung des *sensus literalis* beiseite gelassen wird, dass die Vorstellungen, Begriffe und Anschauungen der „heiligen Männer" genau unterschieden und verglichen werden, wobei Altes und Neues Testament letztlich getrennt werden müssen, und schließlich bei der Exegese genau differenziert wird zwischen der grammatischen Auslegung und der folgenden Erklärung des Textes. Während sich die grammatische Auslegung auf den Sinn eines Textes richtet, auf das, was der Schriftsteller bei der Abfassung des Textes dachte, unterzieht die Erklärung den Text einer scharfen historischen und philosophischen Kritik. „Man kann daher in der That einen gegründeten Unterschied zwischen Auslegen und Erklären machen: zu dem ersten gehört nur die Erforschung des Sinnes; zu dem letztern hingegen die Aufklärung

---

5 J. Ph. Gabler, Von der richtigen Unterscheidung der biblischen und der dogmatischen Theologie und der rechten Bestimmung ihrer beiden Ziele, in: G. Strecker (Hg.), Das Problem der Theologie des Neuen Testaments, WdF 367, 1975, (32–44) 35f.

der Sache selbst ..."[6] Gablers Unterscheidung zwischen Wort- und Sacherklärung ist eine grundlegende hermeneutische Anweisung, die in leicht abgewandelter Form heute in der Differenzierung von Sinn und Bedeutung eines Textes große Aktualität besitzt[7].

Fortan wurde auch die Bibel wie jedes andere literarische Produkt der Antike mit den Methoden der kritischen Geschichtswissenschaft und Philologie untersucht, die vor allem im 19. Jahrhundert einen ungeheuren Aufschwung nahmen (L. v. Ranke, J. G. Droysen, Th. Mommsen, H. Usener).

Die im Rahmen dieser Entwicklung entstandene historisch-kritische Auslegungsmethode hat nun ihr Recht keineswegs in sich selbst, sondern sie hat sich als eine sachgerechte und den Texten angemessene Auslegungsform erwiesen und muss sich auch in Zukunft ständig als solche erweisen. Sie ist nicht in sich einheitlich, es gibt nicht ,die' historisch-kritische Methode, sondern sowohl hinsichtlich der Methodik als auch der Ergebnisse fehlt es nicht an Unterschieden. Dies ist aber nur natürlich; denn als eine geschichtlich denkende Auslegungsmethode ist sie selbst der Geschichtlichkeit und damit der Veränderlichkeit unterworfen.

Lektüre

EBELING, G., Die Bedeutung der historisch-kritischen Methode für die protestantische Theologie und Kirche, in: ders., Wort und Glaube I, ³1967, 1–49

---

6 Zitiert nach W. G. Kümmel, Das Neue Testament, 121.

7 Zwischen Interpretation und Kritik, Sinn und Bedeutung unterscheidet E. D. Hirsch, Prinzipien der Interpretation, UTB 104, 1972, 181 f. – Interpretation (= Exegese) meint die Erschließung des Sinnes *(meaning)* eines Textes, Kritik hingegen eine Stellungnahme zum Text, die Herausarbeitung seiner Bedeutung für eine Person *(relevance)*. Zwischen beiden Schritten ist nach Hirsch streng zu unterscheiden, denn „man versteht einen Sinn, man beurteilt seine Bedeutung. Im ersten Fall unterwirft man sich einem anderen; im zweiten Fall handelt man unabhängig, aus eigener Autorität, wie ein Richter" (a.a.O., 183).

2. Hilfsmittel zum Studium des Neuen Testaments

2.1 Textausgaben

2.1.1 Die wissenschaftliche Handausgabe des Neuen Testaments ist das *Novum Testamentum Graece* von E. Nestle – K. Aland. Es erschien 1979 in einer völlig neu bearbeiteten 26. Auflage, die 1993 durch die im kritischen Apparat veränderte 27. Auflage abgelöst wurde (zur Geschichte dieser Ausgaben vgl. Nestle-Aland[27] S. 1*–6*; zu den Einzelheiten vgl. den Abschnitt ‚Textkritik‘).

Das im Blick auf die Aufgaben der modernen Übersetzer entworfene und von B. u. K. Aland, J. Karavidopoulos, C. M. Martini und B. M. Metzger herausgegebene ‚*Greek New Testament*‘ erschien 1993 in einer neu bearbeiteten 4. Auflage. Der abgedruckte Text ist identisch mit Nestle-Aland[26.27], der textkritische Apparat wurde durchgehend bearbeitet und erweitert. Dennoch wird der textkritische Befund nicht in der gleichen Dichte dargeboten wie in Nestle-Aland[27], so dass diese Ausgabe für das wissenschaftliche Studium des Neuen Testaments vorzuziehen ist.

Seit 1997 erscheint die Editio Critica Maior des griechischen Neuen Testaments (hg. v. B. Aland, K. Aland †, G. Mink, K. Wachtel). Sie hat sich zum Ziel gesetzt, faktisch das gesamte textgeschichtliche Material zu einer ntl. Schrift darzubieten (erschienen sind bisher: Jak; 1.2 Petr.; 1.2.3Joh).

2.1.2 Ein unentbehrliches Hilfsmittel für die Arbeit an den Synoptikern und dem Johannesevangelium ist eine griechische Synopse. Die von Kurt Aland herausgegebene ‚*Synopsis Quattuor Evangeliorum*‘ ([15]2001) bietet auf der Grundlage von Nestle-Aland[26.27] neben den parallelen Textabschnitten der Synoptiker und des Johannesevangeliums zahlreiche patristische Belegstellen und im Anhang den koptischen Text des Thomasevangeliums mit einer deutschen Übersetzung.

In einer vollständigen Neubearbeitung durch Heinrich Greeven erschien 1981 die Synopse von A. Huck – H. Lietzmann. Auch Greeven hat die Parallelen aus dem Johannesevangelium und dem Thomasevangelium aufgenommen, wobei er für das Thomasevan-

16

gelium eine eigene griechische Übersetzung anfertigte. ‚*Huck-Greeven*' bietet eine völlig eigenständige Textfassung, so dass für den Bereich der synoptischen Evangelien eine Alternative zu Nestle-Aland[26.27] vorhanden ist. Zur Bedeutung von ‚Huck-Greeven' für die neutestamentliche Textkritik vgl. den Abschnitt ‚Textkritik'.

2.1.3 Zur Zeit der späten Schriften des Neuen Testaments und in nachneutestamentlicher Zeit entwickelte sich eine umfangreiche christliche Literatur, deren Kenntnis für die Arbeit am Neuen Testament häufig notwendig ist. Die Schriften der ‚*Apostolischen Väter*' (Clemens, Ignatius, Polykarp, Didache, Barnabasbrief, Diognetbrief, Hirt des Hermas, Papiasfragmente) liegen in griechisch-deutschen Ausgaben von J. A. Fischer, [9]1986, K. Wengst, 1984, und U. H. J. Körtner – M. Leutzsch, 1998, sowie von A. Lindemann – H. Paulsen, Die Apostolischen Väter, 1992, vor. Die *neutestamentlichen Apokryphen* sind in deutscher Übersetzung leicht zugänglich in der zweibändigen Ausgabe von W. Schneemelcher (Hg.), Neutestamentliche Apokryphen, I [6]1990; II [5]1989; vgl. ferner H.-J. Klauck, Apokryphe Evangelien, 2002; ders., Apokryphe Apostelakten, 2005.

2.1.4 Von großer Bedeutung für die Arbeit am Neuen Testament ist die griechische Übersetzung des Alten Testaments, die nach der Überlieferung des Aristeasbriefes durch 72 Gelehrte in 72 Tagen entstanden sein soll und daher *Septuaginta* (LXX) heißt. Die neutestamentlichen Schriftsteller zitieren häufig aus diesem seit der ersten Hälfte des 3. Jh. v.Chr. verfassten Werk[8].

Eine handliche Ausgabe des LXX-Textes in 2 Bänden liegt von A. Rahlfs vor (Erstdruck 1935, Neubearbeitung durch R. Hanhart, 2006). Seit 1931 erscheint eine umfassende Septuaginta-Ausgabe im Auftrag der Akademie der Wissenschaften zu Göttingen. Über die hebräische Bibel hinaus enthält die Septuaginta neben Ergänzungen und Bearbeitungen der ursprünglichen Schriften 9 Bücher zusätzlich (Sapientia Salomonis, Jesus Sirach, Psalmen Salomos, Judith, Tobit und erstes bis viertes Makkabäerbuch), die alttestamentliche Apokryphen genannt werden (von gr. ἀπόκρυφος = verborgen, geheim). Den Wortbestand der Septuaginta-Ausgabe von Rahlfs mit englischen Übersetzungen bietet J. Lust u.a. (Hg.),

8 Vgl. zur Einführung in die Septuaginta-Forschung R. Hanhart, Septuaginta, in: W. H. Schmidt u.a., Altes Testament, GT 1, 1989, 176–196.

A Greek-English Lexicon of the Septuagint I.II, 1992.1996. Sehr hilfreich sind auch das Wörterbuch zur LXX von F. Rehkopf, Septuaginta-Vokabular, 1989, und M. Tilly, Einführung in die Septuaginta, 2005.

Eine wissenschaftlich fundierte deutsche Übersetzung der Septuaginta liegt nun erstmals vor: Septuaginta Deutsch. Das griechische Alte Testament in Übersetzung, hg. v. W. Kraus – M. Karrer, 2008. Eine Übersetzung jüdischer Schriften außerhalb des alttestamentlichen Kanons (die sog. ‚Pseudepigraphen') bietet auch E. Kautzsch (Hg.), Die Apokryphen und Pseudepigraphen des Alten Testaments, ⁴1975. Eine vollständige Übersetzung der Apokryphen und Pseudepigraphen findet sich bei J. H. Charlesworth (Hg.), The Old Testament Pseudepigrapha I–II, Garden City NY 1983.1985. Das deutsche Pendant zu diesem Werk ist die von W. G. Kümmel begründete und nun von H. Lichtenberger hg. Reihe ‚Jüdische Schriften aus hellenistisch-römischer Zeit' (1973ff), in der 52 Schriften übersetzt werden. Von Bedeutung ist ferner die Übersetzung der Pseudepigraphen und anderer jüdischer Schriften durch P. Rießler, Altjüdisches Schrifttum außerhalb der Bibel, 1981 (Nachdruck).

2.1.5 Wichtig für die Arbeit am Neuen Testament ist auch die Kenntnis der Texte der *Gemeinde von Qumran* am Toten Meer. Hier ist die hebräisch-deutsche Ausgabe von E. Lohse, Die Texte aus Qumran, ⁴1986; A. Steudel, Die Texte aus Qumran II, 2001, zu empfehlen. Alle Qumran-Texte sind nun in deutscher Übersetzung zugänglich bei: J. Maier, Die Qumran-Essener: Die Texte vom Toten Meer I–III, 1995–1996. Eine grundlegende Orientierung in der neu entbrannten Qumran-Debatte gibt H. Stegemann, Die Essener, Qumran, Johannes der Täufer und Jesus, ⁷1998; die neueste, umstrittene Entwicklung dokumentiert Y. Hirschfeld, Qumran – die ganze Wahrheit, 2006 (nicht die Texte, sondern die archäologischen Funde bilden die Grundlage von Hypothesen). Eine auch heute noch hilfreiche Auswertung für das Neue Testament ist die Monographie von H. Braun, Qumran und das Neue Testament I–II, 1966.

2.1.6 Für das Verständnis der Sprache und Gedankenwelt des Neuen Testaments ist die Kenntnis *hellenistischer* bzw. stark hellenistisch beeinflusster *Schriftsteller* unerlässlich. Die Schriften des jüdischen Religionsphilosophen *Philo* von Alexandria (geb. ca. 25 v.Chr. – gest. nach 40 n.Chr.), des stoischen Philosophen *Epiktet* (ca. 55–135 n.Chr.), des Biographen und Schriftstellers *Plutarch* (ca. 45–120 n.Chr.) und des Sophisten *Philostrat* (gest. um 245 n.Chr.) sind in griechisch-englischen Ausgaben leicht zugänglich innerhalb der ‚Loeb Classical Library'. Das Hauptwerk des jüdischen Historikers *Flavius Josephus* (37/38 – um 100 n.Chr.) ‚De Bello Judaico' liegt in einer von O. Michel und O. Bauernfeind hg. griechisch-deutschen Ausgabe vor (1959–1969); nach wie vor von Wert ist die deutsche Übersetzung der ‚Antiquitates Judaicae' von Josephus durch H. Clementz, die nun in einer von M. Tilly durchgesehenen und mit der wissenschaftlich üblichen Paragraphenzählung versehenen Neuausgabe vorliegt (2004).

2.1.7 Umfangreiche Vergleichstexte zum Neuen Testament aus dem Bereich der klassischen griechischen Literatur und des Hellenismus bietet der *Neue Wettstein* (s.u. 10). Auf der Basis des Quellenteils von J. J. Wettstein (Hg.) Novum Testamentum Graecum, Amsterdam 1751/52, führt der II. Band des Neuen Wettstein ca. 3600 Vergleichstexte zur ntl. Briefliteratur und zur Johannesapokalypse an (Bd. II/1.2 erschien 1996; Bd. I/2 erschien 2001 und enthält 2000 Vergleichstexte zum Johannesevangelium; Bd. I/1.2 wird ca. 2008/2009 erscheinen und in 2 Teilbänden Paralleltexte zum Markus- und Matthäusevangelium enthalten; Bd. III bietet Vergleichstexte zum luk. Doppelwerk). Alle Vergleichstexte werden unter Berücksichtigung ihres Kontextes in deutscher Sprache zitiert. Die zentralen Passagen sind jeweils im griechischen bzw. lateinischen Originaltext beigefügt. Mit dem Neuen Wettstein haben die Studierenden erstmals die Möglichkeit, umfassend Texte aus der griechisch-römischen Antike für die Interpretation des NT heranzuziehen.

2.1.8 Eine umfangreiche Auswahl *gnostischer Texte* in deutscher Übersetzung enthält das dreibändige Werk ‚Die Gnosis' (Bd. I: Zeugnisse der Kirchenväter, ²1979; Bd. II: Koptische und mandäische Quellen, 1971, beide Bände hg. von W. Foerster; Bd. III: Der Manichäismus, 1980, hg. v. A. Böhlig). Eine vollständige deutsche Übersetzung aller Nag-Hammadi-Texte bietet jetzt: Nag Hammadi Deutsch I.II, hg. v. H.-M. Schenke, H.-G. Bethge u. U. U. Kaiser, 2001.2003.

2.2 Hilfen für die Übersetzung

2.2.1 Sehr hilfreich für das Verständnis und die Übersetzung des neutestamentlichen Textes sind Einführungen in die *Sprache des Neuen Testaments*, wie sie W. Bauer, Zur Einführung in das Wörterbuch zum Neuen Testament, in: ders., Aufsätze und Kleine Schriften, hg. v. G. Strecker, 1967, 61–90; A. Wikenhauser – J. Schmid, Einleitung in das Neue Testament, ⁶1973, 186–202, und F. Rehkopf, Griechisch (des Neuen Testaments), TRE 14 (1985), 228–235, bieten.

2.2.2 Unentbehrlich für die Arbeit am Neuen Testament sind griechisch-deutsche *Wörterbücher*. Ein anerkanntes ‚Griechisch-deutsches Wörterbuch zu den Schriften des Neuen Testaments und der übrigen urchristlichen Literatur' hat Walter Bauer (⁵1958 = 1975; 6. Auflage hg. v. K. u. B. Aland, 1988) verfasst. Durch seine zahlreichen Belege aus der jüdischen, paganen und urchristlichen Literatur, seine philologischen und exegetischen Verweise und bibliographischen Angaben ist dieses Werk weit mehr als ein normales Wörterbuch. Aufgrund einer starken Berücksichtigung des hellenistischen Griechisch (Koine) und zahlreicher unbeachteter Belege aus der Profangräzität gelingt es Bauer, die großen sprachlichen Gemeinsamkeiten zwischen dem Neuen Testament und der Literatur der jüdisch- und pagan-hellenistischen Umwelt aufzuzeigen. Eine zuverlässige erste Information bietet F. Rehkopf, Griechisch-deutsches Wörterbuch zum Neuen Testament, 1992. Ein umfassendes Lexikon zur gesamten antiken Gräzität ist H. G. Liddell – R. Scott, A Greek-English Lexicon, New Edition, Oxford 1925–1940 (ergänzt 1968). Grundlegende Einführungen in die Bedeutung, das semantische Umfeld und traditions- und religionsgeschichtliche Hintergründe eines ntl. Begriffes bieten: G. Kittel – G. Friedrich (Hg.), Theologisches Wörterbuch zum Neuen Testament I–X, 1933–1979; H. Balz – G. Schneider (Hg.), Exegetisches Wörterbuch zum Neuen Testament I–III, ²1992; L. Coenen – K. Haacker (Hg.), Theologisches Begriffslexikon, 2001.

2.2.3 Für die Übersetzung neutestamentlicher Texte unerlässlich ist eine *Grammatik* des neutestamentlichen Griechisch. Hier ist auf die Grammatik von F. Blaß – A. Debrunner – F. Rehkopf (¹⁷1990) zu verweisen (abgekürzt: B.-D.-R.). Weiterhin von Wert bleibt L. Radermacher, Neutestamentliche Grammatik. Das Griechische des Neuen Testaments im Zusammenhang mit der Volkssprache, [2]1925. Für den Anfänger im ntl. Griechisch eignet sich besonders die ‚Griechische Grammatik zum Neuen Testament' von E. G. Hoffmann u. H. v. Siebenthal (1985).

2.2.4 Das Vorkommen und der Gebrauch einzelner Wörter im Neuen Testament lassen sich leicht mit Hilfe einer *Konkordanz* ermitteln. Nicht vollständig, aber durch eine übersichtliche Anordnung der Parallelstellen sehr praktisch und in der Regel ausreichend ist die Handkonkordanz von A. Schmoller, die nun in einer vollständigen Neubearbeitung ([16]1989) vorliegt. Vollständig, jedoch nicht übersichtlich genug ist die ‚Computer-Konkordanz' zur 26. Auflage von Nestle-Aland (1980). Völlig erfasst und übersichtlich dargeboten wird der neutestamentliche Wortschatz in der von K. Aland herausgegebenen ‚Vollständigen Konkordanz zum griechischen Neuen Testament' (Bd. I, 1983: Vollständige Konkordanz; Bd. II, 1978: Spezialübersichten). Eine neuartige Verbindung von Synopse und Konkordanz bietet die auf vier Bände angelegte ‚Griechische Konkordanz zu den ersten drei Evangelien in synoptischer Darstellung, statistisch ausgewertet, mit Berücksichtigung der Apostelgeschichte', hg. v. P. Hoffmann, Th. Hieke, U. Bauer, 1999ff. Weitere Konkordanzen und Wortstatistiken: W. S. Moulton – A. S. Geden, A Concordance to the Greek Testament, (1897) [5]1978; R. Morgenthaler, Statistik des neutestamentlichen Wortschatzes, [3]1982 (mit Beiheft); F. Neirynck – F. v. Segbroeck, New Testament Vocabulary, Leuven 1984. Zur Aufschlüsselung des außerneutestamentlichen Schrifttums stehen zahlreiche Konkordanzen zur Verfügung. Für die LXX: E. Hatch – H. A. Redpath, A Concordance to the Septuagint and the other Greek Versions of the Old Testament I–II, Oxford 1897–1906; für die zwischentestamentarische Literatur: A. Denis (Hg.), Concordance Grecque des Pseudepigraphes d'Ancien Testament, Leuven 1987; für die nachneutestamentliche Zeit: H. Kraft – U. Früchtel, Clavis Patrum Apostolicorum, 1963; für die wichtigsten hellenistischen, jüdischen und patristischen Autoren sind Konkordanzen und kritische Textausgaben vorhanden, die durch ausführliche Indizes erschlossen werden (zu Epiktet: H. Schenkl, Epicteti Dissertationes etc., 1894, 491–720; zu Qumran: K. G. Kuhn, Konkordanz zu den Qumrantexten, 1960; J. H. Charlesworth, Graphic Concordance to the Dead Sea Scrolls, 1991; zu Philo: J. Leisegang, Indices ad Philonis Alexandrini opera I–II, 1926.1930 [= 1963]; G. Mayer, Index Philoneus, 1974; P. Borgen – K. Fuglseth – R. Skarsten, The Philo Index, Trondheim 1997; zu Josephus: K.H. Rengstorf, A complete Concordance to Flavius Josephus I–III, Leiden 1973–1979, Supplement I, Namenwörterbuch zu Flavius Josephus von A. Schalit, Leiden 1968; zu Clemens Alexandrinus: O. Stählin, Clemens Alexandrinus IV [= Register], GCS 39, 1936; zu Pseudoklemens: G. Strecker, Die Pseudoklementinen III 1–2, 1986.1989).

2.3 Weitere Hilfsmittel

2.3.1 Bibelkunde
L. Bormann, Bibelkunde, 2005; K.-M. Bull, Bibelkunde des Neuen Testaments, 1997; K. Gutbrod, Kurze Bibelkunde zum NT, [2]1977; H. Merkel, Bibelkunde des NT, [4]1992; H.D. Preuß – K. Berger, Bibelkunde des Alten und Neuen Testaments I–II, UTB 887.972, [5]1993. [5]1997; O. Weber, Grundwissen der Bibelkunde, [9]1970; C. Westermann, Abriß der Bibelkunde, [13]1991; P. Wick, Bibelkunde des Neuen Testaments, 2004.

2.3.2 Geschichte des Urchristentums
J. Becker u.a., Die Anfänge des Christentums, 1987; R. Bultmann, Das Urchristentum im Rahmen der antiken Religionen, (1949) [4]1976; H. Conzelmann, Geschichte des Urchristentums, GNT 5, [5]1983; K. M. Fischer, Das Urchristentum, [2]1991; J. Gnilka, Die frühen Christen, HThK.S 7, 1999; L. Goppelt, Die apostolische und nachapostolische Zeit, [2]1966; H. Kraft, Die Entstehung des Christentums, 1981; L. Schenke, Die Urgemeinde, 1990; W. Schneemelcher, Das Urchristentum, 1981; F. Vouga, Geschichte des frühen Christentums, 1994; A. J. M. Wedderburn, A History of the First Christians, London 2004; D. Zeller, Die Entstehung des Christentums, in: Christentum I, hg. v. D. Zeller, 2002, 15–220.

2.3.3 Umwelt des Neuen Testaments
C. K. Barrett – C. J. Thornton, Texte zur Umwelt des Neuen Testaments, UTB 1591, [2]1991; W. Bousset – H. Greßmann, Die Religion des Judentums im späthellenistischen Zeitalter, HNT 21, (1903,

³1926) ⁴1966; A. Deißmann, Licht vom Osten, (1908) ⁴1923; K. Er-lemann – K. L. Noethlichs – K. Scherberich – J. Zangenberg (Hg.), Neues Testament und Antike Kultur I–IV, 2004–2006; W. Foerster, Neutestamentliche Zeitgeschichte I–II, ³1959.1956; J. Jeremias, Je-rusalem zur Zeit Jesu, ³1963; H. G. Kippenberg – G. A. Wewers, Text-buch zur neutestamentlichen Zeitgeschichte, GNT 8, 1979; H. J. Klauck, Die religiöse Umwelt des Urchristentums I.II., 1995.1996; B. Kollmann, Einführung in die Neutestamentliche Zeitgeschichte, Darmstadt 2006; J. Leipoldt – W. Grundmann (Hg.), Umwelt des Urchristentums I.II.III (1966), ⁸1990.⁸1991.⁶1988; E. Lohse, Umwelt des NT, GNT 1, ⁶1983; J. Maier, Zwischen den Testamenten, NEB.AT.E 3, 1990; P. Schäfer, Geschichte der Juden in der Antike, 1983; E. Schürer, Geschichte des jüdischen Volkes im Zeitalter Jesu Christi I–III, ³·⁴1901–1909 (engl. Neubearbeitung: G. Vermes – F. Millar, The History of the Jewish People in the Age of Jesus Christ, Edinburgh I 1973. II 1979. III/1 1986. III/2 1987); J. E. Stambaugh – D. L. Balch, Das soziale Umfeld des Neuen Testaments, GNT 9, 1992; E. Stegemann – W. Stegemann, Urchristliche Sozialgeschichte, ²1997; G. Stemberger, Einleitung in Talmud und Midrasch, ⁸1992; Ders., Pharisäer, Sadduzäer, Essener, SBS 144, 1991; H. L. Strack – P. Billerbeck, Kommentar zum NT aus Talmud und Midrasch I–IV. V–VI, ⁷1978.⁵1979 (abgekürzt: Billerbeck).

2.3.4 Archäologie

In den Kontext ntl. Sozial-, Wirtschafts-, und Zeitgeschichte gehört die Archäologie. Ausgrabungen (z.B. Jerusalem, Kapernaum, Bet-saida); Münzenfunde; Ostraka; Inschriften; bildhafte Darstellungen wie Fresken, Reliefs, Skulpturen; Gegenstände des Kultes und des täglichen Lebens können einen hohen Wert für das Verständnis ntl. Texte haben. Einen Forschungsüberblick zur gegenwärtigen Situati-on ntl. Archäologie bieten W. Klaiber, Archäologie und Neues Testa-ment, ZNW 72 (1981), 195–215; J. Zangenberg, Archäologie und Neues Testament, ZNT 13 (2004), 2–10; als Einführung geeignet sind die Themenhefte der Zeitschrift ‚Welt und Umwelt der Bibel', hg. v. H. Merklein, 1997ff; geographische Überblicke vermittelt Herders großer Bibel-Atlas, hg. v. O. Keel u. M. Küchler, 1989. Als Handbücher bzw. Lexika sind für die ntl. Archäologie von Bedeu-tung: St. Alkier – J. Zangenberg (Hg.), Zeichen aus Text und Stein. Studien auf dem Weg zu einer Archäologie des Neuen Testaments,

TANZ 42, 2003; W. Bösen, Galiläa als Lebensraum und Wirkungsfeld Jesu, 1985; J. D. Crossan – J. L. Reed, Jesus ausgraben. Zwischen den Steinen – hinter den Texten, 2003; W. Elliger, Paulus in Griechenland, 1990; J. Finegan, The Archeology of the New Testament, Princeton ²1992; S. Freyne, Galilee: From Alexander the Great to Hadrian, Edinburgh 1998; M. Görg – B. Lang (Hg.), Neues Bibel-Lexikon, 1991ff; R. A. Horsley, Archaeology, History, and Society in Galilee, Valley Forge 1996; O. Keel – M. Küchler, Orte und Landschaften der Bibel, 1982ff; E. M. Meyers – J. F. Strange, Archaeology, the Rabbis, and Early Christianity, Nashville 1981; J. McRay, Archeology in the New Testament, Grand Rapids 1991.

2.3.5 Einleitungen
I. Broer, Einleitung in das Neue Testament I, NEB.E 2/1, 1998; R. E. Brown, An Introduction to the New Testament, New York 1998; M. Ebner – St. Schreiber (Hg.), Einleitung in das Neue Testament, 2008; A. Jülicher – E. Fascher, Einleitung in das Neue Testament, ⁷1931; R. Knopf – H. Lietzmann – H. Weinel, Einführung in das Neue Testament, ⁵1949; H. Köster, Einführung in das NT, 1980; W. G. Kümmel, Einleitung in das Neue Testament, ²¹1983; E. Lohse, Die Entstehung des Neuen Testaments, ThW 4, ⁵1990; W. Marxsen, Einleitung in das NT, ⁴1978; P. Pokorný – U. Heckel, Einleitung in das Neue Testament, 2007; J. Roloff, Einführung in das Neue Testament, 1995; H. M. Schenke – K. M. Fischer, Einleitung in die Schriften des Neuen Testaments I–II, 1978.1979; U. Schnelle, Einleitung in das Neue Testament, ⁶2007; G. Theißen, Das Neue Testament, 2001; Ders., Die Entstehung des Neuen Testaments als literaturgeschichtliches Problem, 2007; Ph. Vielhauer, Geschichte der urchristlichen Literatur, 1975; A. Wikenhauser – J. Schmid, Einleitung in das Neue Testament, ⁶1973.

2.3.6 Einführungen und Arbeitsbücher zum Neuen Testament
K. Berger, Exegese des NT, ³1991; G. Adam – O. Kaiser – W. G. Kümmel – O. Merk, Einführung in die exegetischen Methoden, 2000; H. Conzelmann – A. Lindemann, Arbeitsbuch zum NT, UTB 52, ¹⁴2004; M. Ebner – B. Heininger, Exegese des Neuen Testaments, ²2007; W. Egger, Methodenbuch zum Neuen Testament, ⁴1996; W. Fenske, Arbeitsbuch zur Exegese des Neuen Testaments, 1999; K. Haacker, Neutestamentliche Wissenschaft, ²1985; D. Lührmann, Auslegung

des Neuen Testaments, [2]1987; St. L. McKenzie – St. R. Haynes (Hg.), To Each Its Own Meaning. An Introduction to Biblical Criticisms and their Application, Louisville 1993; M. Meiser u.a., Proseminar II. Neues Testament – Kirchengeschichte, 2000; K.-W. Niebuhr (Hg.), Grundinformation Neues Testament, [2]2003; S. E. Porter (Hg.), Handbook to Exegesis of the New Testament, 1997; E. Reinmuth – K.-M. Bull, Proseminar Neues Testament, 2006; J. Roloff, Neues Testament, [7]1999; Th. Söding, Wege der Schriftauslegung, 1998; G. Strecker, NT, in: ders. (Hg.), Grundkurs Theologie Bd. 2, 1988; H. Weder, Taschen-Tutor Neues Testament, [3]1989; H. Zimmermann, Neutestamentliche Methodenlehre (neubearbeitet v. K. Kliesch), [7]1982.

2.3.7 Theologien des Neuen Testaments

K. Berger, Theologiegeschichte des Urchristentums, [2]1996; R. Bultmann, Theologie des Neuen Testaments, [9]1984; H. Conzelmann, Grundriß der Theologie des Neuen Testaments, [4]1987; J. Gnilka, Theologie des Neuen Testaments, HThK.S 5, 1994; L. Goppelt, Theologie des Neuen Testaments, [3]1978; F. Hahn, Theologie des Neuen Testamens I.II, 2002; H. Hübner, Biblische Theologie des Neuen Testaments I–III, 1990.1993.1995; J. Jeremias, Neutestamentliche Theologie I. Die Verkündigung Jesu, [4]1988; W. G. Kümmel, Theologie des Neuen Testaments nach seinen Hauptzeugen, GNT 3, [5]1987; E. Lohse, Grundriß der neutestamentlichen Theologie, ThW 5,1, [3]1984; K. H. Schelkle, Theologie des Neuen Testaments I–IV, 1968–1976; R. Schnackenburg, Neutestamentliche Theologie. Der Stand der Forschung, [2]1965; U. Schnelle, Theologie des Neuen Testaments, 2007; G. Strecker, Theologie des Neuen Testaments, hg. v. F. W. Horn, 1996; P. Stuhlmacher, Biblische Theologie des Neuen Testaments I.II, [2]1997.1999; W. Thüsing, Die neutestamentlichen Theologien und Jesus Christus I.II.III, 1981.1998.1999; A. Weiser, Theologie des Neuen Testaments II, 1993; U. Wilckens, Theologie des Neuen Testaments I–III, 2002ff.

2.3.8 Ethiken des Neuen Testaments

R. Hasenstab, Modelle paulinischer Ethik, TTS 11, 1977; K. Kertelge (Hg.), Ethik im Neuen Testament, QD 102, 1984; E. Lohse, Theologische Ethik des Neuen Testaments, ThW 5,2, 1988; W. Marxsen, „Christliche" und christliche Ethik im Neuen Testament, 1989;

O. Merk, Handeln aus Glauben, MThSt 5, 1968; H. Merklein, Die Gottesherrschaft als Handlungsprinzip. Untersuchung zur Ethik Jesu, FzB 34, ³1984; R. Schnackenburg, Die sittliche Botschaft des Neuen Testaments, HThK.S 1.2, 1986.1988; W. Schrage, Ethik des Neuen Testaments, GNT 4, ²1989; S. Schulz, Neutestamentliche Ethik, 1987; G. Strecker, Strukturen einer neutestamentlichen Ethik, ZThK 75 (1978), 112–146.

2.3.9 Wichtige Kommentarreihen

AncB   Anchor Bible.

> Dieser Kommentar wird von einem internationalen und interkonfessionellen Herausgebergremium getragen; er bietet eine umfassende Auslegung auf hohem wissenschaftlichen Niveau.

EKK   Evangelisch-Katholischer Kommentar zum Neuen Testament.

> Dieses seit 1975 erscheinende Kommentarwerk berücksichtigt in vollem Umfang die Methoden historisch-kritischer Bibelexegese, wobei eine Besonderheit zahlreiche Exkurse zur ‚Wirkungsgeschichte' neutestamentlicher Texte sind.

EtB   Etudes bibliques.

> Diese seit 1903 erscheinende französische Kommentarreihe bietet gründliche Auslegung mit umfangreichem Literaturverzeichnis.

HNT   Handbuch zum Neuen Testament.

> Die Kommentare dieser Reihe sind exegetisch und theologisch knapp gehalten, unentbehrlich sind sie wegen ihres religions-, zeit- und sprachgeschichtlichen Vergleichsmaterials.

HThK   Herders Theologischer Kommentar zum Neuen Testament. Streng wissenschaftlich ausgerichtet ist das führende katholische Kommentarwerk, ein Standardwerk neutestamentlicher Exegese.

ICC   The International Critical Commentary of the Holy Scriptures of the Old and New Testaments.

> Die bedeutendste englische Kommentarreihe, historisch-kritisch mit Schwerpunkt auf der philologischen Textanalyse.

KEK   Kritisch-exegetischer Kommentar über das Neue Testament (= ‚Meyers Kommentar').

Das führende protestantische Kommentarwerk erscheint seit 1832; es zeichnet sich durch eine streng wissenschaftliche Exegese und theologisch anspruchsvolle Auslegung unter umfassender Einbeziehung der religionsgeschichtlichen Parallelen aus.

NEB   Die Neue Echter Bibel.

In dieser Reihe erscheinen ausführliche, allgemeinverständliche Kommentierungen von anerkannten römisch-katholischen Fachwissenschaftlern auf der Basis des Textes der Einheitsübersetzung.

NTD   Das Neue Testament Deutsch.

Auf der Grundlage des gegenwärtigen Standes der Forschung werden die neutestamentlichen Schriften allgemeinverständlich ausgelegt.

ÖTK   Ökumenischer Taschenbuchkommentar zum Neuen Testament.

Eine für Studierende, Pfarrer, Lehrer und interessierte Laien gedachte Kommentarreihe, welche die Ergebnisse der historisch-kritischen Exegese leicht verständlich darbieten will.

RNT   Regensburger Neues Testament.

Eine gut verständliche, zugleich aber in vollem Umfang wissenschaftliche Auslegung der ntl. Schriften.

ThHK   Theologischer Handkommentar zum Neuen Testament.

Praxisnähe, wissenschaftliche Fundiertheit und eine präzise Darstellung der grundlegenden theologischen Aussagen zeichnen diesen Kommentar aus.

ThKNT   Theologischer Kommentar zum Neuen Testament

Wissenschaftliche Kommentarreihe mit Betonung des christlich-jüdischen Gespräches sowie feministischer und sozialgeschichtlicher Fragestellungen.

WBC   Word Biblical Commentary.

Diese Kommentarreihe internationaler Autoren zeichnet sich durch ein hohes wissenschaftliches Niveau aus.

ZBK   Zürcher Bibelkommentare.

Eine allgemeinverständliche, zugleich aber fundierte Auslegung der neutestamentlichen Schriften.

2.3.10 Wichtige Zeitschriften

Bib	Biblica
BZ	Biblische Zeitschrift
EvTh	Evangelische Theologie
JBL	Journal of Biblical Literature
JSNT	Journal for the Study of the New Testament
KuD	Kerygma und Dogma
NTS	New Testament Studies
NT	Novum Testamentum
ThR	Theologische Rundschau
ThZ	Theologische Zeitschrift
VF	Verkündigung und Forschung, Beihefte zur EvTh
ZAC	Zeitschrift für Antike und Christentum
ZNW	Zeitschrift für die neutestamentliche Wissenschaft und die Kunde der älteren Kirche
ZNT	Zeitschrift für Neues Testament
ZThK	Zeitschrift für Theologie und Kirche

2.3.11 Wichtige Monographienreihen und Sammelwerke

ABG	Arbeiten zur Bibel und ihrer Geschichte
BEvTh	Beiträge zur evangelischen Theologie
BHTh	Beiträge zur historischen Theologie
BThSt	Biblisch-theologische Studien
BWANT	Beiträge zur Wissenschaft vom Alten und Neuen Testament
BZNW	Beihefte zur Zeitschrift für die neutestamentliche Wissenschaft
FRLANT	Forschungen zur Religion und Literatur des Alten und Neuen Testaments
FzB	Forschungen zur Bibel
GTA	Göttinger Theologische Arbeiten
JAC	Jahrbuch für Antike und Christentum
JBTh	Jahrbuch für Biblische Theologie
JSNT. S	Journal for the Study of the New Testament. Supplement Series
MSSNTS	Monograph Series. Society for New Testament Studies
NTA	Neutestamentliche Abhandlungen
NTOA	Novum Testamentum et Orbis Antiquus
NT. S	Novum Testamentum. Supplements

SBS	Stuttgarter Bibelstudien
StANT	Studien zum Alten und Neuen Testament
StNT	Studien zum Neuen Testament
StUNT	Studien zur Umwelt des Neuen Testaments
TANZ	Texte und Arbeiten zum neutestamentlichen Zeitalter
TU	Texte und Untersuchungen
WMANT	Wissenschaftliche Monographien zum Alten und Neuen Testament
WUNT	Wissenschaftliche Untersuchungen zum Neuen Testament

2.3.12 Bibliographische Hilfsmittel

Elenchus of Biblica, hg. v. R. North, Rom (EBB; erscheint jährlich; Nachweis von Monographien und Aufsätzen [sowie Rezensionen dazu] zu AT, NT und Randgebieten).

Internationale Zeitschriftenschau für Bibelwissenschaft und Grenzgebiete, hg. v. B. Lang, Düsseldorf (IZBG; erscheint jährl.). Seit dem 46. Jahrgang (1999/2000) fortgesetzt unter dem Titel *International Review of Biblical Studies,* hg. v. B. Lang, Leiden (Nachweis von Aufsätzen und Büchern mit knappen Inhaltsangaben).

New Testament Abstracts, hg. v. D. J. Harrington und C. R. Matthews, Cambridge/Mass. (NTAb; erscheint dreimal jährl.; Nachweis von Aufsätzen, Rezensionen und Monographien [mit kurzen Inhaltsangaben]).

Religion Index One: A Subject Index to Periodical Literature Including an Author Index with Abstracts and a Book Review Index, Chicago/Ill. (erscheint halbjährl.; Nachweis von Zeitschriftenaufsätzen [mit Stichwort- sowie Autorenregister; z.T. kurze Inhaltsangaben] und Buchrezensionen).

Theologische Literaturzeitung. Monatsschrift für das gesamte Gebiet der Theologie und Religionswissenschaft, hg. v. I. U. Dalferth, Leipzig (ThLZ; erscheint monatl.; Rezensionen zu ausgewählten Neuerscheinungen).

Theologische Revue. Zweimonatsschrift für den gesamten Bereich der Theologie und Religionswissenschaft, hg. v. d. katholisch-theologischen Fakultät Münster; Rezensionen zu ausgewählten Neuerscheinungen mit Schwerpunkt auf Katholischer Theologie.

Zeitschrifteninhaltsdienst Theologie. Indices theologici, hg. von der Universitätsbibliothek Tübingen, Theologische Abteilung (mehrmals jährlich; Inhaltsverzeichnisse theol. Zeit- und Festschriften sowie Autorenregister).

2.3.13 Internet

Zu einem wichtigen Hilfsmittel der Exegese hat sich verstärkt das Internet entwickelt; es stellt aktuelle Informationen über weltweite Forschungsprojekte, Tagungen, Forschungstrends und Publikationen bereit. Wer den Anschluss an diese Entwicklung nicht verlieren will, tut gut daran, sich frühzeitig über die Möglichkeiten zu informieren, die das Internet bietet. Neben dem Vorlesungsangebot und Studieninformationen der Fakultäten werden inzwischen oft „Reader" für Übungen, Vorlesungen etc. in das Netz eingestellt und können hier bei Bedarf abgerufen werden. Allerdings sollte nicht übersehen werden, dass sie oft in direktem Zusammenhang mit der Lehrveranstaltung gelesen werden wollen, für die die Texte konzipiert wurden. Besonderes Gewicht kommt jedoch den Internetseiten zu, die aktuelle Bücher und Aufsätze sowie Quellentexte, im Original und in Übersetzung, zugänglich machen. Zu den im Internet bereitgestellten Hilfsmitteln gehören kostenlose fremdsprachige Fonts, wie es beispielsweise bei http://ntgateway.com/greek/fonts.htm geschieht. Zudem finden sich inzwischen eine Reihe von hilfreichen thematischen Bibliographien, die für ihre Benutzer eine erste Orientierung sein können.

Zu übersehen sind aber auch nicht die Probleme, die mit einer unreflektierten Benutzung des World Wide Webs verbunden sind. Jede Seite verfügt meistens über Verweise auf andere Internetseiten, sogenannte *Links;* so lassen sich einerseits wichtige Entdeckungen machen, andererseits kann wertvolle Zeit durch zielloses Surfen im Internet verlorengehen. Jeder Benutzer von Internetseiten sollte sich Gedanken über die Seriosität und die wissenschaftliche Fundierung der Angebote machen. Nicht alles, was im Internet publiziert ist, genügt den strengen Maßstäben wissenschaftlicher Nachprüfbarkeit. Dies gilt auch für die populären Internetlexika wie beispielsweise Wikipedia, die zum Teil solide Information auf aktuellem Niveau, aber bisweilen auch subjektive und nicht hinreichend recherchierte Auskünfte enthalten.

Der freie Zugang zu den Texten im Internet darf nicht darüber hinwegtäuschen, dass auch diese Materialien unter Urheberschutz stehen. Daher ist das Copyright zu beachten. Jeder aus dem Internet verwendete Text bzw. Textausschnitt muss in gleicher Weise sorgsam zitiert werden wie Abschnitte aus den Printmedien. Oftmals findet sich auf den Seiten schon ein Muster, wie der Text zitiert werden soll. Die gelegentlich im Internet präsentierten vorläufigen Ergebnisse eines Forschungsprojekts besonders im Bereich der Archäologie sind zwar willkommene Hilfsmittel, es sollte aber nicht übersehen werden, dass die endgültigen Darstellungen häufig noch stark verändert werden und dass solche Versionen nicht in jedem Fall für die Veröffentlichung und damit auch nicht für die Verwendung in einer wissenschaftlichen Arbeit gedacht sind.

Auch wenn es inzwischen eine Reihe guter deutschsprachiger Internetseiten gibt, so ist Englisch als internationale Kommunikationssprache vorrangig. Auf den einzelnen Seiten sind meist auch Ansprechpartner zu den jeweiligen Themen genannt, mit denen bei Bedarf Fragen und Probleme via E-Mail besprochen werden können.

Auswahl aus Adressen, die für die ntl. Exegese von Interesse sind:

Eine Fundgrube mit vielfältigen und grundlegenden Links zu anderen Internetadressen ist die Resource Page for Biblical Studies (Links zu Bibeltexten und -übersetzungen, Bibelstudien im Internet, Mittelmeerwelt mit antiken Parallelen zum NT, Philo von Alexandrien), die vom norwegischen Volda University College (Prof. T. Seland) gepflegt wird. Mustergültig werden der für die Seite Verantwortliche, das Datum des letzten Updates und die Form genannt, in der die Seite zitiert werden soll.

Resource Page for Biblical Studies
   http://www.torreys.org/bible/

Zahlreiche Links zu Textausgaben, Bibliographien und technischen Hilfsmitteln (fonts) enthält auch die von Dr. M. Goodacre betreute Seite The New Testament Gateway. Die Links finden sich unter thematischen Stichworten, aber auch unter den neutestamentlichen Schriften selbst.

The New Testament Gateway
   http://www.ntgateway.com/

Neben kommerziellen Hinweisen auf das eigene Verlagsprogramm finden sich im Bibelportal der Deutschen Bibelgesellschaft wertvolle Arbeitsmaterialien: das noch im Aufbau befindliche kostenfrei zugängliche Bibellexikon WiBiLex (bisher nur AT-Artikel), die Texte der aktuellen kritischen Bibelausgaben (BHS, LXX, NA^{27}, Vulgata), eine elektronische Bibelkunde (basierend auf den Ausgaben von Rösel [AT] und Bull [NT]) und Unterrichtshilfen.

Bibelportal Deutsche Bibelgesellschaft Stuttgart
http://www.bibelwissenschaft.de/

Unersetzlich für die Arbeit an den antiken Parallelen ist *The Perseus Digital Library*. Hier findet sich eine Anzahl von antiken Texten und (vornehmlich englischsprachigen Übersetzungen) von den klassischen Autoren bis hin zu Papyri. Das Angebot umfasst auch Sekundärliteratur und Lexika.

The Perseus Digital Library
http://www.perseus.tufts.edu/

Für die Literatursuche ist die theologische Datenbank der Universität von Innsbruck äußerst hilfreich:

Bibelwissenschaftliche Literaturdokumentation Innsbruck (BILDI)
http://www.uibk.ac.at/bildi/

Einige für die Exegese interessante wissenschaftliche Zeitschriften stellen ihre Artikel im Internet ein[9]:

Biblica
http://www.bsw.org/project/biblica/

Review of Biblical Literature
http://www.bookreviews.org/

Zudem informiert der Zeitschrifteninhaltsdienst Theologie der Uni Tübingen, deren Hefte im Internet eingesehen werden können,

---

9 Kurze Inhaltsangaben über Artikel und besprochene Bücher bieten auch andere Zeitschriften im Internet an: ThLZ (http://www.ThLZ.de), ThR (http://www.mohr.de/thr.html), ZThK (http://www.mohr.de/zthk.html). Zum aktuellen Publikations- und Leistungsstand vgl. folgende Linkliste: http://www.torreys.org/bible/biblia02.html#journals.

über theologische Beiträge in Fachzeitschriften (einsehbar für die letzten drei Monate)

http://www.ixtheo.de/zid-curr/index.html

Eine zentrale Funktion des Zeitschrifteninhaltsdienstes stellt die hervorragend recherchierbare Aufsatzdatenbank dar

http://www.ixtheo.de/

Das Internet als Informationsquelle ist nach wie vor im Wachsen begriffen. Ständig kommen neue Angebote hinzu. Um sich das Material zu erschließen, sind Suchmaschinen notwendig[10].

Einige Seiten werden jedoch nicht weiter aktualisiert, aus dem Netz genommen oder wechseln kurzfristig ihre Adresse. Auch bei solcher Suche steht der Erfolg nicht immer in Relation zum Aufwand. Daher ergeben sich einige Fragen und Grundregeln, die für ein erfolgreiches Arbeiten mit dem Internet zu empfehlen sind:

Klärung vor der Recherche:
1. *Warum* wird das Internet benötigt?
2. Präzise Festlegung, *welche Information/Hilfe* die Internetrecherche erbringen soll.
3. Daraus sollten sich *klare Suchbegriffe* ergeben.
4. Festlegung eines *Zeitlimits*.

Prüfung einer zu verwendenden Internetseite:
1. Wer ist für die Seite *verantwortlich* und was *qualifiziert* diese Seite. Welchem *Interesse* dient die Darstellung?
2. Wann wurde die Seite *zuletzt aktualisiert*?

Rezeption:
Genauer Verweis auf die Seite, *Aufnahme in das Literaturverzeichnis* und *nachprüfbare Zitation des Inhalts*.

Bei der Beachtung dieser einfachen Grundüberlegungen ist die Beschäftigung mit dem Internet kein Freizeitvergnügen, sondern wird zu einem vollwertigen Hilfsmittel der exegetischen Arbeit.

---

10 Für die geisteswissenschaftliche Recherche geeignete Suchmaschinen sind auf folgender Seite zu finden: http://theologie.uni-hd.de/bib/bib-fachinfos/ bib_fachinf_s2.html.

3. Textkritik

Literatur

ALAND, K. u. B., Der Text des Neuen Testaments, ²1989. – ALAND, K. u.a., Bibelhandschriften II, TRE 6 (1980), 114–131; Bibelübersetzungen, TRE 6, 161–215. – ELLIOTT, J. K. – MOIR, I., Manuscripts and the Text of the New Testament, 1995. – GREEVEN, H., Text und Textkritik der Bibel II. Neues Testament, RGG³ VI (1962), 716–725. – HUNGER, H. u.a. (Hg.), Die Textüberlieferung der antiken Literatur und der Bibel, ²1988. – KÜMMEL, W. G., Einleitung, 452–491. – MAAS, P., Textkritik, ³1956. – METZGER, B. M., Der Text des Neuen Testaments, 1966. – DERS., A Textual Commentary on the Greek New Testament, ²1994. – POKORNÝ, P. – HECKEL, U., Einleitung, 88–114. – WIKENHAUSER, A. – SCHMID, J., Einleitung, 65–202.

3.1 Definition

> Textkritik ist die Feststellung von Wortlaut und Schreibweise eines Textes, wie diese für den ursprünglichen Autor anzunehmen sind. Die Textkritik hat somit die Aufgabe, auf der Grundlage der Textzeugen den ältesten erreichbaren Text des Neuen Testaments zu rekonstruieren.

Unerlässlich ist die Textkritik aus historischen und theologischen Gründen:

a) Da die Originale (αὐτόγραφα) der neutestamentlichen Schriften nicht mehr vorhanden sind, muss der Originaltext aus der späteren Überlieferung der Texte in Handschriften, Lektionarien, Zitaten bei frühen christlichen Autoren und Übersetzungen erschlossen werden. Dabei *kann* die ursprüngliche Textgestalt mit einer der überlieferten Textfassungen identisch sein. Selten enthält keine der überlieferten Textfassungen den ursprünglichen Text, so dass dieser hypothetisch erschlossen werden muss (Konjektur)[11].

---

11 Vgl. zur problematischen Methode der Konjektur B. M. Metzger, Der Text des Neuen Testaments, 184–187. – Wer die Begründung einer Konjektur kennenlernen möchte, lese A. v. Harnack, Zwei alte dogmatische Korrekturen im

Somit ist der rekonstruierte ‚Urtext' neutestamentlicher Schriften eine hypothetische Größe, da er immer auf Wahrscheinlichkeiten und Vermutungen beruht.

b) Geht es in der neutestamentlichen Exegese um die Auslegung und das Verstehen der neutestamentlichen Texte, so muss erarbeitet werden, was die neutestamentlichen Schriftsteller selbst uns überliefert haben, nicht aber, was in der Textüberlieferung sekundär hinzukam.

Dahinter steht auch ein hermeneutisches Interesse: Man muss zum ursprünglichen Text zurückgehen, weil nur er Auskunft über die Theologie der neutestamentlichen Schriftsteller geben kann.

3.1.1 Gegenstand der Textkritik ist also die Überlieferung von Texten, die im Original nicht mehr vorhanden sind.

3.1.2 Ziel der Textkritik ist die hypothetische Feststellung derjenigen Fassung des Textes, die der Autor einst angefertigt hat.

3.1.3 Arbeitsgrundlage sind Textausgaben mit Angaben über die divergierende Textüberlieferung und deren Bezeugung, insbesondere Nestle-Aland[27].

3.2 Lernziele

Die Studierenden sollen über Grundkenntnisse der Geschichte des neutestamentlichen Textes und des Wertes seiner Hauptzeugen verfügen.

Sie sollen die Fähigkeit zur technischen Benutzung des kritischen Apparates des NT Graece von Nestle-Aland[27] besitzen und in der Lage sein, die Grundregeln textkritischer Entscheidungen anzuwenden.

Die Studierenden sollen schließlich aufgrund kritischer Sichtung der Textzeugen und alten Übersetzungen den ursprünglichen Wortlaut (‚Urtext') eines vorgegebenen Textes rekonstruieren und die Textvarianten erklären können.

Hebräerbrief, in: Studien zur Geschichte des Neuen Testaments und der alten Kirche I, AKG 19, 1931, 234–252.

3.3 Geschichte der Textkritik

1514 wurde die erste griechische Ausgabe des Neuen Testaments gedruckt. Sie erschien im Auftrag des Kardinals Ximenez (gest. 1517) in der spanischen Universitätsstadt Alcala (lat. ‚Complutum') und wurde seit 1502 durch spanische Gelehrte vorbereitet. Das vom Kardinal in Auftrag gegebene Gesamtwerk umfasste das Alte und Neue Testament, wobei für das Alte Testament der hebräische Text, die Vulgata und die Septuaginta in drei Kolumnen nebeneinander, für das Neue Testament der griechische und lateinische Text abgedruckt wurden. Diese mehrsprachige Bibelausgabe (= Polyglotte) erhielt erst 1520 die kirchliche Druckerlaubnis, so dass die ‚complutensische Polyglotte' wohl die erste gedruckte griechische Ausgabe des Neuen Testaments (1514), nicht aber die erste veröffentlichte Ausgabe enthält.

Dieser Ruhm fällt der griechischen NT-Ausgabe des holländischen Humanisten ERASMUS VON ROTTERDAM (1469–1536) zu. Er fertigte auf Drängen eines Baseler Verlegers, der von dem spanischen Unternehmen gehört hatte, 1515 in großer Eile eine Ausgabe an, die 1516 auf dem Markt erschien und verlegerisch ein Erfolg wurde. Zweifelhaft hingegen war der wissenschaftliche Wert dieser Ausgabe; denn Erasmus musste sich hauptsächlich auf minderwertige Minuskeln aus dem 12. Jahrhundert stützen und hatte für die letzten Verse der Apokalypse überhaupt keine griechische Handschrift zur Verfügung, so dass er sie nach dem Vulgatatext ins Griechische zurückübersetzen musste. Dennoch war die NT-Ausgabe des Erasmus von sehr großer Bedeutung, denn nicht nur Luther benutzte die zweite Auflage von 1519 als Grundlage für seine Bibelübersetzung, sondern zahlreiche Nachdrucke des in späterer Zeit nur teilweise verbesserten Erasmustextes sicherten ihm den Vorrang.

Auch die griechischen NT-Ausgaben des Pariser Druckers und Verlegers ROBERT ESTIENNE (lat. Stephanus) basierten zum großen Teil auf der Erasmusedition. Stephanus führte als erster einen kritischen Apparat und die bis heute gültige Verseinteilung ein, und seine Ausgaben begründeten den *textus receptus* (= allgemein anerkannter Text)[12]. Dieser galt nicht nur bis zum 19. Jahrhundert im

---

12 Der Ausdruck ‚textus receptus' geht auf das Vorwort der 1633 erschiene-

Wesentlichen als unantastbar, er hat vor allem aus liturgischen Gründen bis in die Gegenwart hinein Bedeutung (vgl. den Lobpreis am Ende des Vaterunsers in Mt 6,13).

Durch JOHANN ALBRECHT BENGEL (1687–1752) trat die neutestamentliche Textkritik in ein neues Stadium ein. Der württembergische Ausleger tastete zwar den ‚textus receptus' kaum an, nannte aber jeweils die Lesarten, die seiner Meinung nach ihm gegenüber den Vorzug verdienten. Zudem war Bengel der erste, der die Textzeugen in zwei große Gruppen unterteilte und bis heute bewährte Regeln der Textkritik einführte. – Die Einteilung der Handschriften in Gruppen führte JOHANN JAKOB GRIESBACH (1745–1812) weiter, der eine alexandrinische, westliche und byzantinische Textrezension unterschied. Griesbach stellte ferner zahlreiche vorbildliche Regeln für die Textkritik auf, und er wagte es als erster, den ‚textus receptus' an vielen Stellen aufzugeben. – Der klassische Philologe KARL LACHMANN (1793–1851) brach gänzlich mit dem ‚textus receptus'. Er erstellte eine NT-Ausgabe, die nur auf der kritischen Bewertung der einzelnen Textzeugen beruhte.

Große Bedeutung für die Erforschung des neutestamentlichen Textes hat der Leipziger Neutestamentler CONSTANTIN VON TISCHENDORF (1815–1874). Er entdeckte im Katharinenkloster am Sinai den ‚Codex Sinaiticus' (1844/1859)[13] und legte diese im 4. Jahrhundert entstandene Majuskel seiner großen und bis heute wertvollen Edition zugrunde (‚Editio octava critica maior', 1869–1872). Internationale Anerkennung errang die von den Engländern B. F. WESTCOTT (1825–1901) und F. J. HORT (1828–1892) veröffentlichte NT-Ausgabe (1881/1882), die sich durch eine zuverlässige Textrekonstruktion und einsichtige methodische Kriterien auszeichnet. Wichtig sind für die neutestamentliche Textkritik die Unterscheidungen, die Westcott-Hort bei ihrer Erforschung der Verwandtschaft zwischen den einzelnen Textzeugen trafen. Danach gibt es vier Haupttypen neutestamentlicher Texte: 1. den westlichen Text (Hauptvertreter ist der ‚Codex Bezae' D 05); 2. den alexandrini-

---

nen 2. Auflage der NT-Ausgabe der Familie Elzevier aus Leiden zurück, wo es heißt: „Textum ergo habes, nunc ab omnibus receptum: in quo nihil immutatum aut corruptum damus" („Du hast nunmehr einen Text, der von allen angenommen ist, in dem wir nichts verändert oder verdorben wiedergeben").

13 Vgl. zur aufregenden Fundgeschichte B. M. Metzger, Text, 42–46.

schen Text (Hauptvertreter ‚Codex Ephraemi' C 04 und ‚Codex Regius' L 019); 3. den neutralen Text (Hauptvertreter ‚Codex Sinaiticus' ℵ 01 und ‚Codex Vaticanus' B 03); 4. den syrischen Text (Hauptvertreter ‚Codex Alexandrinus' A 02)[14].

Den modernen ‚textus receptus' schuf EBERHARD NESTLE (1851–1913) mit seinem im Auftrag der Württembergischen Bibelanstalt 1898 veröffentlichten ‚Novum Testamentum Graece'. Nestle verzichtete bewusst auf eine eigene Textfassung und legte seiner Ausgabe die drei großen wissenschaftlichen Editionen des 19. Jahrhunderts zugrunde, nämlich Tischendorf (T), Westcott-Hort (H) und zunächst R. F. Weymouth, an dessen Stelle seit der 3. Auflage (1901) die Ausgabe von B. Weiß (W) trat. In seinem ‚apparatus criticus' berücksichtigte Nestle nicht nur die abweichenden Lesarten von HTW, sondern in einem zweiten Apparat auch Lesarten von neutestamentlichen Handschriften. Die Berücksichtigung der Originalzeugen wurde durch den Sohn ERWIN NESTLE (1883–1972) und durch KURT ALAND (1915–1994, seit der 21. Aufl. von 1952 Mitherausgeber) ständig ausgebaut, wobei insbesondere neugefundene Papyri von großer Bedeutung waren.

Bis zur 25. Aufl. von 1963 setzte auch Nestle-Aland durch Handschriftenfamilien repräsentierte Texttypen voraus, wobei bis in die Gegenwart hinein vier Haupttextformen des neutestamentlichen Textes unterschieden werden[15]:

1. *Der neutrale* (oder *‚alexandrinische'* bzw. *‚hesychianische') Text* (Nestle[25]: 𝔥)
Dieser vor allem durch die Majuskeln ℵ 01, A 02, B 03, C 04 (A und C allerdings nicht für die Evangelien) und hervorragende Papyri (z.B. P[66] P[75] für die Evangelien, P[46] für die Paulusbriefe) repräsentierte Texttyp wird als ‚neutraler' Text bezeichnet, weil Westcott-Hort ihn für einen unrevidierten Text hielten. ‚Alexandrinisch' wurde der Text genannt, weil ihn auch die alexandrinischen Väter Klemens, Origenes, Dionysius und Cyrill von Alexandrien bieten. Durch W. Bousset wurde die Bezeichnung ‚hesychianischer Text' eingeführt, da er den von Hieronymus erwähnten Bischof Hesychi-

---

14 Zu den Einzelheiten der Theorie von Westcott-Hort vgl. B. M. Metzger, a.a.O., 129–138.

15 Vgl. dazu auch A. Wikenhauser – J. Schmid, Einleitung, 170–183.

us ('Ησύχιος) von Alexandrien mit diesem Texttyp in Verbindung brachte. Durch Einwirkung der Koine entwickelte sich im Lauf der Jahrhunderte der alexandrinische Text zum ägyptischen Text weiter.

2. Der westliche Text

Wie schon der Name andeutet, ist dieser Texttyp vor allem im westlichen Mittelmeerraum bezeugt. Er liegt vor in den griechisch-lateinischen Handschriften D 05, D 06, F 010, G 012 sowie in der altlateinischen Übersetzung und in lateinischen Kirchenschriftstellern. Relativ früh ist er aber auch in Ägypten und dem Osten nachweisbar (sy^[c.s.]). Charakteristisch für den westlichen Text ist seine Vorliebe für die Paraphrase (vor allem in der Apg). Bei Übereinstimmung mit dem alexandrinischen Text ist der westliche Text von hohem Wert, sonst aber eher von geringerer Bedeutung.

3. Der Koinetext (Nestle[25]: $\mathfrak{M}$)

Der wegen seiner allgemeinen (= κοινή) Verbreitung so genannte Text (auch byzantinischer oder Reichstext genannt) wird vor allem durch die Majuskeln A 02 (nur für die Evangelien), E 07, F 09, G 011, H 013 und die überwiegende Mehrzahl der Minuskeln bezeugt. Hatte Hort diesen Texttypus, der seit dem 4. Jh. vorherrscht und sehr wahrscheinlich auf eine frühere Rezension zurückgeht, für völlig wertlos erklärt, so setzte sich in neuerer Zeit vor allem durch die Übereinstimmung einzelner Lesarten des Koinetextes mit neu entdeckten Papyri die Erkenntnis durch, dass auch dieser Text alte Lesarten bewahrt hat. Charakteristisch ist für den Koinetext die Glättung sprachlicher Härten, die inhaltliche Harmonisierung und das angestrebte gute Griechisch.

4. Der Cäsareatext

Die Bezeichnung ‚Cäsareatext' erklärt sich aus der Vermutung von B. H. Streeter, dass Origenes diesen Text nach seiner Übersiedlung von Alexandria nach Cäsarea verwendet habe und diese Textform dort auch entstanden sei. Nach neueren Untersuchungen[16], vor al-

---

16 Zur Forschungsgeschichte: R. Kieffer, Au delà des recensions?, CB.NT 3, 1968, 25 ff. – Kritisch zu der Existenz des Cäsarea-Textes äußert sich K. Aland, Bemerkungen zu den gegenwärtigen Möglichkeiten textkritischer Arbeit aus

lem zu P[37] und P[45], soll Origenes diesen Texttyp neben dem alexandrinischen Text schon in Alexandria und dann in Cäsarea benutzt haben. Von besonderer Bedeutung ist der Cäsareatext für Mk durch die Majuskeln Θ 38, W 032, die Minuskeln 28.565.700 und die Minuskelfamilien f[1] und f[13].

Während die Existenz eines alexandrinischen und Koine-Textes als gesichert gelten kann, ist in der Forschung umstritten, ob es den westlichen Text und den Cäsareatext wirklich gegeben hat[17].

3.4 Der gegenwärtige Stand der Textkritik

3.4.1 Nestle-Aland, Novum Testamentum Graece[27] (Ausgabe 2001)

Lektüre
NESTLE-ALAND[27] S. 1*–43*

Stand bisher die Erforschung der Abhängigkeitsverhältnisse einzelner Handschriften, die Zusammenfassung von Handschriften zu Texttypen und die Erhellung der Textgeschichte im Mittelpunkt neutestamentlicher Textkritik, so bringt Nestle-Aland[26.27] einen Neuansatz: Die bisherigen Gruppensigla für den hesychianischen Text 𝔥 und den Koinetext 𝕽 wurden aufgegeben und stattdessen eine die jeweiligen einzelnen Handschriften erfassende pro et contra-Bezeugung eingeführt. Zur Begründung dieser einschneidenden Änderung macht Aland geltend, dass insbesondere die Gruppenbezeichnung 𝔥 ein Problem darstelle, weil die unter diesem Zeichen zusammengefassten Handschriften in ihrer Textüberlieferung sehr uneinheitlich seien. Für die pro et contra-Bezeugung wurde das handschriftliche Material erheblich erweitert, wobei insbesondere die Angabe der als ,ständige Zeugen' herangezogenen Handschriften hervorzuheben ist (vgl. Nestle-Aland[26] S. 12*–17*; verändert in der 27. Aufl. S. 16*–22*). Als textkritische Konzeption steht hinter der pro et contra-Bezeugung die sog. ,lokalgenealogische Methode', welche nicht mehr aufgrund eines Familienstammbaums, der die

---

Anlass einer Untersuchung zum Cäsarea-Text der Katholischen Briefe, NTS 17 (1970/71), 1–9.

17 Vgl. K. u. B. Aland, Der Text des Neuen Testaments, 77.

chronologischen und genealogischen Abhängigkeiten einzelner Handschriften darstellt, ihre textkritischen Entscheidungen trifft, sondern von Fall zu Fall (‚eklektisch')[18] der unterschiedlichen Wertigkeit einer Handschrift zu verschiedenen Textstellen Rechnung trägt. Neben dem Alter von Handschriften spielt bei dieser Methode besonders der Kontext und der innere Textzusammenhang eine erhebliche Rolle. Aber auch Aland kommt nicht ganz ohne umfassende Gruppensigel aus: Für die große Anzahl späterer Majuskeln und Minuskeln (9. bis 16. Jahrhundert) führt er das Sigel $\mathfrak{M}$ = Mehrheitstext ein[19], das praktisch dem $\mathfrak{R}$ in Nestle-Aland[25] entspricht. Freilich hat dieses Sigel für die Frage nach der gegenseitigen Abhängigkeit und die Aufstellung eines genealogischen Stemmas keine Funktion. Anerkannt bleiben aber weiterhin die nach K. Lake und W. H. Ferrar bezeichneten Minuskelgruppen (Familien 1 und 13 = f^1 und f^{13}).

Neben der reichen Handschriftenbezeugung, die dem Sachkenner ein eigenes Urteil erlaubt, sind bei Nestle-Aland[26.27] besonders die Textgestaltung und die Beigaben am äußeren und inneren Rand erwähnenswert. Direkte Zitate aus dem Alten Testament sind durch Kursivdruck hervorgehoben, und die für den Leser sehr informativen Beleg- und Verweisstellen am äußeren Rand wurden völlig überarbeitet. Die von Aland vorgenommene Strukturierung hymnischer Überlieferungseinheiten ist hilfreich, wenn auch die Abgrenzungen im Einzelnen nicht immer überzeugen.

Stellt die umfangreiche pro et contra-Bezeugung für den Kenner neutestamentlicher Handschriften eine willkommene Arbeitsgrundlage dar, so muss sie doch auf die Studierenden, die über die Textkritik einen Zugang zum Novum Testamentum Graece gewinnen sollen, eher verwirrend wirken. Gaben ihnen früher die – zweifellos umstrittenen – Texttypen Hilfestellung bei textkritischen Entscheidungen, so sind heute umfangreiche Handschriftenkenntnisse notwendig, um die pro et contra-Bezeugung wirklich beurteilen zu können. Hier ist bei Nestle-Aland[26.27] eine Tendenz zur Spe-

---

18 Dazu H. W. Bartsch, Ein neuer textus receptus für das griechische Neue Testament?, NTS 27 (1981), 585–592; Replik von K. Aland, Ein neuer textus receptus für das griechische Neue Testament?, NTS 28 (1982), 145–153.

19 Vgl. dazu die Auflistung der unter $\mathfrak{M}$ zusammengefassten Handschriften in Nestle-Aland[27], 714.

zialisierung und Perfektionierung spürbar, die wohl dem Fachexegeten, nicht aber unbedingt dem Anfänger neutestamentlicher Exegese hilfreich sein mag. Auch sind die inneren Kriterien, nach denen bei Nestle-Aland[26.27] textkritische Entscheidungen getroffen werden, nicht immer erkennbar. Zudem erschwert die gänzliche Aufgabe von Texttypen die Erforschung der Geschichte des neutestamentlichen Textes, ein nach wie vor schmerzliches Desiderat neutestamentlicher Textkritik. In der 27. Auflage ist der Text der 26. Auflage unverändert geblieben, im Apparat ist es aber zu Korrekturen gekommen, die die textkritische Arbeit erleichtern sollen (Nestle-Aland[27], S. 3*–6*). Zusammenfassend lässt sich sagen, dass Nestle-Aland[26.27] als Arbeitsgrundlage für die neutestamentliche Textkritik einen erheblichen Fortschritt darstellt. Es bleibt aber zu fragen, ob auf die einzelnen ‚Familien' oder ‚Gruppen' zur Erhellung der Überlieferungsgeschichte des neutestamentlichen Textes verzichtet werden kann.

3.4.2 Huck-Greeven, Synopse der drei ersten Evangelien

Lektüre
HUCK-GREEVEN S. V–XXXVII

Wie unter 2.1.2 bereits erwähnt, hat H. Greeven die 13. Auflage der Synopse von A. Huck völlig neu bearbeitet und eine eigene Rezension des Evangelientextes vorgenommen. Der von ihm erstellte Text unterscheidet sich von Nestle-Aland[26.27] durchschnittlich 9mal pro Kapitel, so dass nun zumindest für die synoptischen Evangelien ein kritischer Vergleich möglich ist. Die handschriftliche Bezeugung ist bei Huck-Greeven nicht ganz so umfangreich wie bei Nestle-Aland[26.27], aber es sind alle wichtigen Textzeugen berücksichtigt worden. In einem größeren Umfang als Aland benutzt Greeven Summensigel, die auch bei ihm nicht einen Texttyp bezeichnen, sondern eine Vielzahl an Einzelangaben zusammenfassen. Dennoch setzt Greeven bei seiner Abgrenzung der Gruppen die Ergebnisse der textkritischen Stemmaforschung voraus. An dem neu erstellten kritischen Apparat von Huck-Greeven ist positiv hervorzuheben, dass alle Varianten angeführt sind, die von anderen Textkritikern als Urtext angesehen werden, und dass die bei den synoptischen Evangelien zu beobachtende Harmonisierungstendenz (besonders auf

Mt hin) kritisch berücksichtigt wurde. Andererseits machen es die von Nestle-Aland[26.27] gänzlich abweichenden textkritischen Zeichen dem Studierenden schwer, sich in die Synopse einzuarbeiten.

3.5 Textkritische Grundkenntnisse

3.5.1 Die Bezeichnung der neutestamentlichen Textzeugen
Eine systematische Erfassung und Bezeichnung der neutestamentlichen Textzeugen führte als erster 1751/52 JOHANN JAKOB WETTSTEIN durch. Er unterschied Majuskeln (Bezeichnung mit großen Buchstaben: A = Codex Alexandrinus, B = Codex Vaticanus), Minuskeln (Zählung mit arabischen Ziffern) und Lektionare (Zählung wie bei den Minuskeln). Das bis heute gültige System der Zählung und Bezeichnung neutestamentlicher Handschriften führte 1908 der Tischendorf-Schüler C. R. GREGORY ein. Danach werden Papyri durch ein vorgesetztes P gekennzeichnet, Majuskeln durch eine vorgesetzte 0, Minuskeln und Lektionare werden durchgezählt, wobei ein l vor die Ziffer der Lektionare gesetzt wird.

3.5.2 Die Gliederung der neutestamentlichen Textzeugen
Die neutestamentlichen Handschriften können nach ihrem Inhalt, ihrer Schriftform oder ihrem Beschreibstoff gegliedert werden. Am gebräuchlichsten ist eine kombinierte Untergliederung in *Papyri, Majuskeln, Minuskeln* und *Lektionare,* wobei beachtet werden muss, dass sowohl Papyri als auch Pergamenthandschriften Majuskeln sind und sich unter den Lektionaren auch Papyri befinden.

Die ältesten neutestamentlichen Handschriften sind *Papyri.* Der Papyrus ist eine vornehmlich im Nildelta wachsende Sumpfpflanze, die schon seit dem 3. Jahrtausend v.Chr. als Schriftträger verwendet wurde. Die Papyri (Stand 2004: 116 Papyri) sind für die neutestamentliche Textkritik nicht nur wegen ihres hohen Alters, sondern vor allem aufgrund ihrer guten Textqualität von großer Bedeutung. Besonders wertvoll und wichtig sind die *Chester-Beatty-Papyri* P[45] P[46] P[47] und die *Bodmer Papyri* P[66] P[72] P[74] P[75]. Eine der ältesten neutestamentlichen Handschriften P[52] enthält Joh 18,31–33.37–38 und ist in das 2. Jh. zu datieren.

Bereits auf *Pergament* geschrieben sind die großen Bibelhandschriften des 4. und 5. Jh. (Majuskeln). Das aus den Häuten von Klein- oder Jungtieren (Ziege, Schaf, Esel) bestehende Pergament (gr. περγαμηνή) hat seinen Namen von König Eumenes von Pergamon, der 197–159 v.Chr. regierte und für seine Bibliothek dieses neue Schreibmaterial entwickelt haben soll. Das sehr beständige Pergament trat schon im 2. Jh. v.Chr. in Konkurrenz zum Papyrus und hielt sich als Schreibmaterial bis ins Mittelalter.

Die *Majuskeln* bestimmten die Textkritik bis weit ins 20. Jh. Von den bis heute verzeichneten 307 Majuskeln sind fünf besonders wichtig:

1. ℵ 01 *Codex Sinaiticus*
Dieser im Katharinenkloster am Sinai von C. v. Tischendorf entdeckte Kodex (1854 und 1859) enthält das gesamte Neue Testament und große Teile des Alten Testaments. Er wurde im 4. Jh. auf Pergament (Antilope) geschrieben und später teilweise mit Änderungen und Korrekturen versehen. Der Sinaiticus gehört im Wesentlichen zum alexandrinischen Texttyp und ist eine der wichtigsten neutestamentlichen Majuskeln, obwohl Tischendorf seine Bedeutung überschätzt hat.
Faksimileausgabe: K. Lake, Codex Sinaiticus Petropolitanus, Oxford 1911.

2. A 02 *Codex Alexandrinus*
Aus dem 5. Jh. stammt dieser Kodex, der das Alte Testament und den größten Teil des Neuen Testaments (es fehlen Mt 1,1–25,6; Joh 6,50–8,52; 2Kor 4,13–12,6) enthält. Die Handschrift ist seit dem 11. Jh. in der Bibliothek des Patriarchen von Aleaxandria nachweisbar und wurde 1627 dem englischen König geschenkt. Der Wert des Textes schwankt; ist er für die Evangelien gering zu bewerten, so ist für die Apk der Codex Alexandrinus die wichtigste Handschrift.
Faksimileausgabe: F. G. Kenyon, The Codex Alexandrinus, London 1909.

3. B 03 *Codex Vaticanus*
Die älteste erhaltene Pergamenthandschrift wurde um 350 n.Chr. geschrieben und ist seit 1475 in der Bibliothek des Vatikans nachgewiesen. Sie enthält fast das gesamte Alte Testament und das Neue Testament bis Hebr. 9, 14a (es fehlen die Pastoralbriefe, Phlm, Apk). Der Codex Vaticanus ist die bedeutendste Majuskel, vor allem we-

gen der Verwandtschaft mit P[75], die nahezulegen scheint, dass es im 4. Jh. keine durchgehenden Rezensionen des neutestamentlichen Textes gab, wie man bisher annahm.

Faksimileausgabe: Novum Testamentum e Codice Vaticano Graeco 1209 (Codex B), tertia vice phototypice expressum: Codices e Vaticanis Selecti etc. Vol. XXX, 1968.

4. C 04 *Codex Ephraemi (rescriptus)*

Diese im 5. Jh. entstandene neutestamentliche Handschrift wurde im 12. Jahrhundert abgeschabt und mit dem Text von Abhandlungen des Kirchenvaters Ephraem erneut beschrieben (= Palimpsest). Mit Hilfe chemischer Substanzen konnte der frühere Text durch Tischendorf wiedergewonnen werden. Der Kodex umfasst geringe Teile des Alten Testaments, aber mehr als die Hälfte des Neuen Testaments; nur vom 2Thess und 2Joh ist nichts erhalten.

Faksimilierter Typendruck durch C. v. Tischendorf, 1843.

5. D 05 *Codex Bezae Cantabrigiensis*

Dieser zweisprachige Kodex (griechischer Text links) wurde 1581 vom Nachfolger Calvins THEODOR BEZA (1519–1605) der Universität Cambridge geschenkt. Er enthält den größten Teil der Evangelien, die Apostelgeschichte und ein Bruchstück des 3Joh. Datiert wird die Handschrift ins 5. oder 6. Jahrhundert, ihr Entstehungsort ist umstritten (Südgallien oder Nordafrika). Wo D 05 mit der alten Überlieferung geht, ist er ein wichtiger Zeuge, abweichende Lesarten bedürfen einer genauen Prüfung.

Faksimileausgabe: Codex Bezae Cantabrigiensis quattuor Evangelia et Actus Apostolorum complectens Graece et Latine, 1899.

Die Masse der neutestamentlichen Handschriften sind *Minuskeln,* deren älteste datierbare (461) im 9. Jh. entstand (vgl. Nestle-Aland[27], S. 704–712). Die Minuskeln sind für die neutestamentliche Textkritik noch nicht voll ausgewertet; wegen ihrer teilweise hohen Textqualität gewinnen sie zunehmend an Bedeutung. Textkritisch bedeutsam sind die nach K. LAKE benannte Minuskelfamilie f[1] und die nach W. H. FERRAR[20] bezeichnete Familie f[13].

---

20 Zu den Minuskelfamilien f[1] und f[13] vgl. B. M. Metzger, Text, 61f.

Eine eigene Gattung biblischer Handschriften stellen die *Lektio-nare* dar. Sie enthalten den biblischen Text aufgegliedert nach gottesdienstlichen Bedürfnissen und bieten vornehmlich den Koine-text[21].

3.5.3 Die alten Übersetzungen
Um 180 n.Chr. erfolgten die ersten Übersetzungen des neutestamentlichen Textes ins Lateinische, Syrische und Koptische.

1. *Die lateinischen Übersetzungen*
Die altlateinischen Übersetzungen des Neuen Testaments *(Vetus Latina* oder *Itala)* repräsentieren ein weites Spektrum sehr unterschiedlicher Handschriften (vgl. das Verzeichnis bei Nestle-Aland[27], S. 715–719). Die ältesten Handschriften stammen zwar erst aus dem 4./5. Jh., lassen aber teilweise deutliche Vorformen erkennen. Exakt nachweisbar ist die Benutzung lateinischer Handschriften beim Kirchenvater Cyprian um 250. So ist zu vermuten, dass zuerst in Nordafrika gegen Ende des 2. Jh. ein lateinisches Neues Testament existierte.

Die seit dem 7. Jh. in der abendländischen Kirche allgemein verbreitete (= vulgata) Form des lateinischen Textes heißt *Vulgata*. Sie erlangte im 16. Jh. in der katholischen Kirche amtliche Gültigkeit. Zumeist gilt die Vulgata als Werk des Hieronymus (340/350–420), was allerdings nur für das Alte Testament und die Evangelien zutrifft (Abschluss der Revision im Jahr 383).

2. *Die syrischen Übersetzungen*
Am Anfang der Übersetzungen des Neuen Testaments ins Syrische steht die zu Beginn des letzten Drittels des 2. Jh. verfasste Evangelienharmonie des Apologeten Tatian, genannt *Diatessaron* (διὰ τεσσάρων = durch die vier Evangelien). Umstritten ist, ob das Diatessaron ursprünglich auf Griechisch oder auf Syrisch abgefasst wurde, da lediglich aus der Benutzung und Kommentierung des Diatessarons durch Ephraem Syrus (ca. 306–373) Rückschlüsse möglich sind.

Die ältesten syrischen Übersetzungen des Neuen Testaments (Vetus Syra) liegen in zwei Handschriften vor, *dem Cureton-Syrer*

---

21 Vgl. zu den Lektionaren K. u. B. Aland, Der Text des Neuen Testaments, 172–178; zu den alten Übersetzungen des NT: a.a.O., 181–221.

(syᶜ) und dem *Sinai-Syrer (syˢ)*, wobei allerdings jeweils nur die Evangelien erhalten sind. Da beide Handschriften aus dem 5. Jh. stammen, dürften die Vorlagen im 4. Jh. entstanden sein.

In der Mitte des 5. Jh. entstand die *Peschitta* (= die ‚Einfache‘), eine syrische Übersetzung des Neuen Testaments, die eine weite Verbreitung fand. Nicht mehr erhalten ist die im Jahr 507/508 geschriebene syrische Übersetzung des Neuen Testaments im Auftrag des Bischofs Philoxenus von Mabbug, die *Philoxeniana.* Im Jahr 616 unterzog der Mönch Thomas von Harkel die Philoxeniana einer gründlichen Neubearbeitung und schuf eine durch besondere Anlehnung ans Griechische gekennzeichnete syrische Übersetzung, die *Harklensis.*

3. *Die koptischen Übersetzungen*

Die ägyptische Kirche war zunächst eine griechisch sprechende Kirche. Im 3. Jh. erforderte die Missionstätigkeit eine umfangreiche Übersetzung des Neuen Testaments ins Koptische. ‚Koptisch‘ ist ein Sammelbegriff für ägyptische Dialekte (Achmimisch, Subachmimisch, Bohairisch, Mittelägyptisch, Mittelägyptisch-Faijumisch, Protobohairisch, Sahidisch), die erst in christlicher Zeit Schriftform erlangten. Die ältesten koptischen Handschriften sind ins 4. Jh. zu datieren, das gesamte Neue Testament wurde nur ins Sahidische und Bohairische übersetzt.

Erfolgten die Übersetzungen ins Lateinische, Syrische und Koptische direkt aus dem Griechischen, so trifft dies für andere Übersetzungen nicht zu (Armenisch, Georgisch, Äthiopisch), so dass der textkritische Wert dieser Übersetzungen gering ist.

3.5.4 Fehlerquellen der neutestamentlichen Textüberlieferung

Für die richtige Bewertung von Lesarten ist es wichtig, die möglichen Fehlerquellen der Textüberlieferung zu kennen.

1. *Lese-, Schreib- und Hörfehler*

- Verwechslung ähnlich aussehender Buchstaben (vgl. Röm 12,11: κυρίῳ – καιρῷ)
- Verwechslung ähnlich klingender Buchstaben beim Diktat (vgl. Röm 5,1: ἔχομεν – ἔχωμεν)
- Itazismus: In der Koine wurden die Vokale η, ι und υ, die Diphthonge ει, οι und υι sowie ῃ häufig als langes ι gesprochen, so dass

es insbesondere bei den Personalpronomina (ἡμεῖς / ὑμεῖς; ἡμᾶς / ὑμᾶς) zu Verwechslungen kam.

- Haplographie: Einfachschreibung von zwei gleichen oder ähnlichen Buchstaben, Buchstabengruppen oder Wörtern, die unmittelbar aufeinander folgen.
- Dittographie: versehentliche Doppelschreibung eines Buchstabens, Wortes oder einer Wortgruppe (Im Codex Vaticanus steht der Schrei der Volksmenge in Apg 19,34 μεγάλη ἡ Ἄρτεμις Ἐφεσίων zweimal).
- Ausfall durch Homoioteleuton („gleiches Ende") oder Homoioarkton („gleicher Anfang"): Abirren des Blickes durch graphisch ähnliche bzw. mit dem gleichen Buchstaben endende oder beginnende Wörter (Im Codex Sinaiticus fehlt Lk 10,32, weil dieser Vers mit dem gleichen Verbum endet, wie der vorausgehende V.31: ἀντιπαρῆλθεν).
- Fehlerhafte Wortverbindung oder Worttrennung (vor allem wegen der *scriptio continua).*
- Missverstandene Abkürzungen.
- Einfügen von sekundären Randnotizen (Marginalien) in den Text.

2. *Absichtliche Änderungen*
- Änderungen in der Orthographie und Grammatik (Änderung des Nominativ nach ἀπό in Apk 1,4).
- Ersetzen altertümlicher oder ungewöhnlicher Wörter.
- Harmonisierung und Angleichung an Parallelstellen (bei den Synoptikern besonders an das Matthäusevangelium; vgl. die Zusätze am Ende des Vaterunsers in Lk 11,4).
- Berichtigung historischer und geographischer Unstimmigkeiten (vgl. Mk 1,2: Ersetzung der teilweise falschen Angabe τῷ Ἠσαΐᾳ τῷ προφήτῃ durch τοῖς προφήταις).
- Anfügung von erklärenden und ergänzenden Erweiterungen (= Glossen). So ist z. B. Röm 7,25b als zusammenfassende Folgerung aus 7,1–23 und aufgrund seiner schwierigen Stellung im unmittelbaren Kontext als Glosse anzusehen.
- Änderung aus dogmatischen Erwägungen. So wurde in Joh 7,8 das οὐκ in οὔπω verwandelt, da Jesus in Joh 7,10 doch zum Fest nach Jerusalem hinaufgeht. In Lk 1,3 ergänzen einige altlateinische Handschriften ‚et spiritui sancto' zu κἀμοί, um so die aus-

drückliche göttliche Billigung der Evangelienabfassung hervorzuheben.

3.5.5 Termini technici der Textkritik

Bilingue = zweisprachige Handschrift
Glosse = Interpolation – sekundärer Einschub
Kodex = Handschrift in Buchform
Konjektur = Änderung der modernen Herausgeber trotz einheitlicher Überlieferung bzw. ohne direkten Anhalt an der Überlieferung
Majuskel = Unziale – mit großen (griech.) Buchstaben geschriebene Handschrift
Minuskel = mit kleinen (griech.) Buchstaben geschriebene Handschrift
Palimpsest = Pergament-Handschrift, deren Beschriftung getilgt und die dann neu beschrieben wurde (z.B. Cod. Ephraemi)
Polyglotte = mehrsprachige Bibelausgabe
Revision = Überprüfung eines Textes anhand anderer Handschriften
Variante = ‚varia lectio' (vl) – abweichende Lesart

3.6 Der Vollzug der Textkritik

Die Textkritik vollzieht sich in einem analytischen und einem interpretativen Schritt:

a) Die Feststellung der äußeren Bezeugung der einzelnen Lesarten (analytischer Schritt)

Dazu müssen zuerst die textkritischen Angaben des Apparates dechiffriert werden. Es gilt festzustellen, welche Handschriften welche Lesart bezeugen und wie diese Bezeugung qualitativ (Alter und Güte der Handschrift) und quantitativ (Umfang der Bezeugung) zu beurteilen ist. Grundsätzlich gilt die Regel: Die bestbezeugte Lesart ist die ursprünglichere.

Um den analytischen Schritt sachgemäß durchführen zu können, sind gute Kenntnisse vom Wert einzelner Handschriften notwendig. Erfahrungsgemäß haben die Studierenden hier Schwierigkeiten, weil sie oft nicht wissen, wo sie sich diese Kenntnisse aneignen können. Über das unter 3.5.2. Gesagte hinaus ist deshalb folgende *Lektüre* zum äußeren Wert einzelner Handschriften unerlässlich: K. u. B. ALAND, Der Text des Neuen Testaments, 167–171. 342–348; B. M. METZGER, Der Text des Neuen Testaments, 36–66 und A. WIKENHAUSER – J. SCHMID, Einleitung, 79–161.

b) Die Diskussion der inneren Wahrscheinlichkeit einer Lesart (interpretativer Schritt)

Bei diesem Schritt geht es um die Frage, welche Lesart aufgrund innerer Kriterien die ursprünglichere ist. Es muss dabei geklärt werden, wie sich die einzelnen Lesarten in ihrer Entstehung zueinander verhalten, welche sachlichen Gründe für die eine oder andere Lesart sprechen und wie die divergierenden Textfassungen aus der als ursprünglich postulierten Lesart entstehen konnten. Als Grundsatz hat dabei zu gelten, dass die Lesart die ursprünglichere ist, die die Entstehung der anderen Lesarten am besten erklärt.

Für diesen Schritt der Textkritik gibt es zwei bewährte Regeln:

1. Diejenige Lesart ist die ältere, von der sich die übrigen ableiten lassen.

Es ist dann die Lesart aufzuspüren, die den höheren Schwierigkeitsgrad bietet, denn es ist wahrscheinlicher, dass eine schwierige Lesart geglättet und verständlicher gemacht wurde als umgekehrt. Es gilt also die Regel: *lectio difficilior probabilior* (vgl. J. A. Bengel: ‚Proclivi scriptioni praestat ardua‘). Diese Regel ist natürlich nicht anwendbar, wenn eine Lesart völlig unsinnig ist.

2. Diejenige Lesart ist gewichtiger, die kürzer ist als die anderen; denn es besteht beim Abschreiben eher die Tendenz, eine Textstelle mit Ergänzungen zu versehen als sie zu kürzen. Es gilt also die Regel: *lectio brevior potior.* Auch hier gibt es Ausnahmen; denn es kommt vor, dass versehentlich Wörter ausgelassen werden.

Die Diskussion der inneren Wahrscheinlichkeit von Lesarten setzt oft ein hohes Maß an exegetischer und theologiegeschichtlicher Kenntnis voraus. Sprachgebrauch und theologische Tendenz des Autors wollen bedacht sein, und häufig muss die theologische Diskussion einer bestimmten Epoche der Kirchengeschichte bekannt sein, um Glättungen und Ergänzungen als solche erkennen zu können.

3.7 Übung

Textkritische Analyse von Mk 7,24 (nach Nestle-Aland[27])

1. Variante

Äußere Bezeugung: Ἐκεῖθεν δὲ ἀναστάς lesen die Majuskeln ℵ 01, B 03, L 019, Δ 037; die Minuskeln 892, 1241, 1424, 2427 und wenige Handschriften, sowie eine Randlesart der syrischen Harklensis. Dagegen lesen die Majuskeln A 02, D 05 (mit Umstellung), Θ 038, die Minuskelfamilien 1 und 13, die Minuskel 33, der Mehrheitstext sowie die Harklensis καὶ ἐκεῖθεν ἀναστάς. Die Majuskel W 032, die Itala sowie der Sinai-Syrer lesen lediglich καὶ ἀναστάς.

Kommt die zuletzt genannte Lesart schon wegen ihrer geringen äußeren Bezeugung nicht als ursprünglicher Text in Frage, so sind die beiden anderen Lesarten von der äußeren Bezeugung her etwa gleichwertig. Für die textkritische Entscheidung müssen somit innere Kriterien hinzugezogen werden.

Innere Bezeugung: Das καί der zweiten Lesart anstelle des bei Mk seltenen δέ könnte man als Paralleleinfluss von Mt 15,21 erklären. Wahrscheinlicher ist aber ein Einfluss von Mk 10,1, wo der Versanfang lautet: καὶ ἐκεῖθεν ἀναστάς. Dies ist um so wahrscheinlicher, als Mk 10,1 über den Anfang des Verses hinaus Parallelen zu 7,24 bietet.

Textkritisches Urteil: Nimmt man einen Einfluss von Mk 10,1 auf Mk 7,24 im Verlauf der Textüberlieferung an, so ist die Lesart ἐκεῖθεν δὲ ἀναστάς als die ursprüngliche anzusehen. Allerdings ist in diesem Fall keine Eindeutigkeit zu erreichen, was sich schon an den unterschiedlichen Entscheidungen von Nestle-Aland[27] und Huck-Greeven zeigt.

2. Variante

Äußere Bezeugung: Die Lesart τὰ ὅρια wird durch die Majuskeln ℵ 01, B 03, D 05, L 019, W 032, A 037, Θ 038, die Minuskelfamilien 1 und 13, die Minuskeln 28, 579, 700, 892, 2427, 2542, 𝔩 2211, wenige andere Handschriften sowie den Kirchenvater Origenes bezeugt. Hingegen lesen die Majuskel A 02 und der Mehrheitstext τὰ μεθόρια. Schließlich liest die Minuskel 565 τὰ ὅρη.

Die äußere Bezeugung spricht deutlich für die erste Lesart, obgleich die zweite Lesart im Gegensatz zur dritten auch gut bezeugt ist.

Innere Bezeugung: τὰ μεθόρια ist Hapaxlegomenon im NT und zweifellos die schwierigere Lesart. Zudem kann man für τὰ ὅρια Paralleleinfluss aus Mt 15,22 (τῶν ὁρίων) und Mk 10,1 annehmen. *Textkritisches Urteil:* Für die Ursprünglichkeit von τὰ ὅρια spricht vor allem die gute äußere Bezeugung. Andererseits sprechen innere Kriterien für τὰ μεθόρια; denn es ist Hapaxlegomenon und ein Einfluss aus Mt 15,22 und Mk 10,1 ist nicht auszuschließen. Das textkritische Urteil hängt somit von der unterschiedlichen Wertung der äußeren und inneren Kriterien ab, was wiederum durch die divergierenden Meinungen von Nestle-Aland[27] und Huck-Greeven belegt wird.

3. Variante

Äußere Bezeugung: Nach dem Wort Τύρου lesen die Majuskeln ℵ 01, A 02, B 03, die Minuskelfamilien 1 und 13, die Minuskeln 33, 2427, der Mehrheitstext, die lateinische Überlieferung, die Peschitta, die Harklensis sowie die koptischen Übersetzungen καὶ Σιδῶνος. Nur Tyrus als Ortsangabe bezeugen hingegen die Majuskeln D 05, L 019, W 032, Δ 037, Θ 038, die Minuskeln 28, 565, die Itala, der Sinai-Syrer und Origenes. Nach der äußeren Bezeugung ist der ersten Lesart eindeutig der Vorzug zu geben.

Innere Bezeugung: Für die sekundäre Hinzufügung von καὶ Σιδῶνος zum ursprünglichen Τύρου spricht einmal, dass Sidon und Tyrus sowohl im Alten Testament (vgl. Jes 23,4; Jer 27,3; 47,4; Joel 13,48; Sach 9,2) als auch im Neuen Testament (Mt 11,21.22; 15,21; Mk 3,8; 7,31; Lk 6,17; 10,13.14) in der Regel zusammen genannt werden und deshalb καὶ Σιδῶνος unter dem Einfluss von Mt 15,21 wahrscheinlich nachträglich hinzugesetzt wurde. Außerdem läge eine Doppelung der Ortsangaben in Mk 7,24 und 7,31 vor, wenn Sidon und Tyrus auch in 7,24 zusammen genannt würden. Schließlich trifft hier die Regel zu, dass die kürzere Lesart die schwierigere ist.

Textkritisches Urteil: Obwohl die äußere Bezeugung eindeutig für die Lesart Τύρου καὶ Σιδῶνος spricht, ist καὶ Σιδῶνος als spätere Hinzufügung anzusehen, die unter dem Einfluss von Mt 15,21 in den Text kam.

4. Variante

Äußere Bezeugung: Anstelle des Imperfekts ἤθελεν lesen ℵ 01, Δ 037 die Minuskelfamilie 13, die Minuskel 565 und wenige Handschriften sowie Origenes die Aoristform ἠθέλησεν.

Innere Bezeugung: eine inhaltliche Differenz zwischen der Imperfekt- und der Aoristform besteht nicht.

Textkritisches Urteil: Die äußere Bezeugung spricht für die Ursprünglichkeit des Imperfekts ἤθελεν.

5. Variante

Äußere Bezeugung: Die korrekte Aoristbildung ἠδυνήθη wird durch die Majuskeln A 02, D 05, L 019, W 032, Θ 038, die Minuskelfamilien 1 und 13, die Minuskel 2427 sowie den Mehrheitstext bezeugt. Hingegen findet sich im Sinaiticus und im Vaticanus die singuläre Aoristform ἠδυνάσθη. Die Imperfektbildung ἠδύνατο wird nur durch die Minuskel 565 und wenige andere Handschriften belegt. Die beiden ersten Lesarten sind gleich gut bezeugt, so dass innere Kriterien herangezogen werden müssen.

Innere Bezeugung: Die im Neuen Testament nur hier zu findende Aoristbildung ἠδυνάσθη ist zweifellos die schwierigere Lesart. Es ist zu vermuten, dass sie in das korrekte ἠδυνήθη geändert wurde.

Textkritisches Urteil: Da ἠδυνάσθη die ‚lectio difficilior' darstellt und auch äußerlich gut bezeugt ist, muss es als ursprünglich angesehen werden.

3.8 Aufgabe

Textkritische Analyse von Mk 14,22–25; Lk 22,17–20, 1Kor 11,23–26 sowie Joh 1,1–18 auf der Grundlage von Nestle-Aland[27] und Huck-Greeven.

4. Texttheorie und Methodenabfolge

Die Textkritik ist die grundlegende Voraussetzung aller weiteren methodischen Arbeit, denn sie legt den zu bearbeitenden Text in seinem Wortlaut fest. Der sich anschließenden *Abfolge* von *Methodenschritten* liegt eine bestimmte *Texttheorie* zugrunde[22]:

Das Urchristentum war eine charismatische Bewegung, in der die Produktion schriftlicher Texte aller Wahrscheinlichkeit nach erst relativ spät einsetzte. So wie die Verkündigung Jesu von Nazareth *mündlich* erfolgte, wurden auch die Erzählungen über Jesus von Nazareth zunächst mündlich tradiert, bevor *Verschriftungsprozesse* in einem größeren Umfang einsetzten (Sammlungen thematisch verwandter Stoffe, Logienquelle). Die Paulusbriefe als älteste literarische Dokumente des Urchristentums (geschrieben zwischen 50 und 61 n.Chr.) setzen noch das mündlich verkündigte Evangelium voraus (vgl. 1Kor 15,1ff) und sind nicht programmatischer, sondern, durch die Missionssituation bedingt, aktueller Ausdruck der Schriftlichkeit. Erst mit dem Markusevangelium (um 70 n.Chr.) etabliert sich das Evangelium als schriftliches Phänomen.

Eine sachgemäße *Texttheorie* wird deshalb berücksichtigen, dass die ntl. Texte nicht nur von einem einmaligen geschichtlichen Geschehen berichten, sondern selbst eine mündliche/schriftliche Geschichte als Texte durchlaufen haben. Hinter den ntl. Texten steht in der Regel ein Prozess, in dem ältere Texte summiert, verdichtet und in einen neuen Erzählzusammenhang überführt wurden. Die Interpretation auf synchroner Ebene und die diachrone Analyse der Vorgeschichte des Textes müssen sich ergänzen, um Werden und Sosein des Textes gleichermaßen zu erfassen. Es gibt keine Autonomie der Texte gegenüber ihrer eigenen

---

22 Jedes Textmodell beruht auf einer Setzung, durch die Exegese im wissenschaftlichen Diskurs überhaupt kommunikabel wird; vgl. W. Iser, Der Akt des Lesens, ³1990, 87: „Textmodelle stellen heuristische Entscheidungen dar. Sie sind nicht die Sache selbst, wohl aber verkörpern sie einen Zugang zu ihr."

Geschichte, sondern *Synchronie* und *Diachronie* sollten in ihrer Interdependenz begriffen werden.

Diesem mehrschichtigen Textmodell entspricht eine Methodenabfolge, die nach der Textfeststellung in der Textkritik auf synchroner Ebene einsetzt (Textanalyse) und wieder dort hinführt (Redaktionsgeschichte), nachdem sie die möglichen Phasen der Vorgeschichte eines Textes analysiert hat (Literar-/Quellenkritik, Formgeschichte, Traditionsgeschichte, Begriffs- und Motivgeschichte, religionsgeschichtlicher Vergleich). Auch wenn die synchrone Ebene Ausgangs- und Zielpunkt der Exegese ist, darf die diachrone Analyse nicht als Umweg aufgefasst werden. Vielmehr stellt der Jetzttext immer nur das Endresultat eines Formungsprozesses dar, dessen bestimmende Faktoren analysiert werden müssen, um den vorliegenden Text zu verstehen.

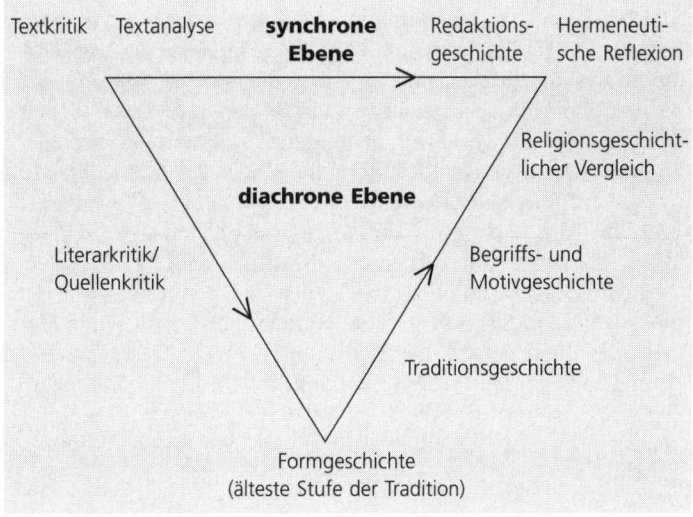

5. Textanalyse

Literatur

BERGER, K., Exegese des Neuen Testaments, 11–32. – EBNER, M. – Heininger, B., Exegese des Neuen Testaments, 57–131. – EGGER, W., Methodenlehre zum Neuen Testament, 74–146. – MARGUERAT, D., Strukturale Textlektüren des Evangeliums, ThBer 13 (1985), 41–86. – SOWINSKI, B., Textlinguistik, 1983, 51–124. – POWELL, M. A., What is Narrative Criticism?, Minneapolis 1990. – REINMUTH, E. – BULL, K.-M., Proseminar Neues Testament, 11–51.

5.1 Definition

Die Textanalyse hat die Funktion eines methodisch orientierten Einstiegs in die Textwelt, ihr Ziel ist eine **grundlegende Textwahrnehmung.** Die Textanalyse untersucht die *sprachliche Struktur* der in der Textkritik rekonstruierten Urfassung eines Textes. Unter Struktur sind die an Regeln gebundenen internen Beziehungen auf *syntaktischer, semantischer, narrativer und pragmatischer Ebene* zu verstehen, durch die die Teilelemente eines Ganzen organisiert werden. Alle Elemente eines Textes stehen bewusst zueinander in Beziehung, sie wirken durch ihr Ineinander/Zueinander/Nacheinander zusammen und stellen so in unterschiedlicher Weise *Kohärenz* her. Aus dem Zusammenspiel der einzelnen Elemente eröffnet sich im *Akt des Lesens* der Sinn des Textes[23]. Dieser Sinngehalt ist nicht beliebig, sondern durch die planvoll angelegte Textstruktur wird der Leser bei einer gelingenden Kommunikation zu den Einsichten geführt, die der Autor vermitteln möchte.

---

23 Vgl. dazu den Abschnitt 11.5.

5.2 Methodische Schritte

5.2.1 Abgrenzung des Textes

Bei der Abgrenzung eines Textes sind der Anfang und das Ende einer Sinneinheit festzulegen. Hierbei sind Zeit- und Ortsangaben, Veränderungen in der Konstellation der Handlungsträger sowie Themenwechsel von besonderer Bedeutung. Beachtung verdienen auch textabschließende Motive (z.B. Abschlussformeln, Akklamationen bei Wundern).

Die traditionelle Kapitel- und Verseinteilung ist sekundär (die moderne Kapiteleinteilung stammt aus dem 13. Jahrhundert, die Verszählung aus dem 16. Jahrhundert) und entspricht teilweise nicht mehr heutigen Erkenntnissen.

Beispiel: Mk 9,1 gehört nicht zur folgenden Verklärungsgeschichte (V. 2–13), sondern ist Abschluss der in Mk 8,34ff beginnenden Jüngerbelehrung.

5.2.2 Kontextanalyse

Nicht nur der Sinn von Wörtern und Sätzen, sondern auch von Teiltexten wird wesentlich durch den Kontext bestimmt. Deshalb ist eine Kontextanalyse erforderlich, die den Zusammenhang des zuvor abgegrenzten Teiltextes mit dem Gesamttext herausarbeitet. Sie soll die Stellung eines Teiltextes innerhalb einer größeren Sinneinheit (Makrokontext) und seiner unmittelbaren Umgebung (Mikrokontext) bestimmen. Diese Platzierung ist keineswegs zufällig, sondern sowohl auf sprachlicher als auch thematischer Ebene Ausdruck einer Handlungsbewegung, durch die der Autor seine Jesusgeschichte präsentiert und vorantreibt.

5.2.3 Sprachlich-syntaktische Analyse

Die sprachlich-syntaktische Analyse erhebt den *Wortschatz* eines Textes und untersucht die in einem Text vorkommenden *Wortarten* (Substantiv, Verb, Adjektiv, Pronomen, Präposition, Artikel, Konjunktion), *Wortformen* (Tempus, Genus, Modus, Numerus, Kasus) sowie deren Verknüpfung nach den Regeln der *Grammatik*. Es wird beschrieben, wie sich die Wörter, Teilsätze und Sätze zueinander verhalten, wie sie miteinander verknüpft sind und auf welche Weise Kohärenz hergestellt wird (z.B. durch Repetition, Variation, Ampli-

Ausweitung

fikation, Substitution, Auslassung, Platzierung von Leitworten, Pro-formen).

Der Wortschatz eines Textes muss im Verhältnis zum Wortschatz einer Schrift (z.B. Evangelium) bzw. Schriftengruppe (z.B. synopti-sche Evangelien, gesamtes Neues Testament) ermittelt werden, um so die sprachliche Eigenart des Textes zu bestimmen. Theologische Leitbegriffe, seltene Wörter, Hapaxlegomena oder Vorzugsvokabu-lar lassen gleichermaßen Rückschlüsse auf den Autor und seine Intentionen zu.

Wort, das nur 1x belegt ist

Die Häufigkeit und der Einsatz von *Wortarten* gibt Auskunft über die Dichte der Textstruktur (z.B. liegt eine hohe Dichte bei einem gehäuften Einsatz von verbindenden Präpositionen vor). Auch die Art des Kommunikationsaktes wird wesentlich durch die Wort-arten bestimmt (z.B. weist eine Häufung von Verben auf einen Erzähltext, eine Häufung von abstrakten Nomina auf einen argu-mentativen Text hin). Die *Wortformen* erzeugen durch die Kongru-enz von Kasus, Numerus und Genus Zusammengehörigkeit; der Tempusgebrauch signalisiert nicht nur Zeitstufen, sondern auch Er-zählperspektiven (z.B. verschiedene Tempora in erzählenden und argumentativen Texten). Die Verbmodi verweisen auf Aktionsar-ten, und Pronominalformen (speziell 1. und 2. Pers.) geben Aus-kunft über die Autor-/Leserkommunikation. Die interne Verknüp-fung der Teil- und Einzelsätze erfolgt nach den Regeln der *Syntax* und muss entschlüsselt werden (z.B. durch die Bestimmung von Subjekt-Prädikat-Objekt usw.). Wichtig ist dabei die Beachtung der Satzanschlüsse, die unterschiedlich eng sein können; neben geläu-figen Verknüpfungen gibt es unverbundene Sätze (Asyndeta).

Inkongruenzen bei den Wortarten und Wortformen sowie Stö-rungen der Syntax weisen auf mangelnde Kohärenz hin.

5.2.4 Semantische Analyse

Die semantische Analyse erhebt die Bedeutungsebene eines Textes, indem sie die *semantischen Beziehungen* zwischen den Teilelementen beschreibt und auf Grund von Themen, Oppositionen und Sinn-linien das *Sinngefüge des Textes* zu erheben sucht. Die semantische Analyse umfasst somit zwei Arbeitsschritte: 1) Ausgehend von der Bedeutung eines Wortes und seiner Aktualisierung im aktuellen Kontext werden bedeutungsverwandte Worte zusammengestellt und die Bedeutungsträger eines Textes bestimmt. 2) Es gilt den

Sinngehalt eines Textes zu ermitteln, indem die Sinnlinien (Gruppe bedeutungsverwandter Worte) bestimmt und aufeinander bezogen werden. Semantische Kohärenz liegt vor, wenn die Informationen eines Textes so aufeinander bezogen sind, dass der Leser keine Informationslücke oder keinen Informationsbruch feststellt.

5.2.5 Narrative Analyse

Die narrative Analyse untersucht den Handlungsablauf und die Handlungsträger. Es geht um die Frage, wie und wodurch eine Handlung vorangetrieben wird. Dabei sind die Sprachhandlungen (direkte/indirekte Rede, Fragen, Forderungen, Drohungen usw.) ebenso zu behandeln wie die chronologische Reihenfolge des Geschehens und der Aufbau von Oppositionen. Von besonderer Bedeutung sind Knotenpunkte, aus denen sich Handlungsalternativen ergeben. Die Handlungsstruktur wird wesentlich von Personen als Handlungsträger bestimmt. Es gilt zu analysieren, welche Handlungsträger auftreten und wie sie sich zueinander verhalten. Von besonderem Interesse sind Brüche in der Handlungssequenz (z.B. Unterbrechung einer Handlung durch eine Kommentierung, Inkongruenzen im Verhältnis von Fragen und Antworten, vom Handlungsablauf nicht motivierte Reaktionen von Personen).

5.2.6 Pragmatische Analyse

Die textpragmatische Analyse fragt nach der Kommunikationsabsicht des Textes und untersucht, was mit dem Text bei seinem Adressaten erreicht werden soll. Ausgangspunkt ist dabei die gemeinsame Welt von Autor und Adressaten; es sollen die Informationen herausgearbeitet werden, mit denen der Autor an die Adressaten herantritt, und es gilt festzustellen, mit welchen Mitteln er sie für sich gewinnen will (z.B. durch die Präsentation von Sympathie- bzw. Antipathieträgern im Text). Der Autor verfolgt mit seinem Werk eine Wirkabsicht und versucht sie durch Rezeptionssteuerung bei den Adressaten zu realisieren. Die textpragmatische Analyse erhebt die Steuerungselemente, mit denen der Autor auf Seiten der Leser eine persönliche Partizipation herbeiführen will. In den Bereich der Textpragmatik gehört auch die Rhetorik als kommunikative Kunst der Überzeugung.

5.2.7 Feststellung der Kohärenz

Die Ergebnisse der bisherigen Analysen werden unter der Fragestellung der Kohärenz des *gesamten* Textes aufgenommen und ausgewertet. Neben den bereits genannten Kriterien können als generelle Hinweise auf unzureichende Kohärenz gelten:

- unvereinbare Spannungen und Widersprüche
- gegensätzliche Angaben
- störende Doppelungen und Wiederholungen
- unterschiedliche Bezeichnungen für gleiche Personen oder Sachen
- unterschiedlicher Stil- und Sprachgebrauch
- Risse und Brüche im Satz- und Handlungsaufbau
- auffällige inhaltliche Widersprüche

Mangelnde Kohärenz auf den verschiedenen Ebenen kann die Folge einer Aufnahme heterogenen älteren Materials in einen neuen Kontext sein, sie kann auf verschiedene Verfasser hinweisen oder Ausdruck der unzureichenden literarischen Kompetenz eines Autors sein.

5.3 Lernziel

Die Studierenden sollen zu einer sorgfältigen Textuntersuchung befähigt werden, die als Grundlage für alle weiteren Methodenschritte dient.

5.4 Übung

Textanalyse von Mk 9,14–29

Abgrenzung des Textes
Die Geschichte von der Heilung des epileptischen Knaben hebt sich von der vorhergehenden Verklärungsgeschichte (V. 2–8) und dem folgenden Gespräch beim Abstieg vom Verklärungsberg (V. 9–13) durch den Beginn einer neuen Handlung (markiert durch καὶ ἐλθόντες) und eine völlig neue Thematik ab.

Der Neueinsatz in V. 30 wird durch die mit κἀκεῖθεν ἐξελθόντες eingeleitete Ortsveränderung und das wiederum veränderte Thema (2. Leidensankündigung) deutlich.

Kontextstellung

Stehen im ersten Teil des Markusevangeliums (Mk 1,1–8,26: Jesus in und um Galiläa) Heilungen, Dämonenaustreibungen und Wundergeschichten im Mittelpunkt der Darstellung der ‚vita Jesu', so ist auffallend, dass sie im zweiten Großabschnitt des Evangeliums (Mk 8,27–10,52: Jesus auf dem Weg nach Jerusalem) fast völlig (Ausnahmen: Mk 9,14–29; 10,46–52) und im dritten Komplex (Mk 11–16,8: Jesus in Jerusalem) gänzlich fehlen. Bereits diese Beobachtung weist auf die exponierte Stellung der Perikope hin. Thematisch ist der 2. Hauptteil des Markusevangeliums durch Jüngerbelehrungen geprägt. Zu beachten ist die Nähe der Perikope zur zweiten Passions- und Auferstehungsvoraussage in Mk 9,31 (vgl. Mk 8,31; 10,32–34). Inhaltlich ist wichtig, dass sowohl in Mk 9, 14–29 als auch in 10,46–52 der Glaube im Mittelpunkt steht.

Sprachlich-syntaktische Analyse

Der Wortschatz des Textes weist einige Besonderheiten auf. Ntl. Hapaxlegomena sind: τρίζω (V. 18); ἀφρίζω (V.18.20); κυλίομαι (V. 20); παιδιόθεν (V. 21); ἐπισυντρέχω (V. 25); συσπαράσσω (V. 20 und die Parallele Lk 9,42). Seltene Wörter sowohl im Neuen Testament als auch im Markusevangelium sind: ἄλαλος, ἀπιστία, σπαράσσω, ἐπιτάσσω, ῥήσσω, βοηθέω. Die Besonderheiten des Wortschatzes konzentrieren sich auf die Schilderung der Krankheit bzw. Heilung, ein deutlicher Hinweis auf den traditionellen Kern der Wundcrerzählung.

Innerhalb der Wortarten dominieren deutlich Verben, ca. 27 % des Textes bestehen aus Verben. Innerhalb der Verben wiederum herrschen Verben der Bewegung vor (z.B. ἔρχομαι, τρέχω, φέρω, καταλαμβάνω, ῥήσσω, συσπαράσσω, πίπτω, βοηθέω, ἐκβάλλω, κυλίομαι, βάλλω, ἐπισυντρέχω, κρατέω, ἐγείρω, ἀνίσταμαι). Unter den Konjunktionen ist καί bestimmend (27 Belege), nur V. 19.23 und 25 beginnen nicht mit καί. Bei der Darstellung der Krankheit finden sich zahlreiche Adjektive: ἄλαλος, ἄπιστος, δυνατός, ἀκάθαρτος, κωφός. Das Vorherrschen der Verben weist deutlich auf einen Erzähltext hin, außer in der direkten Rede stehen die Verben zumeist in der 1. P. Sg./Pl. oder in der 3. P. Sg./Pl. Die Fragesätze in V. 16.19.21.28, der Vokativ in V. 19, die Imperative in V. 19.22.24.25 und die zehnmalige direkte Rede verleihen der Handlung Lebendigkeit. Das Erzähltempus ist vornehmlich der

Aorist, vielfach werden Haupt- und Gliedsätze durch participia conjuncta verbunden.

Semantische Analyse

Die den Text prägenden Themen- und Sinnlinien sind zunächst antithetisch strukturiert, um dann von Jesus aufgehoben zu werden. Die Aktivität der Menge, das Unvermögen der Jünger und die Macht Jesu stehen sich gegenüber, angezeigt durch die Opposition ‚nicht können' – ‚können'. Während das Versagen der Jünger mit οὐκ ἰσχύειν bezeichnet wird (V. 18), bringt δύναμαι (V. 22.23.28.29) die Macht Jesu bzw. die Macht des Glaubens zum Ausdruck. Damit korrespondiert der theologische Schlüsselbegriff des Textes: πιστεύειν. Auf die Opposition ἄπιστος (V. 19) bzw. ἀπιστία (V. 25) – πιστεύειν (V. 23.24) und ihre Überwindung durch Jesu Handeln läuft die gesamte Erzählung in ihrer vorliegenden Struktur zu. Mit ‚glauben' ist das absolute Zutrauen in Jesu Macht gemeint, der Geistträger Jesus von Nazareth (vgl. Mk. 1,9–11) überwindet die menschenquälenden unreinen Geister. In diesem Sinn findet sich πίστις/πιστεύειν im Zusammenhang mit Wundergeschichten auch in Mk 2,5; 4,40; 5,34.36; 10,52. Allerdings ist damit die besondere Konnotation des Glaubensbegriffes in Mk 9,14–29 noch nicht erfasst, denn der paradoxe Charakter der Aussage in Mk 9,24 ist einzigartig. Glaube und Unglaube werden hier nicht wie sonst im Neuen Testament als Gegensätze aufgefasst. Vielmehr entsteht der Glaube bereits dort, wo er als Schrei des Unglaubens laut wird.

Narrative Analyse

Die narrative Struktur des Textes wird wesentlich durch die Interaktionen zwischen der Menge, den Jüngern und Jesus bestimmt. Die Handlung beginnt mit dem Kommen Jesu vom Berg der Verklärung (vgl. Mk 9,2ff) zu *den* Jüngern, obwohl 3 Jünger unmittelbar vorher mit Jesus zusammen waren (die divergierende Textüberlieferung zu V. 14 ist aus diesem Problem entstanden). Im weiteren Verlauf der Erzählung spielen die als Disputanten der Jünger erwähnten Schriftgelehrten keine Rolle mehr. In V. 15 erfolgt ein Subjektwechsel (ὁ ὄχλος); das Volk schaut nur auf Jesus und entsetzt sich, eine Reaktion, die in der Regel erst *nach* einem Wunder Jesu berichtet wird (vgl. Mk 1,27; 2,12; 4,41 u.ö.). Die Frage Jesu in V. 16 richtet sich an die Jünger, es antwortet aber einer aus dem Volk (V. 17). In

V. 17b ist zum ersten Mal davon die Rede, dass ein kranker Junge zu Jesus gebracht wird. Dieses Bringen wird in V. 19 und V. 20 wiederum erwähnt. Eine erste Krankheitsschilderung des Vaters erfolgt in V. 17c. 18, die auf Epilepsie schließen lässt. In V. 19 fällt auf, dass Jesus auf die Anrede des Vaters den *Jüngern* mit der Wendung ὦ γενεὰ ἄπιστος antwortet. Formal unterscheidet sich dieser Vers vom unmittelbaren Kontext durch den Vokativ und durch das zweimalige ἕως πότε an Stelle des sonst dominierenden parataktischen καί. Nachdem der Knabe endlich zu Jesus gebracht wurde, demonstriert der Dämon seine Macht, woraufhin sich ab V. 21 ein Dialog zwischen Jesus und dem Vater entwickelt. In V. 22a schildert der Vater zum zweiten Mal die Krankheit seines Sohnes, im Gegensatz zu V. 18 steht dabei nicht das langsame Auszehren des Kranken, sondern die wie in V. 20 auf Vernichtung zielende Attacke des Dämons im Mittelpunkt. V. 22–24b unterbrechen deutlich den Handlungsablauf. In diesem Lehrgespräch über die Macht des Glaubens geht es nicht um die Heilung des Knaben, sondern an der Person des Vaters wird demonstriert, was rechter Glaube ist. In V. 25 wird die Schilderung des Wunders fortgesetzt. Veranlasst durch das Herbeiströmen des Volkes (das seit V. 14 anwesend ist!), bedroht Jesus den Dämon, der daraufhin mit einem letzten Beweis seiner Macht aus dem Knaben ausfährt. Am Ende der Erzählung geht Jesus mit den seit V. 21 nicht mehr erwähnten Jüngern in ein Haus und erteilt ihnen eine Belehrung, dass eine derartige Krankheit nur mit Gebet ausgetrieben werden kann (V. 28.29). Die Verben der Bewegung und die Oppositionen konstituieren einen narrativen Spannungsbogen; vom anfänglichen Unvermögen der Jünger werden die Hörer und Leser zur Macht Jesu und zur Verheißung des Glaubens und des Gebetes geführt.

Pragmatische Analyse

Markus verfolgt mit der Erzählung ein deutlich erkennbares textpragmatisches Ziel: Am Paradigma der Jünger will er seiner Gemeinde das Wesen des Glaubens verdeutlichen. Als *die* Bestimmung christlicher Existenz ist der Glaube auch immer gefährdeter Glaube. Obwohl die Jünger in die Nachfolge Jesu eingetreten sind, werden auch sie wieder in Situationen zurückgeworfen, in denen der Unglaube überwunden werden muss. Das Jüngersein ist eine Existenz der Anfechtung, was sich gerade darin zeigt, dass auch die Jünger wiederholt noch nicht wirklich hinreichend glauben. Wie die Jünger ist auch die Gemeinde immer wieder aufgefordert, stets neu den Unglauben zu überwinden, um zu wahrem Glauben und Vertrauen zu gelangen.

Feststellung der Kohärenz

Mk 9,14–29 kann nicht als kohärenter Text angesehen werden. Insbesondere die zweimalige Krankheitsbeschreibung und der Dialog über den Glauben lassen vermuten, dass der Text Veränderungen erfahren hat. Dafür gibt es noch weitere Hinweise: das zweimalige Kommen des Volkes (V. 15.25), das dreimalige Bringen des Kranken zu Jesus (V. 17.19.20), das völlige Zurücktreten der Jünger in V. 21–27, die Unstimmigkeiten zwischen Rede und Antwort in V. 16.17 und 18.19 sowie das einmalige Auftreten der Schriftgelehrten in V. 14.

6. Literarkritik/Quellenkritik

Literatur
DUNGAN, D. L. (Hg.), The Interrelations of the Gospels, BEThL XCV, Leuven 1990. – ENNULAT, A., Die ‚Minor Agreements', WUNT 2.62, 1994. – FARMER, W. R., The Synoptic Problem, London 1964. – FENDLER, F., Studien zum Markusevangelium, GTA 49, 1991. – FUCHS, A., Sprachliche Untersuchungen zu Matthäus und Lukas, AnBib 49, Rom 1971. – HENGEL, M., The Four Gospels and the One Gospel of Jesus Christ, London 2000. – MORGENTHALER, R., Statistische Synopse, 1971. – NEIRYNCK, F., Evangelica I.II, BEThL LX. XCIX, Leuven 1982.1991. – SCHMID, J., Matthäus und Lukas, BSt 23, 2–4, 1930. – SCHMIDT, L. – MERK, O., Art. Literarkritik, TRE 21 (1991), 211–233. – SCHMITHALS, W., Einleitung in die drei ersten Evangelien, 1985. – SCHNELLE, U., Einleitung in das Neue Testament, 185–217. – STOLDT, H.-H., Geschichte und Kritik der Markushypothese, ²1986. – STRECKER, G. (Hg.), Minor Agreements, GTA 50, 1993. – STREETER, B. H., The Four Gospels, London 1924.

6.1 Definition

Die Literarkritik/Quellenkritik fragt nach der Einordnung von Einzeltexten, Textblöcken oder einer Schrift im Ganzen in einen übergreifenden schriftlich-literarischen Zusammenhang. Sie arbeitet das literarische Beziehungsgeflecht zwischen Texten heraus (Intertextualität). Die Literarkritik/Quellenkritik fragt: Beziehen sich Texte auf Prae-Texte, wurden sie bearbeitet, befinden sie sich in ihrem ursprünglichen Kontext, in welcher Beziehung stehen Schriften zueinander? Bei den ersten drei Evangelien ist dies die ‚synoptische Frage', d.h. das Problem, ob und wie das Matthäus-, Markus- und Lukasevangelium literarisch voneinander abhängig sind. Das synoptische Problem reflektiert die Tatsache, dass die ersten drei Evangelien in großen Partien ziemlich genau übereinstimmen, andererseits sich in Vielem unterscheiden.

6.2 Lernziel

Die Studierenden sollen zu einer eigenständigen Beurteilung der literarischen Abhängigkeiten zwischen den ersten drei Evangelien befähigt werden.

6.3 Die Geschichte der synoptischen Frage

Solange man die Verfasser der Evangelien für Augenzeugen des Lebens Jesu hielt und die altkirchlichen Traditionen (vgl. die Texte bei Huck-Greeven S. VIII–IX) unkritisch übernahm, waren die Unterschiede zwischen den Evangelien nur für wenige ein Problem[24]. Lediglich AUGUSTIN beschäftigte sich mit den literarischen Abhängigkeiten der Evangelien und stellte in seiner Schrift „De consensu evangelistarum" die These auf, dass die synoptischen Evangelien nach ihrer Reihenfolge im Kanon entstanden seien und das Markusevangelium ein Auszug aus dem Matthäusevangelium sei. Eine wirkliche Erforschung des synoptischen Problems setzte erst in der zweiten Hälfte des 18. Jahrhunderts ein, wobei insbesondere fünf Hypothesen zu erwähnen sind:

1. Die *Urevangeliumshypothese*
Grundlage dieser These ist der Gedanke, dass alle drei Evangelien aus einem ursprünglich hebräisch bzw. aramäisch verfassten, das ganze Leben Jesu umfassenden Urevangelium entstanden seien. So vermutete 1776 GOTTHOLD EPHRAIM LESSING (Thesen aus der Kirchengeschichte), die Evangelien seien unabhängig voneinander aus einem aramäischen Nazarenerevangelium hervorgegangen, das auf die Apostel zurückgehe.

Eine umfangreiche Begründung der Urevangeliumshypothese gab 1804 JOHANN GOTTFRIED EICHHORN (Einleitung in das NT I), der ein aramäisches Urevangelium annahm, das jedem Evangelisten in einer veränderten Form vorlag. Neben diesen verschiedenen Rezensionen des Urevangeliums sollen die Synoptiker zudem noch

---

24 Vgl. H. Merkel, Die Widersprüche zwischen den Evangelien. Ihre polemische und apologetische Behandlung in der Alten Kirche bis zu Augustin, 1971.

weitere Quellen benutzt haben, wodurch sich die Unterschiede zwischen den ersten drei Evangelien erklären.

Durchsetzen konnte sich diese Theorie nicht, weil sie die Schwierigkeiten von den vorliegenden Evangelien zurückverlegt „in das Dunkel einer verlorenen Literatur"[25]. Positiv ist freilich die Einsicht, dass die Evangelien einen längeren literarischen Prozess voraussetzen.

2. Die *Diegesenhypothese* (vgl. Lk 1,1: διήγησις)

Die Diegesenhypothese wurde in unterschiedlicher Form zunächst von JOHANN BENJAMIN KOPPE (1750–1791) und H. G. Halfeld vertreten; sie ist eine weitere Variante im Rahmen der Vorlagenhypothesen und geht von der Einsicht aus, dass die Evangelien das Resultat eines vielschichtigen Sammlungs- und Gestaltungsprozesses sind. Speziell J. B. Koppe betonte, dass sich Markus häufig von Matthäus unterscheidet und in der Stoffanordnung teilweise näher bei Lukas steht, so dass Matthäus nicht die primäre Quelle für das gemeinsame Material aller drei Evangelien sein kann. Ein einflussreicher Vertreter der Diegesenhypothese war F. D. E. SCHLEIERMACHER (1768–1834), der die Evangelien als das Endstadium eines Sammlungsprozesses von Einzelaufzeichnungen auffasst. Schon bald nach Jesu Tod wurden im Urchristentum Begebenheiten und Reden aus dem Leben Jesu erzählt, gesammelt, aufgeschrieben und verbreitet. Speziell Lk 1,1–4 scheint diesen Prozess zu bestätigen, Lukas ist „weder unabhängiger Schriftsteller ..., noch aus mehreren auch über das ganze des Lebens Jesu sich verbreitenden Schriften zusammengearbeitet ... Sondern er ist von Anfang bis zu Ende nur Sammler und Ordner schon vorhandener Schriften, die er unverändert durch seine Hand gehen läßt" (F. D. E. Schleiermacher, Ueber die Schriften des Lukas, ein kritischer Versuch, 1817, in: ders., Sämtliche Werke, 1. Abt. 2. Bd., Berlin 1836, 219). Sowohl die Passionsgeschichte als auch den Reisebericht fand Lukas vor, seine eigene Leistung bestand vornehmlich in der wohl überlegten Auswahl. Zutreffend wird bei dieser Hypothese die Entstehung der Evangelien mit einem Sammlungsprozess von Einzelstücken in Beziehung gesetzt. Zugleich können aber die großen Übereinstimmungen in der Perikopenreihenfolge nicht überzeugend erklärt werden.

---

25 A. Jülicher, Einleitung in das Neue Testament, [3,4]1901, 272.

3. Die *Traditionshypothese*

Vermutete Eichhorn als Vorlage für die Synoptiker verschiedene Ausgaben eines schriftlichen Urevangeliums, so postulierte JOHANN GOTTFRIED HERDER (1744–1803) als Wurzel der drei ersten Evangelien ein mündliches Urevangelium. Für ihn sind die Evangelien Resultat eines Verkündigungsprozesses, dessen natürliches Medium die Mündlichkeit war. „Ein Gesetz wird geschrieben; eine fröhliche Botschaft wird verkündiget" (J. G. Herder, Vom Erlöser der Menschen. Nach unseren drei ersten Evangelien, 1796, in: Herders sämtliche Werke, hg. v. B. Suphan, Bd. 19, 1880, 211). Es gab einen Stand der Evangelisten, die als Begleiter der Apostel jene Geschichten als mündliches Evangelium weitergaben, die sie zuvor aus dem Munde der Apostel gehört hatten. Dieses mündliche Urevangelium orientierte sich an einem von den Aposteln selbst festgesetzten Zyklus, wodurch sich die Übereinstimmungen erklären. Zugleich bezeugen aber die drei Evangelien, dass die Evangelisten auch individuelle Schriftstellerpersönlichkeiten waren. Der Prozess der Verschriftlichung setzte ein, als die einzelnen Kirchenprovinzen ihr Evangelium haben wollten und Häretiker die Tradition verfälschten. Die Unterschiede zwischen den Evangelien erklären sich nach Herder aus ihrer jeweiligen Zielsetzung: „Es war Pflicht des Evangelisten, daß er für seinen Kreis erzählte und vortrug" (J. G. Herder, Vom Erlöser der Menschen. Nach unseren drei ersten Evangelien, 217).

Diese Hypothese wurde von JOHANN CARL LUDWIG GIESELER (Historisch-kritischer Versuch über die Entstehung und die frühesten Schicksale der schriftlichen Evangelien, 1818) ausgebaut, der ein mündliches aramäisches Urevangelium annahm, das aus den Bedürfnissen der Mission heraus übersetzt und in griechischer Sprache erstmals schriftlich fixiert wurde. Bei dieser These ist zum ersten Mal der große Anteil der mündlichen Tradition für die Evangeliumsbildung erkannt worden.

4. Die *Benutzungshypothesen*

Alle drei bisher geschilderten Theorien gingen davon aus, dass zwischen den Synoptikern kein literarischer Zusammenhang besteht. Dagegen behauptet die Benutzungshypothese, dass die Synoptikern literarisch voneinander abhängig sind. Wie bereits erwähnt, vermutete schon Augustin eine Entstehung der Evangelien in ihrer kanonischen Reihenfolge, wobei die späteren Evangelien die früheren voraussetzen. Vertreter der Reihenfolge Matthäus – Markus – Lukas sind in modifizierter Form auch THEODOR ZAHN und ADOLF SCHLATTER.

Für die Reihenfolge Matthäus – Lukas – Markus trat 1789 JOHANN JAKOB GRIESBACH (Commentatio qua Marci evangelium totum e Matthaei et Lucae commentariis decerptum esse monstratur) ein, der annahm, dass Matthäus und Lukas die Vorlage für Markus bildeten. Vertreten wurde diese These u.a. auch von FERDINAND CHRISTIAN BAUR (1792–1860) und DAVID FRIEDRICH STRAUSS (1808–1874).

5. *Markuspriorität* und *Zweiquellentheorie*

Einen entscheidenden Fortschritt im Rahmen der Benutzungshypothese stellte die Annahme dar, dass Markus das älteste Evangelium ist. Bereits J. B. KOPPE hatte 1782 deutlich erkannt, dass Markus nicht die kürzere Version des Matthäus sein kann. GOTTLOB CHRISTIAN STORR (1746–1805) verband diese Erkenntnis 1794 mit der Beobachtung, dass Matthäus und Lukas häufig dort, wo sie nicht übereinstimmen, je für sich mit Markus gehen, wenn sie aber übereinstimmen, auch Markus von diesem Ereignis berichtet. Daraus schloss er, dass weder Matthäus Lukas noch Lukas Matthäus, sondern beide Markus verwendeten. Umfassend und methodisch gesichert wies der Philologe KARL LACHMANN (1793–1851)[26] nach, dass Markus die Grundlage für Matthäus und Lukas bildet. Ausgangspunkt war auch hier die Beobachtung, dass Matthäus und Lukas innerhalb des mit Markus gemeinsamen Stoffes nur so weit übereinstimmen, als sie mit Markus übereinstimmen. Weichen sie von Markus ab, geht jeder eigene Wege. Markus bildet somit die gemeinsame Mitte für Matthäus und Lukas. Die Unterschiede in der Perikopenfolge sind am größten, wenn man Lukas und Matthäus miteinander vergleicht, sie sind am geringsten, wenn Markus mit einem der beiden anderen Evangelisten verglichen wird. Daraus zog Lachmann den Schluss, dass die Reihenfolge im Markusevangelium gegenüber Matthäus und Lukas am ursprünglichsten ist und diese Markus voraussetzen. Außerdem nahm er an, dass Matthäus das Markusevangelium in eine ihm vorliegende Sammlung von Jesusworten eingefügt hat.

---

26 Vgl. K. Lachmann, De ordine narrationum in evangeliis synopticis, ThStKr 8, 1835, 570ff.

Der Weg für die Zweiquellentheorie wurde 1838 gebahnt, als unabhängig voneinander die Arbeiten von CHRISTIAN GOTTLOB WILKE (1788–1854)[27] und CHRISTIAN HERMANN WEISSE (1801–1866)[28] erschienen. Wilke begründete umfassend die Markuspriorität, denn Matthäus und Lukas gehen in dem mit Markus gemeinsamen Stoff überein, in dem darüber hinausgehenden Stoff erweisen sie sich hingegen als individuelle Schriftsteller. Allerdings wies Wilke das nur Matthäus und Lukas gemeinsame Gut nicht einer zweiten Vorlage neben Markus zu. Matthäus habe es aus dem Lukasevangelium übernommen, wobei ungeklärt bleibt, woher Lukas dieses Material hat. Als eigentlicher Begründer der Zweiquellentheorie kann Christian Hermann Weisse gelten, der nicht nur wie Wilke die Markuspriorität nachwies, sondern zeigte, dass Matthäus und Lukas über Markus hinaus unabhängig voneinander eine verlorengegangene Spruchsammlung nutzten. Hinzu kommt das jeweilige Sondergut bei Matthäus und Lukas. Die Zweiquellentheorie endgültig durchzusetzen, gelang erst HEINRICH JULIUS HOLTZMANN (1832–1910)[29] und PAUL WERNLE (1872–1939)[30].

6.4 Die Zweiquellentheorie

Sie besagt:
1. Das Markusevangelium ist das älteste Evangelium und wurde von Matthäus und Lukas als Quelle rezipiert;
2. Matthäus und Lukas benutzten eine weitere Schrift, die verlorengegangen ist, aber aus beiden Evangelien noch rekonstruiert werden kann. Sie besteht hauptsächlich aus Sprüchen und Reden Jesu und wird Logienquelle genannt (abgekürzt: Q = Quelle; engl.: Sayings Source).

---

27 Vgl. C.G. Wilke, Der Urevangelist oder exegetisch kritische Untersuchung über das Verwandtschaftsverhältnis der drei ersten Evangelien, 1838.

28 Vgl. C.H. Weisse, Die evangelische Geschichte kritisch und philosophisch betrachtet I.II, 1838.

29 Vgl. neben der Monographie ‚Die synoptischen Evangelien' und der ‚Einleitung in das Neue Testament' bes. H.J. Holtzmann, Die Synoptiker, HCI, ²1892. Die bis heute wertvolle und einflussreiche ‚Synopse der drei ersten Evangelien' von A. Huck erschien 1892 als Hilfsmittel für Holtzmanns Evangelienauslegung.

30 Vgl. Paul Wernle, Die synoptische Frage, 1899.

6.4.1 Die Markuspriorität

Ein überzeugendes Argument für die Markuspriorität ist die *Komposition* der synoptischen Überlieferung, denn die *Perikopenreihenfolge* bei den Synoptikern lässt Markus als gemeinsame Mitte von Matthäus und Lukas erkennen.

Während Markus die Geschichte Jesu Christi mit dem Auftreten des Täufers, der Taufe durch Johannes und der Versuchung beginnen lässt (Mk 1,1–13), bilden bei Matthäus (Mt 1,1–2,23) und Lukas (Lk 1,5–2,52) die Vorgeschichten den Auftakt des Evangeliums. Diese Vorgehensweise ist zum einen durch die Stoffe bedingt, die Matthäus und Lukas in ihrem Sondergut vorfanden; sie entspricht aber auch literarischer Konvention der Zeit, wie sie z.B. in den Biographien des Plutarch zu beobachten ist. Zugleich setzen beide Evangelisten aber auch theologische Akzente, denn die Vorgeschichten enthalten als Proömien bereits das gesamte Wirken Jesu Christi in nuce. Ab dem jeweiligen dritten Kapitel folgen Matthäus (Mt 3,1–4,11) und Lukas (Lk 3,1–4,13) der Markus-Sequenz, integrieren aber zugleich verwandte Stoffe aus dem Sondergut und der Logienquelle. Auf den Täufer-Komplex folgt die Darstellung der ersten Wirksamkeit Jesu, bei der Matthäus und Lukas grundsätzlich in der markinischen Reihenfolge verblieben (Mt 4,12–25/Lk 4, 14–5,11). Regelrechte Perikopenumstellungen sind auf den redaktionell gestalteten Abschnitt Mt 8–9 konzentriert. Auf die Vorstellung Jesu als eines Lehrers und Wundertäters in Mt 4,23 folgen in Mt 5–7 die Bergpredigt und in Mt 8–9 ein Zyklus von zehn Wundergeschichten, wobei Matthäus aufgrund dieser neuen Komposition fünf Umstellungen der Markusreihenfolge vornahm (1. Heilung des Aussätzigen Mt 8,1–4/Mk 1,40–45; 2. Heilung der Schwiegermutter des Petrus Mt 8,14–15/Mk 1,29–31; 3. Sturmstillung Mt 8,23–27/Mk 4,35–41; 4. Heilung der Gadarener Mt 8,28–9,1/Mk 5,1–20; 5. Heilung der blutflüssigen Frau und der Tochter des Jairus Mt 9,18–26/Mk 5,21–43). Die Berufung (Mk 3,13–19) und Aussendung (Mk 6,7–11) der Jünger fasst Matthäus in Kap. 10 unter Hinzunahme einzelner Herrenworte zu einer großen Aussendungsrede zusammen. Zudem platziert er vereinzelt Logien neu (Mt 5,13b/Mk 9,50; Mt 10,42/Mk 9,41; Mt 13,12/Mk 4,25). Wie stark aber das Matthäusevangelium trotz einzelner Veränderungen und des vermehrten Stoffes der Markusreihenfolge verhaftet bleibt, zeigt die Anordnung der Bergpredigt zwischen Mk 1,21 und

1,22. Matthäus setzt Mk 1,22 (das Staunen des Volkes über die Lehre Jesu) an das Ende der Bergpredigt, so dass dieser Vers jetzt wie bei Markus die Reaktion auf die erste Predigt Jesu berichtet. Matthäus folgt ab Kap. 12,1 deutlich der markinischen Perikopenanordnung, sofern er den Markusstoff übernimmt. Das Material von Mk 4 fasst Matthäus zu einer großen Gleichnisrede zusammen, in die er zudem umfangreiches Sondergut integriert (Mt 13,1–52). Auch Mt 14–20 orientieren sich an der markinischen Ordnung, zugleich setzt Matthäus aber mit der Gemeinderede Mt 18,1–19,1 einen besonderen Schwerpunkt. Auch bei Jesu Wirksamkeit in Jerusalem geht Matthäus im Prinzip mit Markus parallel, setzt jedoch bei der narrativen und dramaturgischen Ausgestaltung der Themenbereiche (Mt 21,1–22,46: Wirksamkeit in Jerusalem; Mt 23, 1–39: Wider die Schriftgelehrten und Pharisäer; Mt 24–25: Endzeitrede; Mt 26,1–27,66: Passion; Mt 28,1–20: Auferstehungsbotschaft) wiederum eigene Akzente. Insgesamt erscheinen bei Matthäus nur 12 der ungefähr 128 übernommenen Markus-Abschnitte nicht in der vorgegebenen Reihenfolge.[31]

Auch *Lukas* nimmt lediglich im ersten Teil seines Evangeliums einige Perikopenumstellungen vor. So ersetzt er die Novelle vom Ende des Täufers in Mk 6,14–29 durch eine summarische Notiz in Lk 3,19–20, um die Gestalt Johannes des Täufers klarer von der Person Jesu zu trennen, nun wird von der Taufe Jesu erst nach der Gefangennahme des Täufers berichtet (Lk 3,21–22). Zu einer für das ganze Evangelium programmatischen Szene gestaltet Lukas hingegen die Verwerfung Jesu in Nazareth um (Mk 6,1–6), indem er in der Antrittspredigt Jesu in 4,16–30 wesentliche Elemente seiner Theologie entfaltet. Die Jüngerberufung erzählt Lukas nach der ersten Wirksamkeit Jesu und rückt dabei die Berufung des Petrus in den Vordergrund (Lk 5,1–11). Das Summarium Mk 3,7–12/Lk 6,17–19 setzt er hinter die Berufung der zwölf Apostel (Lk 6,12–16), um so einen besseren Übergang zur Feldrede zu erhalten. Die Feldrede ist Teil der kleinen lukanischen Einschaltung, die Lk 6,20–8,3 umfasst. Lukas schaltet dieses Stück zwischen Mk 3,19 und 3,20 ein, um Material aus der Logienquelle und seinem Sondergut einzuarbeiten. Im zweiten Teil seiner kleinen Einschaltung (Lk 7,1–8,3) verarbeitet Lukas Material aus der Logienquelle und seinem Sondergut. Nach

---

31 Zahlenangaben nach R. Morgenthaler, Statistische Synopse, 231.

Kap. 8,3 schließt er sich dann wieder der Markusabfolge an; er stellt um und integriert inhaltlich verwandtes Material aus der Logienquelle. Durch die Umstellung der Erzählung von Jesu wahren Verwandten (Mk 3,31–35/Lk 8,19–21) hinter das Gleichnis vom Sämann und die Gleichnisdeutung erhält Lukas eine Kulisse und eine erste Illustration der Gleichnisrede. Neben diesen regelrechten Perikopenumstellungen platziert Lukas auch einige Einzellogien neu (Lk 12,1/Mk 8,14.15; Lk 14,34/Mk 9,50; Lk 22,39/Mk 14,26). Wie Matthäus folgt auch Lukas, sofern er den Markusstoff übernimmt, der markinischen Perikopenreihenfolge, abgesehen von den erwähnten redaktionellen Umstellungen. Für den Aufbau des Lukasevangeliums ist die Auslassung von Mk 6,45–8,26 von besonderer Bedeutung (große lk. Auslassung). Lukas wollte wahrscheinlich Dubletten vermeiden (vgl. die Speisung der 4000 in Mk 8,1–10), zudem interessierte ihn die Thematik ‚rein-unrein‘ in Mk 7,1–23 wohl nicht mehr. Die Vorgeschichte, die große Auslassung und der Reisebericht geben dem Lukasevangelium eine völlig andere Makrostruktur als sie im Markusevangelium zu finden ist. Lukas verarbeitet im Reisebericht (Lk 9,51–19,27) vornehmlich Material aus der Logienquelle und seinem Sondergut. Er dehnt den Weg Jesu nach Jerusalem gegenüber Markus und Matthäus um ein Vielfaches aus, wodurch der Eindruck eines gänzlich anderen Aufbaues des Evangeliums entsteht. Beim Reisebericht handelt es sich um eine bewusste Gestaltung, worauf die sprachlichen Signale in Lk 9,51 („Es geschah aber, als sich die Tage seiner Hinaufnahme erfüllten, da richtete er sein Angesicht darauf, nach Jerusalem zu gehen") und 19,28 („und als er das gesagt hatte, zog er weiter auf dem Weg nach Jerusalem hinauf") hinweisen. Jesus geht nicht zufällig, sondern im Zuge des für Lukas typischen Erfüllungsgedankens nach Jerusalem. In Lk 18,15 kehrt der Evangelist wieder zur mk. Reihenfolge zurück, so dass man vom lk. Reisebericht noch die große lk. Einschaltung (Lk 9,51–18,14) unterscheiden kann. Eine Gliederung des Reiseberichtes ist kaum möglich, da weder geographisch noch inhaltlich ein kontinuierlicher Fortschritt zu erkennen ist. Allerdings finden sich eingestreute Bemerkungen über den Weg nach Jerusalem in Lk 13,22 und 17,11, so dass drei Abschnitte innerhalb des Reiseberichtes unterschieden werden können, die jeweils einen gewissen thematischen Schwerpunkt aufweisen: Lk 9,51–13,21 (Jüngerschaft und Mission); Lk 13,22–17,10 (Rettung des Verlorenen); Lk 17,11–19,27 (Jüngerschaft und Eschatologie). Wie Matthäus setzt auch Lukas in der Darstellung des Aufenthaltes Jesu in Jerusalem (Lk 19,28–21,4), der Endzeitrede (Lk 21,5–36) und der Passion (Lk 22,1–23,56) eigene Akzente. Speziell in der Passionsgeschichte und bei den Auferstehungserzählungen (Lk 24,1–53) finden sich einige bemerkenswerte Umstellungen und Erweiterungen aus dem Sondergut, die sich dem Leitmotiv der gesamten lk. Passionsdarstellung verdanken: Jesus ist auch in der Passion der exemplarisch leidende Gerechte (vgl. z.B. Lk 23,34.47; 24,26). Der auf den ersten Blick vom Markusevangelium stark abweichende Aufriss des Lukasevangeliums erklärt sich aus einer gegenüber dem Matthäusevangelium größeren Auslassung von Markusperikopen (Matthäus übernimmt 128 Markusperikopen, Lukas nur 96)[32] und aus einem umfangreichen Sondergut, das Lukas vornehmlich im Reisebericht verarbeitete. Zudem fügt Lukas nicht wie Matthäus seine Quellen ineinander, sondern stellt sie nebeneinander, so dass daraus eine scheinbar andere Darstellung des Lebens Jesu folgt. Zusammenfassend lässt sich sagen, dass von der Perikopenreihenfolge her gesehen das Markusevangelium die gemeinsame Mitte für das Matthäus- und Lukasevangelium ist. Die fehlenden Übereinstimmungen in der Perikopenreihenfolge zwischen den beiden Großevangelien, wenn sie von der mk. Komposition abweichen, zeigen deutlich: Nur von Markus her, als der gemeinsamen Grundlage des Matthäus- und Lukasevangeliums, sind die literarischen Abhängigkeitsverhältnisse sinnvoll zu erklären.

Ein weiteres Indiz für die Markuspriorität sind *sprachliche und sachliche Verbesserungen*, die Matthäus und Lukas am Markustext vornahmen. Beweisen die Übereinstimmungen einzelner Perikopen (Beispiel: Mt 24,4–8/Mk 13,5–8/Lk 21,8–11) nur, dass eine literarische Abhängigkeit bestehen muss, so sprechen die stilistischen und sachlichen Änderungen am Markustext für dessen Priorität.

Matthäus und Lukas verbessern an zahlreichen Stellen das einfache und volkstümliche Griechisch des Markus. Matthäus glättet an vielen Stellen den Markustext (Beispiel: Mt 16,24 wird das doppelte ἀκολουθεῖν des Markus vermieden), trägt seine Vorzugswörter ein (vgl. βασιλεία τῶν οὐρανῶν in Mt 13,11.31,19,14.23) und

---

32 Vgl. R. Morgenthaler, a.a.O., 232.

nimmt Vokabeländerungen vor (z.B. in Mt 10,17 μαστιγοῦν anstelle von δέρειν)[33].

Weitaus mehr sprachliche Veränderungen als Matthäus führt Lukas am Markustext durch. Die aramäischen Fremdworte werden von ihm nur in einer Übersetzung oder aber gar nicht übernommen (vgl. Lk 6,14; 8,54; 22,42.46; 23,33), einfache Verben des Markus tauscht er durch Komposita aus (vgl. Lk 8,28 ἀνακράζειν anstelle von κράζειν), weitaus häufiger als Markus verwendet Lukas den ‚genitivus absolutus' (vgl. Lk 8,4 συνιόντος δὲ ὄχλου πολλοῦ), und das bei Markus dominierende parataktische καί ersetzt er durch häufige Verwendung von δέ, (vgl. Lk 6,6–11) sowie durch Partizipial- und Relativkonstruktionen (Beispiel: Lk verkürzt in 9,11 die umständliche Formulierung καὶ εἶδον ... καὶ ἐπέγνωσαν ... συνέδραμον ... καὶ προῆλθον in Mk 6,33 zu γνόντες ἠκολούθησαν)[34].

Zu den sprachlichen Verbesserungen treten bei Matthäus und Lukas zahlreiche sachliche Änderungen des Markustextes. So lässt Matthäus das gleichermaßen umständliche wie ungewöhnliche Herablassen des Gelähmten durch ein aufgegrabenes Dach (Mk 2,4) einfach aus und ersetzt das offenbar in Jesu Mund anstößige τί με λέγεις ἀγαθόν in Mk 10,18 durch τί με ἐρωτᾶς περὶ τοῦ ἀγαθοῦ (Mt 19,17). Lukas präzisiert die unklare Subjektangabe in Mk 2,15, lässt die zweite Krankheitsschilderung bei der Heilung des Epileptikers aus (Mk 9,21–24) und ethisiert das Wort vom Kreuztragen durch den Zusatz καθ' ἡμέραν (Lk 9,23).

Ein weiteres Argument für die Markuspriorität ist das *Stoffquantum*. Nur drei Perikopen (Mk 4,26–29; 7,31–37; 8,22–26) und einige Logien (Mk 2,27; 3,20f; 9,48f; 14,51f; 15,44) des Markusstoffes erscheinen weder bei Matthäus noch bei Lukas. Auch die Wortstatistik spricht für eine Markuspriorität, denn von insgesamt 11078 Wörtern des Markustextes finden sich in den gemeinsamen Texten bei Matthäus 8555 und bei Lukas 6737 Wörter wieder[35].

---

33 Vgl. zur Verarbeitung des Markusstoffes durch den Evangelisten Matthäus vor allem P. Wernle, Die synoptische Frage, 146ff; U. Schnelle, Einleitung in das Neue Testament, 198–214

34 Zu den sprachlichen Veränderungen durch Lukas vgl. P. Wernle, a.a.O., 18ff.

35 Vgl. R. Morgenthaler, Statistische Synopse, 89.

Die sowohl von Matthäus als auch von Lukas ausgelassenen Markustexte – das *Markussondergut* – stellen im Rahmen der klassischen Zweiquellentheorie ein Problem dar, weil ihr Fehlen nicht immer auf redaktionelle Tätigkeit des Matthäus oder Lukas zurückgeführt werden kann (so allerdings Mk 13,34–37par). Die Auslassung der Heilungswunder Mk 7,31–37 und 8,22–26 lässt sich dadurch erklären, dass die massive Wunderdarstellung anstößig gewirkt hat. Aus dem gleichen Grund wurden vermutlich die Notiz, die Verwandten hätten Jesus für wahnsinnig gehalten (Mk 3,21–22), und die Anweisung über die Austreibung einer bestimmten Dämonenart in Mk 9,29 übergangen. Die Bemerkung über den nackten jungen Mann bei der Gefangennahme Jesu (Mk 14,51–52) und der Spruch über das Salzen mit Feuer in Mk 9,49 waren vielleicht für die Seitenreferenten unverständlich[36]. Aus der Voraussetzung, das kanonische Markusevangelium habe Matthäus und Lukas vorgelegen, lässt sich hingegen nicht das Fehlen des Gleichnisses von der selbstwachsenden Saat in Mk 4,26–29 sowohl bei Matthäus als auch bei Lukas erklären. Die Auslassungen von Mk 2,27; 9,48; 15,44 beruhen ebenfalls nicht auf redaktioneller Tätigkeit der Seitenreferenten.

Eine Modifikation der herkömmlichen Zweiquellentheorie ist ferner durch das Fehlen von Mk 6,45–8,26 zwischen Lk 9,17 und 9,18 – die *lukanische Lücke* – und zahlreiche kleinere Übereinstimmungen von Matthäus und Lukas gegen Markus erforderlich. Für eine bewusste Auslassung von Mk 6,45–8,26 durch Lukas lassen sich keine Motive angeben. Die immer wieder zu lesende Behauptung, Lukas habe das Wirken Jesu außerhalb Galiläas und damit in heidnischem Gebiet bewusst übergangen, scheitert an der Übernahme von Mk 5,1–20 in Lk 8,26–39[37]. Übrig bleibt allein die Annahme, dass der Abschnitt Mk 6,45–8,26 noch nicht oder aber nicht mehr in dem Markusexemplar (Mk^{Lk}) stand, das Lukas vorlag.

Verteilt über den gesamten verarbeiteten Markusstoff weisen Matthäus und Lukas kleine wörtliche Übereinstimmungen – *minor agreements* – gegen Markus auf[38]. Es handelt sich dabei um ca. 700

---

36 Vgl. Ph. Vielhauer, Geschichte der urchristlichen Literatur, 273.

37 Gegen H. Conzelmann, Die Mitte der Zeit (s.u. 11), 45–48.

38 Vgl. dazu A. Ennulat, Die ‚Minor Agreements'; eine umfassende Auflistung der ‚minor agreements' findet sich auch bei F. Neirynck, The Minor Agree-

gemeinsame Änderungen, Zusätze (positive agreements) und Auslassungen (negative agreements), die über das gesamte Evangelium verteilt sind.

Beispiel: Die Übereinstimmungen von Mt 12,1–8 und Lk 6,1–5 gegen Mk 2,23–28[39].

Mt 12,1/Lk 6,1: Matthäus und Lukas lassen ὁδὸν ποιεῖν aus und fügen καὶ ἐσθίειν bzw. καὶ ἤσθιον zu.

Mt 12,2/Lk 6,2: Matthäus und Lukas ersetzen καί durch δέ und schreiben εἶπαν statt ἔλεγον.

Mt 12,3/Lk 6,3: Anstelle von λέγει lesen Matthäus und Lukas εἶπεν, χρείαν ἔσχεν wird von beiden ausgelassen.

Mt 12,4/Lk 6,4: Bei Matthäus und Lukas fehlt ἐπὶ Ἀβιαθὰρ ἀρχιερέως, die Präposition σύν wird durch μετά ersetzt, das Partizip οὖσιν ausgelassen und μόνοις bzw. μόνους hinzugefügt.

Der gesamte Vers Mk 2,27 mit folgendem ὥστε fehlt bei Matthäus und Lukas.

Mt 12,8/Lk 6,5: Bei Matthäus und Lukas steht ὁ υἱὸς τοῦ ἀνθρώπου als Subjekt am Ende des Verses, das καί vor τοῦ σαββάτου wird von beiden Evangelisten ausgelassen.

Vgl. als weitere größere Texteinheiten, die für die Existenz einer von Matthäus und Lukas rezipierten Überarbeitung des Markusevangeliums sprechen: Mk 1,29–31par; 2,1–12par; 3,22–27par; 4,10–12par; 4,30–32par; 4,35–41par; 9,2–10par. Als Einzelverse vgl. Mk 5,27; 9,19; 14,65; 15,44f.

Nimmt man nach der klassischen Zweiquellentheorie an, dass Matthäus und Lukas unser kanonisches Markusevangelium vorlag, so sind weder der größte Teil des Markussondergutes (besonders die Auslassung von Mk 4,26–29) noch die zahlreichen kleinen Übereinstimmungen von Matthäus und Lukas gegen Markus erklärbar; denn Übereinstimmungen, die weder aus gemeinsamer Abhängigkeit von einer Quellenvorlage noch aus „zufälligem" redaktionellen Gleichklang hervorgehen, dürfte es nach dieser Theorie nicht geben.

---

ments of Matthew and Luke against Mark with a Cumulative List, BEThL 37, 1974, 49–195.

39 Vgl. H. Aichinger, Quellenkritische Untersuchung der Perikope vom Ährenausraufen am Sabbat Mk 2,23–28par., in: A. Fuchs, Jesus in der Verkündigung der Kirche, SNTU 1, 1976, 110–153.

Die Anzahl der minor agreements und ihre Verteilung über den gesamten Evangelienstoff machen es sehr unwahrscheinlich, dass Matthäus und Lukas so oft *gleichzeitig* und *gleichartig* den Markustext bearbeiteten. Die klassische Zweiquellentheorie ist deshalb durch die Annahme zu ergänzen, dass Matthäus und Lukas nicht das kanonische Markusevangelium, sondern eine durch Glättungen gekennzeichnete überarbeitete Fassung vorlag, die *Deuteromarkus* genannt wird[40], weil sie nach Markus anzusetzen ist. Schwer zu bestimmen ist der Charakter dieser Bearbeitung, es könnte sich um eine neue Evangelienausgabe oder eine redaktionelle Schicht handeln. Da eine spezielle deuteromarkinische Theologie nicht nachzuweisen ist, sollte Deuteromarkus als eine ‚Bearbeitungsschicht' angesehen werden.

Die für die Zweiquellentheorie grundlegende Annahme der Markuspriorität wird durch den Deuteromarkus lediglich modifiziert, indem nun eine Erklärung für den größten Teil des Markussondergutes und die minor agreements gegeben werden kann.

6.4.2 Die Logienquelle

Literatur

BERGEMANN, Th., Q auf dem Prüfstand, FRLANT 158, 1993. – FLEDDERMANN, H. T., Q. Reconstruction and Commentary, BTS 1, Leuven 2005. – HARNACK, A., Sprüche und Reden Jesu, 1907. – HEIL, CHR., Lukas und Q, BZNW 111, 2003. – HÜNEBURG, M., Jesus als Wundertäter in der Logienquelle, ABG 4, 2001. – HOFFMANN, P., Studien zur Theologie der Logienquelle, NTA NF 8, ³1982. – KLOPPENBORG, J. S., The Formation of Q, Philadelphia 1987. – LÜHRMANN, D., Die Redaktion der Logienquelle, WMANT 33, 1969. – POLAG, A., Die Christologie der Logienquelle, WMANT 45, 1977. – SATO, M., Q und Prophetie, WUNT 2.29, 1988. – SCHRÖTER, J., Erinnerung an Jesu Worte, WMANT 76, 1997. – SCHULZ, S., Q – Die Spruchquelle der Evangelisten, 1972. – TUCKETT, C. M., Q and the History of Early Christianity, Peabody 1996 – VALANTASIS, R., The New Q: A Translation with Commentary, Edinburgh 2005.

---

40 Auf andere Weise erklärt die um die Wende des 19./20. Jh. einflussreiche ‚Urmarkus-Hypothese' die genannten Phänomene: Matthäus und Lukas benutzten nicht die uns überlieferte, sondern eine *ältere* Gestalt des Markusevangeliums.

HOFFMANN, P. – HEIL, CHR., Die Spruchquelle Q, 2002. – KLOPPENBORG, J. S., Q-Parallels, Sonoma 1988. – NEIRYNCK, F., Q-Synopsis, Leuven ²1995. – POLAG, A., Fragmenta Q, Textheft zur Logienquelle, ²1982. – ROBINSON, J. M. – HOFFMANN, P. – KLOPPENBORG, J. S. – VERHEYDEN, J. – HEIL, CHR. (Hg.), Documenta Q, Leuven 1996ff. – ROBINSON, M. – HOFFMANN, P. – KLOPPENBORG, J. S. (Hg.), The Critical Edition of Q, Leuven 2000.

Für die Existenz von Q als einer zweiten von Matthäus und Lukas benutzten Quelle spricht:

1. Über Markus hinaus haben Matthäus und Lukas einen gemeinsamen Stoff von ca. 4000 Wörtern[41] mit einer teilweise hohen Wortlautübereinstimmung.

   Aufgabe: Vergleich von Mt 12,43–45 mit Lk 11,24–26.

2. Bei Matthäus und Lukas finden sich *Dubletten* (ein Text, den ein Evangelist zweimal hat) und *Doppelüberlieferungen* (Texte, die beide Evangelisten zweimal haben: einmal im Markuszusammenhang, einmal nur Matthäus und Lukas). Beides unterstützt die These, dass Matthäus und Lukas neben Markus eine weitere gemeinsame Quelle benutzten.

   Beispiele für Dubletten[42]: Lukas berichtet über die Aussendung der Jünger in Kap. 9 und 10 zweimal, einmal bezieht er sich auf Mk 6,7–13, das andere Mal geht er mit Mt 10 parallel. Matthäus überliefert den Spruch vom Jonazeichen sowohl im Markuszusammenhang (16,4) als auch parallel mit Lukas (12,39). Vgl. ferner Mt 19,9 und 5,32 (Verbot der Ehescheidung); Mt 18,8f und 5,29f (vom Ärgernis).

   Beispiele für Doppelüberlieferungen: Mt 13,12/Mk 4,25/Lk 8,18 und Mt 25,29/Lk 19,26 („Wer da hat, dem wird gegeben werden"); Mt 16,24f/Mk 8,34f/Lk 9,23f und Mt 10,38f/Lk 14,27/17,33 (vom Kreuztragen).

Da Markus lediglich eine Dublette aufweist (Mk 9,35b/10,43f), müssen Matthäus und Lukas eine weitere gemeinsame Quelle benutzt haben[43].

---

41 Vgl. R. Morgenthaler, Statistische Synopse, 83.

42 Eine vollständige Liste der Dubletten findet sich bei R. Morgenthaler, a.a.O., 128ff.

43 Vgl. R. Morgenthaler, a.a.O., 140.

Der vermutliche Umfang der Logienquelle[44]:

I. Die Anfänge

Mt		Lk
(3, 1–3 [4–6]	Das Auftreten des Täufers	3,2–4)[45]
3,7–10	Bußpredigt/Abrahamskindschaft	3,7–9
3,11.12	Der Kommende/Geisttaufe	3,(15)16.17
(3,13.16.17	Taufe Jesu	3,21.22)
4,1–11	Versuchung Jesu	4,1–13

II. Feldrede/Bergpredigt

Mt		Lk
5,1.3.4–5.6–10	Die Seligpreisungen	6,12.17.20.21
(–	Wehe-Rufe	6,24–26)
5,44	Feindesliebe	6,27.28
5,39b–41	Dulden	6,29
5,42	Geben/Leihen	6,30
7,12	Die goldene Regel	6,31
5,45–47	Das gottgemäße Verhalten	6,32–3 5
5,48	Barmherzig wie der Vater	6,36
7,1.2	Richten – Schenken – Zumessen	6,37.38
15,14	Blinde Führer	6,39
10,24.25	Jünger – Meister	6,40
7,3–5	Balken – Splitter	6,41.42
7,16–20	Guter und schlechter Baum	6,43.44
12,34b.35	Schatz des Herzens	6,45
7,21	Herr-Herr-Sager	6,46
7,24–27	Vom Hausbau	6,47–49
7,28	Schlusswendung	7,1a

III. Der Hauptmann von Kapernaum

Mt		Lk
8,5–10.13	Der Hauptmann von Kapernaum	7,(1b–6a)
		6b–10

---

44 Vgl. auch F. Neirynck, Q-Synopsis, 3f.

45 Unsichere Texte in Klammern; Lukas bewahrte die ursprüngliche Reihenfolge der Q-Texte besser als Matthäus; vgl. zur Begründung J. S. Kloppenborg, Formation, 69–80.

IV. Die Täufersprüche

Mt		Lk
11,2.3	Täuferfrage	7,18–20(21)
11,4–6	Antwort auf die Täuferfrage	7,22.23
11,7–9	Zeugnis für den Täufer	7,24–26
11,10	Zitat Mal 3,1	7,27
11,11	Der Größere	7,28
11,16–19	Von den eigensinnigen Kindern	7,31–35

V. Nachfolge und Sendung

Mt		Lk
8,19.20	Nachfolge – „Füchse"	9,57.58
8,2 1.22	Nachfolge – „Tote begraben"	9,59.60
(–	Nachfolge – „Zurückschauen"	9,61.62)
(–	Auswahl – Sendung	10,1)
9,37.38	Große Ernte – wenige Arbeiter	10,2
10,16a	Wie Schafe unter Wölfen	10,3
10,9–13	Verhalten unterwegs	10,4–7
10,7–15	Verhalten in der Stadt	10, 8–12
11,21–23	Wehe über die Städte	10,13–15
10,40	Sendungsautorität	10,16
11,25–27	Jubelruf	10,21.22
13,16.17	Seligpreisung der Augenzeugen	10,23.24

VI. Gebet

Mt		Lk
6,9–13	Vaterunser	11,(1)2–4
7,7.8	Gebetserhörung	11,9.10
7,9–11	Vom Vater und bittenden Kind	11,11–13

VII. Auseinandersetzungen

Mt		Lk
12,22–24; 9,32–34	Beelzebul-Vorwurf	11,14.15(16)
12,25.26	1. Antwort: Reich des Satans	11,17.18
12,27.28	2. Antwort: Reich Gottes	11,19.20
12,29	Vom Stärkeren	11,21.22
12,30	Für Jesus/gegen Jesus	11,23
12,43–45	Vom Rückfall	11,24–26

12,38.39	Zeichenforderung/Jonazeichen	11,16.29
12,40	Deutespruch	11,30
12,41.42	Königin des Südens/Niniviten	11,31.32
5,15; 6,22.23	Lichtsprüche	11,33–35 (36)
23,25(26)	Gegen die Pharisäer 1: Gefäße	11,39b–41
23,23	Gegen die Pharisäer 2: Zehntgebot	11,42
23,6.7	Gegen die Pharisäer 3: Ehrsucht	11,43
23,27.28	Gegen die Pharisäer 4: Unkenntliche Gräber	11,44
23,4	Gegen die Schriftgelehrten 1: Lasten	11,(45)46
23,29–31	Gegen die Schriftgelehrten 2: Prophetengräber	11,47.48
23,34–36	Gegen die Schriftgelehrten 3: Prophetenmord	11,49–51
23,13	Gegen die Schriftgelehrten 4: Schlüssel der Erkenntnis	11,52

VIII. Vom Bekennen

Mt		Lk
10,26	Verborgen/offenbar	12,2
10,27	Heimlich/öffentlich	12,3
10,28	Keine Furcht vor Menschen	12,4.5
10,29–31	Mehr wert als Sperlinge	12,6.7
10,32.33	Bekenntnis zu Jesus	12,8.9
12,32	Lästerung des Geistes	12,10
10,19	Beistand des Geistes vor Gericht	12,11.12
(10,23	Flucht durch die Städte Israels	–)

IX. Vom Sorgen und Wachen

Mt		Lk
6,25–33	Wider das Sorgen	12,22–31
6,19–21	Schatz im Himmel	12,33.34
(–	Von den wachsamen Knechten	12,35–38)
24.43.44	Vom Hausherrn und Dieb	12,39.40
24,45–51	Vom treuen und untreuen Knecht	12,42–46

X. Sprüche und Gleichnisse

Mt		Lk
(–	Feuer auf die Erde/Taufe	12,49.50
10,34–36	Vom Unfrieden	12,51–53
16,2.3	Zeichen der Zeit	12,54–56
5,25.26	Von der Versöhnung	12,(57)58.59
13,31.32	Vom Senfkorn	13,18.19
13,33	Vom Sauerteig	13,20.21
7,13.14	Das enge Tor	13,23.24
7,22.23	Von der geschlossenen Tür	13,(25)26–27
8,11.12	Ost und West	13,28.29
20,16	Letzte und Erste	13,30
23,37–39	Weissagung über Jerusalem	13,34.35
23,12	Erhöhung und Erniedrigung	14,11/18,14
22,1–10	Gleichnis vom großen Gastmahl	14,(15)16–24
10,37–39	Nachfolge – „Kreuztragen"	14,(25)26.27/ 17,33
5,13	Vom unbrauchbaren Salz	14,34.35
12,11.12	Tiere und Sabbat	14,5
18,12–14	Das verlorene Schaf	15,(3)4–7
6,24	Von den zwei Herren	16,13
11,12.13	Stürmerspruch	16,16
5,18	Geltung des Gesetzes	16,17
5,32	Verbot der Ehescheidung	16,18
18,7	Vom Ärgernis	17,1(2)
18,21.22	Die Vergebung	17,3.4
17,20	Vom Glauben	17,5.6

XI. Die Endereignisse

Mt		Lk
24,26	Wider die falsche Messiaserwartung	17,(22)23
24,27	Deutespruch: wie der Blitz	17,24
24,28	Vom Aas und den Geiern	17,37b
24,37–39a	Wie in Noahs Tagen	17,26.27
24,39b	Wie in Lots Tagen	17,(28.29) 30(31)
24,40.41	Zwei Endschicksale	17,34.35
25,14–30	Von den Talenten	19,12–27
19,28	Teilnahme am Gericht	22,28–30

Die Inhaltsübersicht zeigt, dass die Logienquelle überwiegend Redestoff und nur wenige Erzählungen (Versuchung Jesu Mt 4,1–11; Lk 4,1–13, Hauptmann von Kapernaum Mt 8,5–10.13; Lk 7,1–10; Berichtform: Täuferfrage Mt 11,1–6; Lk 7,18–23) enthält. Da eine Passions- und Auferstehungsgeschichte fehlt, kann die Logienquelle nicht als ein vollständiges Evangelium bezeichnet werden. A. Jülicher hat deshalb Q ein „Halbevangelium" genannt[46]. J. M. Robinson versteht Q in Analogie zum koptischen Thomasevangelium als eine weisheitliche Spruchsammlung, der er die Gattungsbezeichnung λόγοι σοφῶν gibt[47]. In neueren Veröffentlichungen spricht er vom ‚Sayings Gospel Q' (Spruchevangelium Q). Im Anschluss an diese Konzeption sieht J. S. Kloppenborg in Q eine Chrien-Sammlung[48]. Demgegenüber stuft M. Sato die Logienquelle als eine Art ‚Prophetenbuch' ein[49]. Die traditions-, religions- und formgeschichtliche Vielfalt von Q führt H. Schürmann zu dem Urteil, dass die Redequelle eine eigene literarische Gattung sei[50]. Die biographischen und narrativen Elemente sowie der chronologische Gesamtaufriss von Johannes dem Täufer bis zur Belehrung über die Endereignisse zeigen, dass die Logienquelle sich in Richtung ‚Evangelium' entwickelte und ihre Integration in das Lukas- und Matthäusevangelium folgerichtig war. Deshalb dürfte die Bezeichnung ‚Proto-Evangelium' die theologiegeschichtliche Stellung von Q sachgemäß erfassen, auch wenn es sich dabei nicht im strengen Sinn um eine Gattungsbezeichnung handelt. Dabei ist die Logienquelle nicht das Endprodukt eines anonymen Traditionsprozesses, sondern die bewusste Komposition von Redaktoren.

Wie sich der Entstehungsprozess der Logienquelle im Einzelnen vollzog, ist hingegen heftig umstritten. So unterscheidet D. Lührmann ältere Q-Überlieferungen (bestimmt durch Menschensohn-Christologie und Naherwartung) und jüngere Stoffe, in denen die

---

46 Vgl. A. Jülicher – E. Fascher, Einleitung in das Neue Testament, [7]1931, 347.

47 Vgl. J. M. Robinson, Logoi Sophon: Zur Gattung der Spruchquelle Q, in: H. Köster – J. M. Robinson, Entwicklungslinien durch die Welt des frühen Christentums, 1971, 67–106.

48 Vgl. dazu J. S. Kloppenborg, Formation, 263–345.

49 Vgl. M. Sato, Q und Prophetie, 299 u. ö.

50 Vgl. H. Schürmann, Das Zeugnis der Redequelle für die Basileia-Verkündigung Jesu, in: ders., Gottes Reich – Jesu Geschick, 1983, 65 A 1.

Parusieverzögerung anklingt, Heidenmission vorausgesetzt wird und weisheitliche Elemente dominieren. S. Schulz nimmt eine traditionsgeschichtliche Differenzierung zwischen älteren palästinisch-judenchristlichen Q-Texten und Überlieferungen einer jüngeren hellenistisch-judenchristlichen Q-Gemeinde Syriens vor. Mit einem Drei-Schichten-Modell will J. S. Kloppenborg die Entstehung von Q erklären. Danach bilden ‚Weisheitsreden' die älteste Schicht von Q. Später wurde dieser Komplex mit Stoffen verbunden und z.T. überformt, die von der Gerichtsankündigung gegen Israel handeln (Täuferpredigt, Hauptmann von Kapernaum, Q-Apokalypse u.a.m.). Als dritte und letzte Schicht kam die Versuchungsgeschichte hinzu; sie illustriert Jesu vorbildhafte Beziehung zu Gott. M. Sato unterscheidet innerhalb seines Entstehungsmodells zwei größere redaktionelle Blöcke, die vorgegebene Spruchgruppen und Spruchsammlungen aufnahmen und zu literarischen Einheiten zusammenfügten. Die ‚Redaktion A' umfasste den ‚Johannes-Komplex' (Lk 3,2–7,35Q), die ‚Redaktion B' den ‚Aussendungs-Komplex' (Lk 9,57–10,24Q). Die folgenden Spruchgruppen wurden von der ‚Redaktion C' angefügt und zugleich mit den beiden vorangehenden Redaktionen verknüpft. Kennzeichnend für die ‚Redaktion C' sind nach Sato die Gerichtsansage gegenüber Israel und das Motiv der göttlichen Weisheit[51].

Über die sukzessive Entstehungsgeschichte von Q und deren Anfangs- und Endpunkt besteht ein relativer Konsens in der Forschung. Ältestes Spruchgut (vgl. z.B. Lk 11,52Q; 16,17Q) wurde anfänglich zu Spruchgruppen (vgl. z.B. Lk 9,57–60Q; 11,39–51Q) zusammengefasst. Am Ende schreibt die Versuchungsgeschichte (Mt 4,1–11Q) die Logienquelle in Richtung Protobiographie fort. Texte wie Lk 7,27Q; 10,22Q dürften ebenfalls auf dieser späten Stufe in Q eingearbeitet worden sein. Die dazwischenliegende Formationsphase ist durch die Fortschreibung und Überführung kleinerer Einheiten in komplexere Kompositionsgebilde geprägt. Soziologisch und theologisch wurde dieser Prozess durch die Trennung

---

51 Zurückhaltend gegenüber allen Schichtenmodellen äußert sich J. Schröter, Erinnerung an Jesu Worte, 103, wonach „für Q in analoger Weise gilt, was für das MkEv bereits herausgestellt worden war, daß nämlich die Konzeption einer Schrift zunächst einmal aus deren Endgestalt heraus zu erheben ist, bevor Aussagen bezüglich früherer Stadien einzelner Texte oder gar der gesamten Schrift getroffen werden können."

von Israel und die Betonung des Gerichtsgedankens bestimmt. So zeichnet sich der für die Komposition von Q zentrale Eingangs- und Schlussteil durch eine scharfe Polemik gegen Israel aus (vgl. Lk 3,7–9.15–17Q/Lk 17Q; 19,12–27Q; 22,28–30Q). Als Introitus bzw. testamentarischer Abschluss der Logienquelle formulieren diese Texte in aller Schärfe das Scheitern der Q-Missionare gegenüber Israel und den endgültigen Bruch mit dem (ehemals) erwählten Volk. Ablehnung der Botschaft, Verfolgung der Boten und daraus folgendes Gericht über Israel bestimmen auch Lk 6,22fQ; 7,31–35Q; 11,29–32Q; 11,49–51Q; 13, 34fQ; Mt 22,6Q und geben der Logienquelle in der vorliegenden Form ihr theologisches Gepräge[52]. Der Entstehungsprozess von Q kann in vielen Einzelheiten nicht mehr genau aufgehellt werden, eine Bewegung ist jedoch unverkennbar: Auf die anfängliche Mission in Israel folgen die Abkehr von der Synagoge und die (partielle) Hinwendung zu den Heiden.

Umstritten ist, ob Q in Aramäisch oder Griechisch abgefasst wurde. Die teilweise fast hundertprozentigen Übereinstimmungen zwischen Matthäus und Lukas (vgl. Mt 24,45–51 mit Lk 12,42–46) machen es wahrscheinlich, dass die ihnen vorliegenden Exemplare in griechischer Sprache geschrieben waren, obwohl eine aramäische Urfassung anzunehmen ist[53]. Neben den Matthäus und Lukas gemeinsamen Texten gehören auch Abschnitte, die nur ein Evangelist überliefert hat, möglicherweise zu Q: Mt 5,5.7–9.19.21–30.33–37; 6,2–8.16–18; 7,6; 10,5–6.23; 19,10–12; Lk 3,10–14; 6,24–26; 9,61–62; 11,5–8; 12,47–48.49–50; 15,8–10.11–32; 17,7–10 u.a.m.

Die Abweichungen im Matthäus und Lukas gemeinsamen Logiengut lassen vermuten, dass beiden verschiedene Versionen von Q vorlagen (Q^{Mt} bzw. Q^{LK}).

Beispiel: Während Mt in 5,3–12 neun Makarismen hat, sind es in Lk 6,20–23 nur vier. Zudem gibt es erhebliche Abweichungen im Wortlaut zwischen beiden Texten.

---

52 Vgl. F. W. Horn, Christentum und Judentum in der Logienquelle, EvTh 51 (1991), 344–364.

53 Die großen sprachlichen Übereinstimmungen sprechen gegen die These von J. Jeremias, Zur Hypothese einer schriftlichen Logienquelle Q, ZNW 29 (1930), 147–149, der überwiegende Stoff von Q stamme aus mündlicher Tradition.

Der gemeinsame Stoff von Q und Mk (vgl. Mk 1,2.7f.12f; 3,22–26. 27–29; 4,21.22.24–25.30–32; 6,7–13; 8,11.12.34–35.38; 9,37.40.42. 50; 10,10f.31; 11,22f; 12,37b–40; 13,9.11.33–37) führte immer wieder zu der These einer literarischen Kenntnis bzw. Abhängigkeit des Markusevangeliums von der Logienquelle[54]. Sollte Markus die Logienquelle gekannt haben, so bleiben jedoch die Auswahlkriterien für den übernommenen, besonders aber für den ausgelassenen Stoff unverständlich. Vor allem könnten die erheblichen Differenzen in der literarischen Gestalt und theologischen Ausrichtung zwischen Q und dem Markusevangelium nicht plausibel gemacht werden. Eine direkte literarische Verbindung zwischen Markus und Q muss als unwahrscheinlich angesehen werden[55]. Die gemeinsamen Textkomplexe weisen auf einen unabhängigen Zugang beider zu alten Jesustraditionen hin, aber auch Berührungen auf vorredaktioneller Ebene sind nicht auszuschließen.

Geschaffen wurde die Logienquelle wahrscheinlich für den katechetischen Gebrauch in der frühen Christenheit. Als Abfassungsraum von Q ist Palästina/Syrien anzunehmen, die Abfassungszeit liegt zwischen 40 und 60 n.Chr. Religionsgeschichtlich bietet Q ein komplexes Bild; weisheitliche (vgl. Lk 7,35; 10,21; 11,31.49) und apokalyptische (vgl. Mt 7,24–27; 19,28; 25,14–30; Lk 13,26–27; 17,22–37), palästinisch-judenchristliche und hellenistisch-heidenchristliche Elemente sind zu einer spannungsvollen Einheit verbunden. Eine Christologie ist nicht in extenso ausgeführt, wohl aber vorausgesetzt (z.B. Lk 4,3.9Q: Gottessohn; Lk 14,27Q: Kreuzestheologie; Lk 17,24. 30Q: Tag des Menschensohnes).

6.4.3 Das Sondergut
Neben Texten, die aus Markus oder Q stammen, überliefern Matthäus und Lukas umfangreiches ‚Sondergut', d.h. Perikopen, die nur bei Matthäus oder Lukas vorhanden sind.

---

54 Vgl. z.B. W. Schenk, Der Einfluss der Logienquelle auf das Markusevangelium, ZNW 70 (1979), 141–165; H. T. Fleddermann, Mark and Q, BETL 122, Leuven 1995.

55 Vgl. R. Laufen, Die Doppelüberlieferung der Logienquelle und des Markusevangeliums, BBB 54, 1980, 59–77; J. Schüling, Studien zum Verhältnis von Logienquelle und Markusevangelium, FzB 65, 1991, 215.

Das *Mt-Sondergut:*

Mt

1–2	Vorgeschichte (mit Geschlechtsregister in 1,1–17)
12,5–7.11–12	Sprüche über den Sabbat
13,24–30	Gleichnis vom Unkraut unter dem Weizen
13,36–43	Deutung des Gleichnisses vom Unkraut
13,44–46	Gleichnis vom Schatz und von der Perle
13,47–50	Gleichnis vom Fischernetz
13,51–52	Gleichnis vom Hausvater
14,28–3 1	Petrus auf dem Meer
17,24–27	Tempelsteuer
18,10	Die Engel der Kleinen
18,(15)16–20	Gemeindeordnung
18,23–35	Das Gleichnis vom Schalksknecht
19,10–12	Von den Verschnittenen
20,1–16	Gleichnis von den Arbeitern im Weinberg
21,14–16	Blinde, Lahme und Kinder im Tempel
21,28–32	Gleichnis von den ungleichen Söhnen
25,1–13	Gleichnis von den zehn Jungfrauen
25,31–46	Vom Weltgericht
26,52–53	Worte Jesu bei der Verhaftung
27,3–10	Das Ende des Judas
27,19	Die Frau des Pilatus
27,24–25	Pilatus und das Volk
27,51–53	Wunder bei Jesu Tod
27,62–66	Die Grabeswächter
28,2–3	Der Engel, der den Stein wegwälzt
28,9–10	Der Auferstandene vor den Frauen
28,11–15	Der Betrug der Hierarchen
28,16–20	Der Auferstandene vor den Jüngern

Das *Lk-Sondergut:*

Lk

1–2	Vorgeschichte
3,10–14	Standespredigt des Täufers
3,23–38	Geschlechtsregister
5,1–11	Fischzug des Petrus
7,11–17	Der Jüngling von Nain
7,36–50	Die große Sünderin

Über die Herkunft des Sondergutes sind keine sicheren Angaben möglich. Wahrscheinlich gehört eine Reihe von Texten zu Q (z.B. Lk

15,8–10.11–32); ein großer Teil stammt aber aus der dem jeweiligen Evangelisten zugänglichen mündlichen Tradition. Während das umfangreiche lukanische Sondergut thematische Schwerpunkte aufweist (Jesu Parteinahme für die Armen, seine Kritik am Reichtum, Jesu Umgang mit Sündern und Frauen), ist das matthäische Sondergut uneinheitlicher, ohne erkennbare theologische Leitmotive und kann daher nicht einer Sonderquelle zugeschrieben werden.

6.4.4 Schematische Darstellung der Zweiquellentheorie

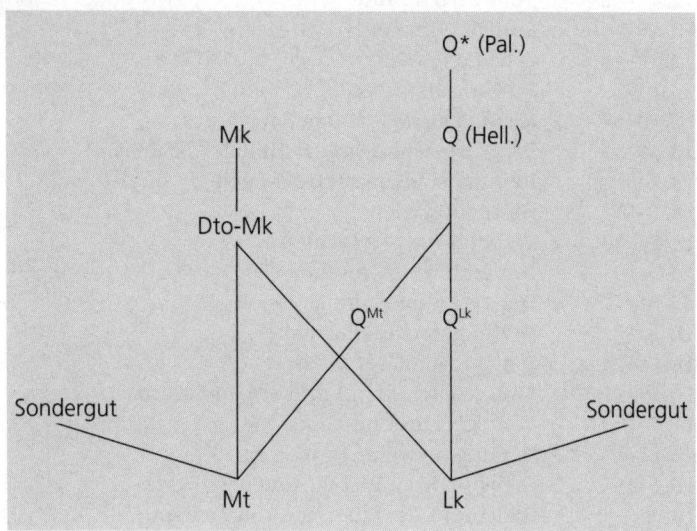

6.5 Weitere Theorien zum synoptischen Problem

Die Zweiquellentheorie war immer nur ein Lösungsmodell der durch die synoptische Frage aufgeworfenen Probleme. In der gegenwärtigen Forschung sind vier alternative Lösungsmodelle von besonderer Bedeutung:

1. Die *Zwei-Evangelien-Hypothese* (Two-Gospel-Hypothesis). Dieser vor allem von W. R. Farmer[56] und seinen Schülern vertretene Lösungsvorschlag sagt in seiner allgemeinen Form zunächst nur, dass Matthäus und Lukas vor Markus und Johannes geschrieben wurden. Unter Aufnahme umfangreicher mündlicher und schriftlicher Traditionen verfasste Matthäus als Erster ein Evangelium; die Existenz von Q bestreitet Farmer. Nach Matthäus schrieb Lukas sein Evangelium; er rezipierte das Matthäusevangelium und weiteres mündliches und schriftliches Material. Schließlich konzipierte Markus sein Evangelium, indem er in einem umfangreichen Maße Matthäus und Lukas heranzog und in einem begrenzten Umfang auch noch anderes schriftliches bzw. mündliches Material verarbeitete. Für diese an Griesbach orientierte Benutzungshypothese mit Matthäus-Priorität werden die folgenden Hauptargumente angeführt. a) Patristische Zeugnisse: Nach Euseb, HE VI 14,5–7 gab Clemens von Alexandrien eine alte von Presbytern überlieferte Tradition wieder, wonach die Evangelien mit Genealogien zuerst geschrieben wurden. Augustin, De Consensu Evangelistarum 4,10.11, setzt einmal die Reihenfolge Matthäus – Lukas – Markus voraus. b) Das Phänomen der Reihenfolge wird unter der Voraussetzung der Matthäuspriorität erklärt. Markus schrieb sein Werk als drittes Evangelium, wobei er sich überwiegend an Matthäus, in einem geringeren Maße an Lukas orientierte. Dies erklärt die Übereinstimmungen; Auslassungen ergeben sich aus der theologischen Intention des Markus. Zudem wollte Markus das Matthäus- und Lukasevangelium nicht verdrängen, sondern nur ergänzen. c) Die Vorgehensweise des Markus ergibt sich aus seinem historischen Ort. Das Markusevangelium entstand in Rom, „Marc's Gospel is fundamentally a restatement of the Gospels of Matthew and Luke for Roman Christians facing persecution."[57]

Die Zwei-Evangelien-Hypothese kann Einzelphänomene des synoptischen Problems durchaus sinnvoll erklären. Zugleich muss

---

56 Die aktuelle Position Farmers und seiner Schüler lässt sich mit Angabe der neueren Literatur am besten nachlesen in dem Sammelband D. L. Dungan (Hg.), The Interrelations of the Gospels, 125–230. Vgl. ferner J. B. Orchard (Hg.), A Synopsis of the Four Gospels. In Greek. Arranged according the Two-Gospel-Hypothesis, 1983.

57 W. R. Farmer, The Statement of the Hypothesis, in: D. L. Dungan (Hg.), The Interrelations of the Gospels, 155.

ein grundlegender Einwand gegen diese Theorie erhoben werden: Die theologischen und literarischen Intentionen des Markus bei der Rezeption der beiden Großevangelien können nicht überzeugend dargestellt werden. Speziell die Dekomposition der großen Redekomplexe im Matthäusevangelium (z.B. Mt 5–7) durch Markus lässt sich nicht plausibel machen.

2. Eine sehr komplexe *Stufentheorie* (Multiple-Stage-Hypothesis) zur Erklärung des synoptischen Problems vertritt M.-É. Boismard[58]. Er übernimmt sowohl Elemente der Zwei-Quellen-Theorie als auch der Griesbach-Hypothese. Danach bilden vier schriftliche Dokumente den Ausgangspunkt der Überlieferung: die jeweiligen Vorstufen der Synoptiker und Q. Auf der nächsten Entwicklungsstufe werden zwei Dokumente zur Basis des Markus- und Matthäusevangeliums (‚Zwischen-Markus' und ‚Zwischen-Matthäus'). Eine Vorstufe des Lukasevangeliums (‚Proto-Lukas') entsteht auf der dritten Stufe; sie nimmt Q auf und ist zugleich von der Vorstufe des Matthäusevangeliums beeinflusst. Auf der vierten Stufe finden die Synoptiker ihre Endgestalt, wobei Elemente des ‚Zwischen-Markus' in das Matthäus- und Lukasevangelium einfließen, zugleich wird Markus von ‚Proto-Lukas' und ‚Zwischen-Matthäus' beeinflusst. Markus ist somit von Vorstufen des Matthäus- und Lukasevangeliums abhängig (Nähe zur Griesbach-Hypothese). Matthäus und Lukas ihrerseits integrieren eine Vorstufe des Markusevangeliums; und Q wird von Vorformen der beiden Großevangelien aufgenommen (Nähe zur Zweiquellentheorie). „Le problème synoptique est complexe; il ne peut être résolu que par une solution complexe."[59]

Die Stärke dieser Vernetzungs-Theorie ist zweifellos ihre Flexibilität. Eine Vielzahl von Phänomenen kann zwanglos erklärt werden. Andererseits lassen sich die vermuteten Vorformen der Evangelien auch nicht annähernd literarkritisch nachweisen, so dass die

---

58 Vgl. grundlegend P. Benoit – M.-É. Boismard, Synopse des quatre évangiles, en français, Tome II: Commentaire, par M.-É. Boismard avec la collaboration de A. Lamouille et P. Sandevoir, Paris 1972. Zur aktuellen Diskussion vgl. M.-É. Boismard, Théorie des niveaux multiples, in: D. L. Dungan (Hg.), The Interrelations of the Gospels, 231–288. Vgl. ferner M.-É. Boismard – A. Lamouille, Synopsis Graeca Quattuor Evangeliorum, Leuven – Paris 1986.
59 M.-É. Boismard, Théorie des niveaux multiples, 232.

hohe Komplexität der Theorie sie zum reinen Postulat werden lässt.

3. *Varianten der Benutzungshypothese:* M.D. Goulder[60] versucht nachzuweisen, dass Lukas das Matthäusevangelium kannte und rezipierte. Um 90 n.Chr. schuf Lukas sein Evangelium für die Heidenkirche als eine Kombination aus Matthäus und Markus. Das lukanische Sondergut ist „Lucan development of matter on Matthew"[61]; die Existenz von Q lehnt Goulder ab. Vielmehr entspringen die Q oder dem Sondergut zugerechneten matthäischen Texte „entirely his elaboration of Mark"[62].

M. Hengel geht davon aus, dass Matthäus neben Markus das Lukasevangelium kannte und in spezifischer Weise rezipierte[63]. Viele Gemeinsamkeiten zwischen Mt und Lk werden nach Hengel zu schnell der Logienquelle zugeschrieben, die seines Erachtens nicht als eine feste literarische Größe, sondern als reine Spruchüberlieferung zu verstehen ist. Sie stand in unterschiedlicher Form Matthäus, Lukas und vermutlich sogar Markus zur Verfügung[64]. Auch die minor agreements zwischen Matthäus und Lukas lassen sich nach Hengel so zwanglos erklären[65]. Als zeitliche Reihenfolge für die Entstehung der Evangelien ergibt sich: „Mark c. 69/70, Luke c. 75–80, Matthew c. 90–100, John c. 100–105."[66]

4. *Varianten der Traditionshypothese:* Allein auf parallel überlieferte mündliche Traditionen will B. Reicke die Übereinstimmungen zwischen den Synoptikern zurückführen[67]. „Weder Markus noch Q

---

60 Vgl. M.D. Goulder, Luke. A New Paradigm, JSNT.S 20, I.II Sheffield 1989.

61 A.a.O. I, 23.

62 A.a.O. I, 22.

63 Vgl. M. Hengel, The Four Gospels, 205: „Matthew presupposes Mark and Luke as sources which are fixed in writing and are clearly attainable for us. As the primary source, Mark, whose theology he also treasured theologically, gave him the narrative thread; he used Luke eclectically as a secondary source."

64 Vgl. a.a.O., 177

65 Vgl. a.a.O., 206: „On the other hand, the question of the striking ‚minor agreements' is solved."

66 A.a.O., 170.

67 Vgl. B. Reicke, Die Entstehungsverhältnisse der synoptischen Evangelien, ANRW II 25.2, 1984, 1758–1791; ders., The Roots of the Synoptic Gospel, Philadelphia 1986.

dienten Lukas und Matthäus als Vorlage, sondern die Übereinstimmungen zeigen, dass sowohl im Matth. und Luk. wie im Mark. die Dreiertraditionen aus einer lebendigen akustisch erhaltenen Überlieferung stammten."[68] Die kontextparallelen Dreiertraditionen sollen durch Zweier- bzw. Sondertraditionen ergänzt worden sein. Als Ausgangspunkt und Zentrum dieser historisch sehr zuverlässigen Traditionsbildung vermutet Reicke die Urgemeinde in Jerusalem. Petrus habe in Jerusalem im Haus der Mutter des Evangelisten Markus verkehrt (vgl. Apg 12,12), so dass Markus das dort zusammengetragene Material übernehmen und schon früh ins Griechische übersetzen konnte.

In allen Fällen wird nur eine Hypothese, deren rein literarische Anwendung nicht sämtliche Fragen beantwortet, durch andere ersetzt, die zu noch größeren Schwierigkeiten führen. Insbesondere die Markuspriorität ist grundsätzlich nicht zu bestreiten. Wäre Matthäus das älteste Evangelium, dann hätte Markus seine Vorlage widersprüchlich bearbeitet, nämlich einerseits sehr stark gekürzt, andererseits erhebliche Perikopenerweiterungen vorgenommen. Warum aber sollte Markus das Vaterunser, die Worte von der Gebetserhörung, vom Richten, das Gleichnis vom treuen und untreuen Knecht und vieles mehr ausgelassen, dagegen den Umfang der Jairusperikope fast verdreifacht und die Gerasener- und Epileptikerperikope mehr als verdoppelt haben[69]? Die Annahme, Markus habe neben Matthäus auch Lukas gekannt, lässt die Frage offen, weshalb er sowohl das umfangreiche lukanische Sondergut als auch die fast gleichlautenden Perikopen bei Matthäus und Lukas in sein Evangelium nicht aufnahm. Die hohen Wortlautübereinstimmungen bei den Parallelperikopen von Markus, Matthäus und Lukas sowie die nachweisbare sprachliche und inhaltliche Bearbeitung zahlreicher Markustexte durch Matthäus und Lukas sprechen eindeutig gegen die Vermutung, es bestehe keine literarische Abhängigkeit zwischen den synoptischen Evangelien. Zudem setzt zumindest Lk 1,1–4 explizit die Benutzung literarischer Quellen voraus!

Ausgangspunkt der synoptischen Frage wird daher wie bisher die Zweiquellentheorie sein müssen, auch wenn sie im Einzelfall

---

68 B. Reicke, Entstehungsverhältnisse, 1782.
69 Vgl. R. Morgenthaler, Statistische Synopse, 286.

weniger mechanisch als in ihrer Anfangszeit angewendet werden sollte. Sie ist nach wie vor die Hypothese, die mit dem *geringsten* Schwierigkeitsgrad die *meisten* Phänomene erklärt.

6.6 Übung

Synoptischer Vergleich von Mk 1,1–8/Mt 3,1–12/Lk 3,1–17
Hilfsmittel: griechische Synopse

Beim ersten Vergleich der drei Textabschnitte fällt auf, dass der Anfang des Markusevangeliums nicht mit dem Beginn des Matthäusbzw. Lukasevangeliums identisch ist. Während Markus sein Evangelium mit dem Auftreten Johannes des Täufers beginnt, haben Matthäus und Lukas aus ihrem Sondergut Geburts- und Kindheitsgeschichten Jesu vorgeschaltet.

In der Darstellung der eschatologischen Bußpredigt Johannes des Täufers in Mk 1,1–6/Mt 3,1–6/Lk 3,1–6 stimmen alle drei Evangelisten in wesentlichen Punkten überein. Danach verkündigte Johannes in der Wüste eine Bußtaufe, die Sündenvergebung bewirkt (Mk 1,4/Lk 3,3), und im Jordan taufte er viele Menschen aus dem jüdischen Land und Jerusalem (Mk 1,5/Mt 3,5–6). Er trug ein Gewand aus Kamelhaaren und einen ledernen Gürtel, seine Speise waren Heuschrecken und wilder Honig (Mk 1,6/Mt 3,4). Übereinstimmend beschreiben ebenfalls alle drei Evangelisten die Funktion des Täufers mit einem Zitat aus Jes 40,3 LXX (Mk 1,3/Mt 3,3/Lk 3,4).

Die Differenzen zwischen Markus und den beiden Seitenreferenten sind auf redaktionelle Tätigkeit des Matthäus und Lukas zurückzuführen. Im Gegensatz zu Markus leitet bei *Matthäus* das Jesajazitat das Auftreten Johannes des Täufers nicht ein, sondern interpretiert es. Matthäus ersetzt die ursprüngliche Zusammenfassung der Täuferbotschaft βάπτισμα μετανοίας εἰς ἄφεσιν ἁμαρτιῶν (Mk 1,4) durch die von ihm bevorzugte Wendung ἤγγικεν γὰρ ἡ βασιλεία τῶν οὐρανῶν (vgl. Mt 4,17; 10,7). Das von Markus fälschlich als Jesajawort ausgegebene Mischzitat aus Ex 23,20; Mal 3,1 erwähnt er nicht und platziert die mit Markus fast gleichlautende Beschreibung der Kleidung und Nahrung des Täufers vor den Bericht über dessen Tauftätigkeit.

Lukas stellt durch den Synchronismus in 3,1–2 das für das Wirken Jesu bedeutsame Auftreten des Täufers in einen weltgeschichtlichen Zusammenhang. Er folgt damit den in 1,1–4 entwickelten Kriterien seiner Evangelienbeschreibung, wonach die chronologische Reihenfolge ein konstitutives Darstellungselement ist (vgl. Lk 1,3: καθεξῆς). Wie Matthäus berichtet auch Lukas zunächst in einer zusammenfassenden Notiz vom Auftreten des Täufers, wobei er sorgsam zwischen der Berufung des Johannes in der Wüste und seiner Tauf- und Predigttätigkeit am Jordan trennt. Lukas zitiert nicht nur wie Markus und Matthäus Jes 40,3 LXX, sondern verlängert das Zitat um die beiden folgenden Verse, wobei es ihm besonders auf die universale Aussage in V.6 ankommt. Die Gruppenangaben aus Mk 1,5 ersetzt Lukas durch das ihm eigentümliche λαός- bzw. ὄχλος-Motiv (vgl. 3,7.10.15.18), die Auslassung von Mk 1,6 entspricht der insgesamt gestrafften Johannesdarstellung durch Lukas.

Die Bußpredigt des Täufers ist der Logienquelle zuzuweisen, da die beiden Fassungen in Mt 3,7–10 und Lk 3,7–9 bis auf die redaktionellen Einleitungen fast vollständig übereinstimmen. Zum lukanischen Sondergut hingegen gehört die Standespredigt des Täufers in Lk 3,10–14. Lukas greift auf Traditionen zurück, obgleich die sozialethische Thematik und die sprachliche Form (wiederholte Frage τί ποιήσωμεν; vgl. Apg 2,37; 22,10) sehr gut zu seiner Theologie passen. Ein quellenkritisch schwierig zu beurteilender Abschnitt ist die messianische Verkündigung des Täufers in Mk 1,7–8/ Mt 3,11–12/Lk 3,15–17. Lk 3,15.16a ist lukanische Redaktion[70], mit der die folgende Täuferrede motiviert wird. Lukas und Matthäus haben dann beide einen Mischtext aus Markus und Q (vgl. schon vorher: Mt 3, 5/Lk 3,3 zu Mk 1,5 [περίχωρος]), wobei Lukas sich in 3,16bc stärker an Mk 1,7 anlehnt, während Matthäus der Überlieferung der Logienquelle nähersteht. Das Wort vom ‚Stärkeren‘ und seiner die Wassertaufe des Johannes überbietenden Taufe stand sowohl in Markus als auch in Q. Anders als bei Markus fand es sich in der Logienquelle mit begründender Funktion zwischen den beiden Teilen des Taufwortes. Der Q-Überlieferung folgen Mt 3,11d.12 bzw. Lk 3,16d.17. Über den Parallelvers Mk 1,8b hinaus spricht die Logienquelle von einer Taufe ἐν πνεύματι ἁγίῳ καὶ πυρί.

---

70 Vgl. S. Schulz, Q. Die Spruchquelle der Evangelisten, 368.

Bei Texten aus dem Matthäus- oder Lukasevangelium ist der synoptische Vergleich der grundlegende methodische Schritt zur Trennung von Redaktion und Tradition, denn er ermöglicht die Rekonstruktion der vom Evangelisten aufgenommenen Tradition und ihrer redaktionellen Bearbeitung.

6.7 Aufgabe

Untersuchen Sie nach den o. g. quellenkritischen Kriterien Mt 6,9–15/Lk 11,2–4; Mt 6,25–34/Lk 12,22–31 (Q). – Mk 4,10–12/Mt 13, 10–15/Lk 8,9–10 (Mk).

6.8 Literarkritik außerhalb der Synoptiker

1. Das Johannesevangelium
Kontrovers wird in der Forschung die Frage nach der literarischen Integrität und den Quellen des vierten Evangeliums beantwortet. Als literarische Brüche im Johannesevangelium gelten vor allem die Reihenfolge der Kap. 4–6, die mögliche Fortsetzung von Joh 14,31 in 18,1 und das Nachtragskapitel 21.

a) Die überlieferte Folge der Kap. 4–6 bereitet besonders zwischen den Kap. 5 und 6 Schwierigkeiten; denn wenn es in 6,1 heißt, dass Jesus sich auf die andere Seite des Sees begibt, so muss er zuvor auf der einen Seite des Sees gewesen sein. In Kap. 5 ist er aber in Jerusalem! Hingegen würde das Kap. 6 gut an Kap. 4 anschließen, wo Jesus sich schon in Galiläa aufhält. Ebenso passt Kap. 5 gut zu Kap. 7, denn 7,1 setzt einen Aufenthalt Jesu in Judäa voraus. Die ursprüngliche Kapitelreihenfolge müsste danach lauten: 4.6.5.7. Aber auch diese u.a. von R. Bultmann vorgeschlagene Lösung birgt große Schwierigkeiten in sich. Es kann nicht überzeugend erklärt werden, wie es zur jetzigen Textfolge kam (Bultmann rechnet mit Blattvertauschungen, Textverlusten und einem verstümmelten Text). Zudem setzt der redaktionelle Vers Joh 6,2b die Wunder in Joh 4,46–54 und Joh 5,1–9a.b und somit auch den Jetzttext des Johannesevangeliums voraus.

b) In Joh 14,31 spricht Jesus zu seinen Jüngern: „Steht auf, wir wollen von hier fortgehen." Befolgt wird diese Aufforderung allerdings erst in Kap. 18,1! Diese Diskrepanz hat man immer wieder auf zwei Arten zu lösen versucht: Entweder wurden die Kap. 15–17 umgestellt oder aber für einen späteren Einschub gehalten. Beide Lösungsvorschläge sind problematisch, da weder der postjohanneische Charakter von Joh 15–17 nachzuweisen ist noch Textumstellungen zu rechtfertigen sind, denn die Stellung von Joh 17 am Ende der Abschiedsreden ist sachgemäß: Sprach Jesus zuvor (Joh 14–16) zu den Jüngern, so wendet er sich nun vor seiner Gefangennahme im Gebet dem Vater zu. Zudem ist der vorliegende Textzusammenhang sinnvoll: Der Aufruf in Joh 14,31c signalisiert Trennung, der Johannes die Verbundenheit entgegensetzt. Obwohl Jesus zum Vater geht, bleibt die Gemeinde mit ihm verbunden, so wie Weinstock und Reben innig miteinander verbunden sind (Joh 15,1–17).

c) Joh 20,30f bildet deutlich den ersten Schluss des Evangeliums, auf den die Verfasser des Nachtragskapitels mit einer sprachlichen Variation von V. 30 in 21,25 Bezug nehmen. Die unbekannten Verfasser von Joh 21 sind sehr wahrscheinlich die Herausgeber des gesamten Johannesevangeliums (vgl. 21,24); denn ohne Kap. 21 hat das Evangelium in der Überlieferung nie existiert.

Die literarischen Unebenheiten im Johannesevangelium erkannte als Erster in vollem Umfang J. Wellhausen[71]. R. Bultmann versuchte die dadurch aufgeworfenen Fragen in seinem Johanneskommentar durch umfangreiche Textumstellungen zu lösen[72]. Dies führte dazu, dass er nicht das überlieferte, sondern ein von ihm rekonstruiertes Johannesevangelium auslegte. Auch durch Textumstellungen kann keine nach heutigen Maßstäben akzeptable Textfolge erreicht werden, und es ist zu vermuten, dass eine wiederherzustellende ‚Ordnung' des Johannesevangeliums nie existiert hat. Zudem ist zu beachten, dass Brüche und Leerstellen im Textgefüge rhetorisch gewollt sein können und nicht notwendigerweise ein Indiz für literarkritisch auszuwertende Brüche sind.

Obwohl Johannes zumindest das Markusevangelium kannte, dienten ihm die Synoptiker nicht in einem extensiven Sinn als lite-

---

[71] Vgl. J. Wellhausen, Erweiterungen und Änderungen im vierten Evangelium, 1907; ders., Das Evangelium Johannis, 1908.

[72] Vgl. R. Bultmann, Das Evangelium des Johannes, KEK II, 1941.

rarische Quelle[73]. Außerhalb der Passionsüberlieferung finden sich nur sechs Erzählungen sowohl bei Johannes als auch bei den Synoptikern (Tempelreinigung Joh 2,13–22/Mk 11,15–18; Fernheilung des Sohnes eines βασιλικός Joh 4,46–54/Mt 8,5–13/Lk 7,1–10; Speisung der Fünftausend Joh 6,1–13/Mk 6,32–44; Seewandel Joh 6,16–21/Mk 6,45–52; Salbung in Bethanien Joh 12,1–8/Mk 14,3–9; Einzug in Jerusalem Joh 12,12–15/Mk 11,1–10), so dass die Frage nach anderen, dem Johannesevangelium zugrundeliegenden Quellen insbesondere von R. Bultmann gestellt wurde. Bultmann vertritt eine Drei-Quellen-Theorie, wonach dem Evangelisten eine Zeichenquelle, eine Quelle von Offenbarungsreden sowie eine zusammenhängende Überlieferung von Passions- und Ostererzählungen vorgelegen haben soll. In der neueren Forschung verliert dieses Modell zunehmend an Plausibilität, weil sich keine dieser ‚Quellenschriften' wirklich nachweisen lässt und immer deutlicher wird, dass für Johannes vor allem das Alte Testament, das Markus- und Lukasevangelium sowie zahlreiche Traditionen der joh. Schule als Quelle dienten[74].

2. *Die paulinischen Briefe*

Die literarische Integrität der Paulusbriefe ist bis in die Gegenwart hinein umstritten. Ausgehend von den klassischen Kriterien der Literarkritik (Spannungen, Brüche, fehlende Logik, den Gedankengang störende Hinzufügungen, verschiedene historische Situationen) wurde vielfach behauptet, die authentischen Paulusbriefe seien keine ursprüngliche Einheit (z.B. W. Schmithals[75], H. M. Schenke – K. M. Fischer[76]). Nach einer Hochphase der Teilungshypothesen in den 60er und 70er Jahren ist gegenwärtig eine methodisch begründete Zurückhaltung unverkennbar. Es setzte sich die Einsicht durch, dass nicht allein die Möglichkeit, sondern die unbedingte Notwendigkeit von Teilungshypothesen als methodisches Prinzip gelten muss.

---

73 Vgl. zu den Problemen F. Schnider – W. Stenger, Johannes und die Synoptiker, BiH IX, 1971; M. Lang, Johannes und die Synoptiker, FRLANT 182, 1999.

74 Vgl. dazu U. Schnelle, Das Evangelium nach Johannes, ThHK 4, ³2004, 14–18.

75 Vgl. W. Schmithals, Die Briefe des Paulus in ihrer ursprünglichen Form, 1984.

76 H. M. Schenke – K. M. Fischer, Einleitung I, passim.

Lediglich zum 2. Korintherbrief ist in mehrfacher Hinsicht begründet zu fragen, ob dieses Schreiben eine ursprüngliche Einheit darstellt. Gegen die Einheitlichkeit des Briefes sprechen nach Meinung vieler Exegeten folgende Beobachtungen: 1) Der Bruch in Argumentation und Stimmung zwischen den Kap. 1–9 und 10–13 ist so eklatant, dass in beiden Fällen eine unterschiedliche Stellung des Paulus zur Gemeinde angenommen werden muss, was seit J. S. Semler[77] mit der Auffassung verbunden wird, Kap. 10–13 seien als selbständiges Brieffragment anzusehen. 2) In 2,13 wird die Besprechung eines Zwischenfalles in Korinth offensichtlich durch eine von 2,14–7,4 reichende Apologie des paulinischen Apostolats unterbrochen, was insbesondere durch den glatten Anschluss von 7,5 an 2,13 deutlich wird. 3) Zudem scheinen die beiden Kollektenmahnungen Kap. 8 und 9 nicht ursprünglich zusammenzugehören. 4) Sprachliche und sachliche Gründe lassen mit zahlreichen Exegeten[78] die paulinische Herkunft von 6,14–7,1 zweifelhaft erscheinen. Danach ergibt sich die Aufgabe, aus den Bestandteilen 1,1–2,13; 2,14–6,13; 7,2–4; 7,5–16; 8; 9 und 10–13 Briefe bzw. Brieffragmente zu konstruieren. Dies haben insbesondere R. Bultmann, G. Bornkamm, W. Schmithals, H. J. Klauck und E.-M. Becker[79] in unterschiedlicher Weise unternommen[80].

Für die Einheitlichkeit des 2Kor plädieren z.B. W. G. Kümmel[81], U. Borse[82] und Chr. Wolff[83]. Nach Kümmel hat Paulus den Brief mit Unterbrechungen diktiert, woraus sich die zugegebenen Unebenheiten erklären, eben weil sie unter dieser Voraussetzung von vornherein einzukalkulieren sind. Auch Borse und Wolff setzen voraus, dass die starke Zäsur nach Kap. 9 die Annahme einer Unterbrechung des Diktates nahelegt. Danach sind die Kap. 10–13 nicht einem ‚Tränenbrief' oder ‚Zwischenbrief' zuzuordnen, sondern nach einer längeren Zeit unter den Bedingungen einer neuen

---

77 Vgl. W. G. Kümmel, Einleitung, 251.

78 Vgl. dazu H. M. Schenke – K. M. Fischer, Einleitung I, 117f.

79 Vgl. E.-M. Becker, Schreiben und Verstehen. Paulinische Briefhermeneutik im Zweiten Korintherbrief, NET 4, 2002.

80 Vgl. zu den einzelnen Theorien U. Schnelle, Einleitung, 96–104.

81 Vgl. W. G. Kümmel, Einleitung, 252ff.

82 Vgl. U. Borse, Der Standort des Galaterbriefes, BBB 41,1972, 114ff.

83 Chr. Wolff, Der zweite Brief des Paulus an die Korinther, ThHK 8, 1989, 1–3.193f.

Situation an die Kap. 1–9 angehängt worden, die Paulus aus nicht mehr feststellbaren Gründen noch nicht abgesandt hatte. Der ursprüngliche Schluss von 2Kor 1–9 ging durch die nachträgliche Anhängung der Kap. 10–13 verloren.

7. Formgeschichte

Literatur

AUNE, D., The New Testament in Its Literary Environment, Philadelphia 1987. – BERGER, K., Formgeschichte des Neuen Testaments, 1984. – BULTMANN, R., Die Geschichte der synoptischen Tradition, FRLANT 29, (1921) [10]1995. – DIBELIUS, M., Die Formgeschichte des Evangeliums, (1919) [6]1971. – DORMEYER, D., Das Neue Testament im Rahmen der antiken Literaturgeschichte, 1993. – HAHN, F. (Hg.), Zur Formgeschichte des Evangeliums, WdF 81, 1985. – KOCH, K., Was ist Formgeschichte?, [4]1982. – LOHFINK, G., Jetzt verstehe ich die Bibel, 1992 (NA). – REISER, M., Sprache und literarische Formen des Neuen Testaments, 2001. – RIESNER, R., Jesus als Lehrer, WUNT 2.7, [3]1988. – ROLOFF, J., Das Kerygma und der irdische Jesus, [2]1973. – SCHMIDT, K. L., Der Rahmen der Geschichte Jesu, 1919 (= 1969). – STRECKER, G., Literaturgeschichte des Neuen Testaments, UTB 1682, 1992. – THEISSEN, G., Lokalkolorit und Zeitgeschichte in den Evangelien, NTOA 8, [2]1992.

7.1 Definition

Jede sprachliche Äußerung hat eine Form, die untrennbar mit ihrem Inhalt verbunden ist. Der Ermittlung der Form eines Textes als Ausdruck seiner inhaltlichen Intention kommt somit eine grundlegende Bedeutung für das Verstehen zu. Dieser Aufgabe widmet sich die Formgeschichte. Sie geht dabei von der Beobachtung aus, dass die mündliche Überlieferung in der volkstümlichen Erzählweise in feste Formen (= Einzeltexte) und Gattungen (= durch mehrere Einzeltexte vertretene Texttypen) gefasst ist, deren Stilgesetze es zu erheben gilt. Die Fragestellung der auf die synoptischen Evangelien angewandten Formgeschichte lautet also: In welche literarischen Formen und Gattungen ist der Stoff der synoptischen Überlieferung gefasst?

7.2 Voraussetzungen der Formgeschichte

7.2.1 Der historische Rahmen der Jesusüberlieferung
Ausgehend von der Frage der Leben-Jesu-Forschung nach den Orten und der Dauer der Wirksamkeit Jesu erbrachte KARL LUDWIG SCHMIDT (Der Rahmen der Geschichte Jesu) den Nachweis, dass die geographische und chronologische Darstellung der Wirksamkeit Jesu – der ‚Rahmen‘ – für eine historische Rekonstruktion des Lebens Jesu unbrauchbar ist. Die örtliche und zeitliche Situierung der einzelnen Perikopen ist vielmehr zum Teil den Traditionen hinzugewachsen oder sie wurde von den Evangelisten im Interesse des erzählerischen Zusammenhangs geschaffen. Die Evangelien sind danach auch als *Sammelwerke* anzusehen, in denen verschiedenartige, ursprünglich isoliert umlaufende Einzelstücke locker miteinander verknüpft worden sind.

Solche Verbindungen sind relativ einfacher Art:
a) Verknüpfung durch καί, genitivus absolutus, participium conjunctum;
b) kurze summarische Bemerkungen (z.B. Mk 3,7–12)
c) formelhafte Zeitangaben (ἐν ἐκείναις ταῖς ἡμέραις, ὀψίας γενομένης, τότε, καὶ εὐθύς);
d) stereotype Ortsangaben (ὄρος, ὁδός, οἶκος, θάλασσα).

Zwar fanden sich schon in den vorsynoptischen Sammlungen und Einzeltraditionen chronologische und geographische Angaben (so vor allem J. Roloff, Das Kerygma und der irdische Jesus), sie wurden aber durch die Evangelisten aufgenommen und ausgearbeitet, so dass diese Feststellung die grundlegende These K. L. Schmidts lediglich modifizieren kann.

Aufgabe: Zu untersuchen ist der literarische ‚Rahmen‘ von Mk 1. Dabei ist besonders auf die geographischen und zeitlichen Verknüpfungen zu achten.

7.2.2 Die Trennung von Redaktion und Tradition
Will man die ursprüngliche literarische Form einer Tradition ermitteln, so müssen die redaktionelle Tätigkeit des Evangelisten und die ihm vorliegende Tradition unterschieden und geschieden werden. Die Trennung von Redaktion und Tradition als erster Arbeitsschritt

der formgeschichtlichen Analyse hat die Rekonstruktion des Textumfanges bzw. der Textgestalt zum Ziel, die dem Evangelisten als Vorlage zur Verfügung stand und die durch einleitende und abschließende Bemerkungen sowie andere Zusätze in den Kontext seines Evangeliums eingefügt wurde.

Die redaktionelle Tätigkeit und die eingearbeiteten Traditionen sind also zu unterscheiden, um hinter die vorliegende Gestalt des Textes zurück zu älteren Traditionsschichten und möglichst bis zur ältesten fassbaren Stufe einer Tradition zu gelangen. Sämtliche Traditionsschichten sind formgeschichtlich zu untersuchen.

Kriterien zur Trennung von Redaktion und Tradition:
1. Der Sprachgebrauch eines Evangelisten (Wortschatz, Vokabelstatistik);
2. Sprachstil (bei Mk z.B. parataktisches καί);
3. besondere theologische Themen (bei Mk z.B. das Messiasgeheimnis);
4. Kompositionstechnik.

Bei einem Text aus dem Matthäus- oder Lukasevangelium ist die Trennung von Redaktion und Tradition in der Regel bereits in der Literarkritik/Quellenkritik erfolgt (s.o. 6.6), während bei einem Markustext auf der Basis der Zweiquellentheorie dieser methodische Schritt erst innerhalb der Formgeschichte durchgeführt werden kann.

7.2.3 Die mündliche Überlieferung

Eine weitere begründete Annahme der Formgeschichte ist, dass hinter den Evangelien *mündlich* überlieferte Einzelberichte stehen, welche die Evangelisten sekundär verknüpften. Das Medium der mündlichen Weitergabe ergab sich aus den Notwendigkeiten und Interessen des christlichen Gemeindelebens, denn in der Mission, Predigt, Liturgie, Lehre und Polemik der christlichen Gemeinde wurden die Worte Jesu oder die Geschichten über ihn *weitererzählt* (vgl. Lk 10,16; Mt 13,52). Die (relative) Konstanz der formbildenden Elemente (z. B. Gleichniseinleitungen, wiederkehrende Motive der Wunder-Überlieferung) erklärt sich aus diesen Erfordernissen und hat Analogien im kulturellen Milieu. Schon in der mündlichen Überlieferung sind Formen und Gattungen Ausdruck gewachsener Kommunikation. Wohl stand auch der frühen Christenheit das Me-

dium der schriftlichen Überlieferung zur Verfügung (vgl. die Paulusbriefe), es war aber keineswegs für alle Situationen geeignet und
kann nicht allgemein vorausgesetzt werden.

Das Verhältnis von Mündlichkeit und Schriftlichkeit der synoptischen Überlieferung ist ein zentrales Problem der neueren formgeschichtlichen Forschung. Für R. Bultmann war es gleichgültig, „ob die Tradition mündlich
oder schriftlich erfolgte, da bei dem unliterarischen Charakter des Überliefe-
rungsstoffes ein prinzipieller Unterschied zwischen beiden nicht vorhanden
ist"[84]. Die damit behauptete überlieferungsgeschichtliche Kontinuität wurde
in jüngerer Zeit vor allem mit der Behauptung bestritten, dass nur im Rahmen schriftlicher Überlieferung eine authentische Weitergabe möglich ist,
während sich die mündliche Überlieferung durch eine große Variabilität
auszeichnet[85], die sich einer exakten formgeschichtlichen Bestimmung ent-
zieht.

Zweifellos muss beim Übergang von der Mündlichkeit zur Schriftlichkeit
mit Veränderungen gerechnet werden, die hauptsächlich durch den Wegfall
der unmittelbaren Zuhörer und die damit veränderte Kommunikationssituation bedingt sind. Die Prinzipien mündlicher Kommunikation lassen sich
nicht bruchlos auf das Schriftliche übertragen. Dennoch ist die Bestimmung
mündlicher Traditionen möglich, wenn ein überschaubarer, formgeschichtlich und inhaltlich geschlossener Text vorliegt (z.B. Sentenz, Gleichnis)[86].
Mündliche und schriftliche Traditionen wurden im Urchristentum sehr
wahrscheinlich über längere Zeit nebeneinander überliefert[87] und beeinflussten sich möglicherweise gegenseitig[88]. Durch die Verschriftung verloren

---

84 R. Bultmann, Geschichte der synoptischen Tradition, 7.

85 Vgl. dazu E. Güttgemanns, Offene Fragen zur Formgeschichte des Evangeliums, BEvTh 54, 1970, 69ff; W. Kelber, The Oral and the Written Gospel, Philadelphia 1983; C. Breytenbach, Das Problem des Übergangs von mündlicher zu
schriftlicher Überlieferung, Neotestamentica 20 (1986), 47–58; D. Dormeyer,
Literaturgeschichte, 24–50; G. Sellin u. F. Vouga (Hg.), Logos und Buchstabe.
Mündlichkeit und Schriftlichkeit im Judentum und Christentum der Antike,
TANZ 20, 1997.

86 Vgl. die hilfreiche Auflistung und Analyse mündlicher Wort- und Erzähl-
traditionen bei D. Dormeyer, Literaturgeschichte, 67–189.

87 Treffend D. Dormeyer, a.a.O., 38: „Das Neue Testament ist ein Sammelbe-
cken von verschrifteten mündlichen Kleingattungen und von originär schriftlichen Gattungen."

88 Noch um 110 n.Chr. betont Papias von Hierapolis den Wert mündlicher
Traditionen; er verweist auf die von ihm bewahrten Presbytertraditionen und
fügt programmatisch an: „Denn ich war der Ansicht, dass mir die Bücherweisheit
nicht soviel nützen würde wie die (Berichte) von der lebendigen und bleibenden
Stimme" (Euseb, HE III 39,4). Zu beachten ist ferner, dass sowohl im Schulbetrieb

die mündlichen Traditionen jedoch nicht ihr Profil, sondern verschriftete mündliche Überlieferungseinheiten vereinen Merkmale schriftlicher *und* mündlicher Formen. In jeden Fall muss eine mögliche mündliche Vorform bzw. Vorgeschichte eines Textes begründet werden[89].

7.2.4 Der ‚Sitz im Leben'

Bereits in die Überlegungen zur mündlichen Überlieferung der synoptischen Tradition war die Erkenntnis eingeflossen, dass die verschiedenen Formen der Überlieferung in eine spezifische theologische und soziologische Situation gehören, die man ‚Sitz im Leben' nennt. So ist der ‚Sitz im Leben' der überlieferten Gebete die Gebetspraxis der Gemeinde. Beispielerzählungen und Gleichnisse sind in der Unterweisung und Predigt verankert, Wundergeschichten darüber hinaus in der Propaganda urchristlicher Missionare. Die Frage nach dem ‚Sitz im Leben' ist also primär eine soziologische Frage, die dazu dient, die Formung der Überlieferung besser zu verstehen. Indem man nach der ursprünglichen Bestimmung und praktischen Verwendung (M. Dibelius) einer Überlieferung fragt, die im Text verarbeitete aktuelle Problemkonstellation analysiert, die kulturellen Bedingungen und Gegebenheiten bedenkt, denen eine Perikope ihre Entstehung und Funktion verdankt, hofft man zu einem besseren Verständnis zu gelangen. H. Gunkel formuliert als Frage nach dem ‚Sitz im Leben': „Wer die Gattung verstehen will, muss sich jedesmal die ganze Situation deutlich machen und fragen: ‚Wer ist es, der redet? Wer sind die Zuhörer? Welche Stimmung beherrscht die Situation? Welche Wirkung wird erstrebt?' "[90] Ziel der Frage nach dem ‚Sitz im Leben' ist somit die Erhellung der Situation der Textentstehung.

Von der Funktion eines Textes im Leben der Gemeinschaft (Sitz im Leben) ist die Stellung eines Textes im Rahmen eines Literaturwerkes (Sitz in der Literatur) zu unterscheiden. Wenn ein ursprünglich mündlich tradiertes Stück in ein Literaturwerk eingeht,

---

der Synagoge als auch in den philosophischen Schulen des Hellenismus das Einprägen der mündlichen Vorträge der Lehrer ein grundlegendes Bildungsziel war. So wurden z.B. die mündlichen Vorträge Epiktets von seinem Schüler Arrian aus dem Gedächtnis niedergeschrieben; vgl. Arrians Vorwort zu Epiktets διατριβαί.

89 Vgl. zum Problem M. Labahn, Jesus als Lebensspender (s.u. 7.7), 89–99.

90 H. Gunkel, Das Grundproblem der israelitischen Formgeschichte, in: ders., Reden und Aufsätze, 1913, 33.

so entsteht nicht nur eine veränderte Kommunikationssituation, sondern der Text erhält zudem durch den Kontext eine neue Funktion, die vom ursprünglichen unliterarischen ‚Sitz im Leben' unterschieden ist. Der Text wird Teil einer neuen Kommunikationshandlung.

7.3 Lernziele

Die Studierenden sollen einen Text auf seine formale Struktur untersuchen und einer Gattung zuordnen können. Dabei sollen sie auf die gattungsuntypischen Elemente besonders achten, die das Besondere eines Einzeltextes anzeigen und für das Verständnis *dieses* Textes und der Bestimmung seines ‚Sitzes im Leben' wichtig sind.

7.4 Die Entstehung der Formgeschichte

Die Bedeutung der mündlichen Tradition für die Evangelienbildung hatte schon JOHANN GOTTFRIED HERDER (1744–1803) erkannt. Für ihn begann das Christentum nicht mit dem Abfassen eines Evangeliums, „sondern mit Verkündigung vergangener und zukünftiger Dinge (Kerygma, Offenbarung), mit Auslegung, Lehre, Trost, Ermahnung, Predigt ..."[91]. Ein Evangelium besteht nach Herder aus Sprüchen, Parabeln, Perikopen sowie Erzählungen. Die Unterschiede zwischen den einzelnen Evangelien führte er auf die freie mündliche Erzählung zurück.

Das Programm der späteren formgeschichtlichen Schule formulierte bereits 1882 der Kirchenhistoriker FRANZ OVERBECK (1837–1905) mit dem Satz: „Ihre Geschichte hat eine Literatur in ihren Formen, eine Formengeschichte wird also jede wirkliche Literaturgeschichte sein."[92] Die Anwendung dieses Satzes auf die frühchristliche Literatur führte Overbeck zu der Unterscheidung zwischen einer christlichen Urliteratur und der patristischen Literatur. Während die christliche Urliteratur (Neues Testament, Apostolische Vä-

---

91 Zitiert nach W. G. Kümmel, Das Neue Testament, 95.

92 F. Overbeck, Über die Anfänge der patristischen Literatur, 1954 (= 1882), 12.

ter, Hegesipp, Papias) im Wesentlichen an Formen vorgegebener religiöser Überlieferung, nicht aber an die Großliteratur der Zeit anknüpfte, bediente sich die patristische Literatur, beginnend mit den Apologeten, der Formen der profanen Weltliteratur. Die patristische Literatur kann deshalb nicht als Fortsetzung der urchristlichen Literatur begriffen werden, diese hat vielmehr ein frühes Ende gefunden, und die Aufgabe der Erforschung der christlichen Urliteratur besteht darin, „die höchst eigentümlichen Bedingungen ihrer Existenz, ihre Erhaltung und ihren vollen Bestand sowie ihre besonderen Formen"[93] darzustellen.

Diese Sicht Overbecks ist ausdrücklich von MARTIN DIBELIUS und PHILIPP VIELHAUER übernommen worden. Dibelius meint ebenfalls, dass bis zu den Apologeten die urchristliche Literatur von der damaligen Weltliteratur im Wesentlichen unbeeinflusst geblieben ist und deshalb als ‚Kleinliteratur' bezeichnet werden muss. „Bis zu diesem Zeitpunkt hat sie eine Sonderentwicklung, die zwar nicht unabhängig ist von der ‚großen' Literatur, aber durch ihre Bewegungen und Moden nicht unmittelbar bestimmt wird. Sie ist ‚Kleinliteratur', Schrifttum eines Kreises, nicht des großen Publikums, vergleichbar den heutigen Vereinsbroschüren, Sekten-Traktaten oder Volkskalendern."[94]

Über Herder und Overbeck hinaus hat vor allem der Alttestamentler HERMANN GUNKEL (1862–1932) Einfluss auf die formgeschichtliche Schule ausgeübt. Gunkel versuchte anhand der Genesis-Sagen und der Psalmenüberlieferung die mündliche Vorgeschichte eines schriftlichen Textes zu erhellen, wobei die Erforschung der Gattung als konstantes Überlieferungsmedium im Mittelpunkt stand. Er nahm an, dass sich die Überlieferung im Rahmen von Gattungen nach rekonstruierbaren Gesetzmäßigkeiten vollzog, wodurch die Rückfrage hinter den schriftlich vorliegenden Text erst möglich wird. Dabei gilt als Grundaxiom die Annahme der Entwicklung von kurzen und einfachen Formen zu langen und komplexen Überlieferungen. Zudem können mit Hilfe dieser Gesetzmäßigkeiten sowohl die vielfältigen Wandlungen des Stoffes als auch Abweichungen und damit Besonderheiten eines Textes

---

93 A.a.O., 35f

94 M. Dibelius, Geschichte der urchristlichen Literatur, TB 58, 1975 (=1926), 16f; vgl. Ph. Vielhauer, Geschichte der urchristlichen Literatur, 1ff.

dargestellt werden. Gunkel verband seine literaturhistorischen Analysen mit der für die Formgeschichte grundlegenden Überlegung, dass die geprägten Formen der Gattungen wesentlich durch die Bedürfnisse der Gemeinschaft bestimmt sind, in der sie entstanden und eine bestimmte Funktion innehatten (= ‚Sitz im Leben').

In den Jahren 1919–1921 erschienen die bis heute für die Formgeschichte wegweisenden Arbeiten von K. L. Schmidt, M. Dibelius und R. Bultmann.

Die Bedeutung der bereits erwähnten Arbeit von KARL LUDWIG SCHMIDT ‚Der Rahmen der Geschichte Jesu' liegt in dem Nachweis des unhistorischen Charakters der meisten chronologischen und geographischen Verknüpfungen in den Evangelien. Sie sind den einzelnen Perikopen zumeist erst im Laufe ihrer Tradierung hinzugewachsen. Während sie von Markus weitgehend unbeachtet übernommen worden seien, gehen sie bei Matthäus und besonders bei Lukas weithin auf das Konto der Evangelisten selbst. K. L. Schmidt führte damit systematisch die Trennung von Redaktion und Tradition durch und legte die kleinsten geformten Einheiten frei, deren Analyse sich M. Dibelius und R. Bultmann widmeten.

MARTIN DIBELIUS geht bei seiner formgeschichtlichen Untersuchung konstruktiv vor, indem er auf der Grundlage seines Bildes von der urchristlichen Gemeinde und ihren Bedürfnissen die Geschichte der synoptischen Überlieferung rekonstruiert. Ausgangspunkt und Urgrund der Evangelienüberlieferung ist danach die urchristliche Predigt, aus der die übrigen Formen abzuleiten sind: Paradigma, Novelle, Legende, Leidensgeschichte und Paränese.

Das *Paradigma* ist eine abgeschlossene und ursprünglich isoliert tradierte Einheit, die sich durch einen kurzen und einfachen Erzählstil auszeichnet und in der Regel mit einem für die Predigt verwertbaren Gedanken schließt. Die Paradigmen dienten nach Dibelius als Predigtbeispiele und weisen in ihrem Grundbestand ein hohes Maß an historischer Treue auf.

Beispiele für Paradigmen: Mk 2,1–12; 2,18–22; 2,23–28; 3,1–6; 3,22–30; 10,13–16.

Bei der *Novelle* handelt es sich um eine in sich geschlossene Einzelgeschichte, die durch eine realistische Erzählweise und zahlreiche profane Motive (vor allem in den Heilungswundern) gekennzeichnet ist. Tradiert wurden die Novellen von Erzählern, und sie dienten sowohl als Demonstration der Überlegenheit Christi über andere Kultgötter als auch als Vorbild und Anleitung für christliche Wundertäter.

Beispiele für Novellen: Mk 1,40–45; 4,35–41; 5,1–20; 5,21–43 und die großen Wundererzählungen bei Johannes.

Unter *Legende* versteht Dibelius fromme Erzählungen von heiligen Männern. Er unterscheidet zwischen ätiologischen Kultlegenden, die zur Legitimation eines Kultes dienen, und biographischen Personallegenden, die erbauliche Erzählungen vom Leben, Wirken und Sterben eines heiligen Mannes zum Inhalt haben.

Beispiele für Legenden: Die Geburts- und Kindheitsgeschichten Jesu bei Matthäus und Lukas (Mt 1,18–2,23; Lk 1,5–2,52).

Einen wesentlichen Fortschritt im Rahmen der formgeschichtlichen Arbeit bedeutete die Erkenntnis, dass die *Passionsberichte* der Evangelien eine große Geschlossenheit aufweisen. Hier finden sich größere Übereinstimmungen als in anderen Partien der synoptischen Überlieferung, die vor allem darauf zurückzuführen sind, dass sich in der Predigt die Gemeinde des Weges ihres Herrn erinnerte und vergewisserte.

Die Wortüberlieferung behandelt Dibelius unter dem Stichwort *Paränese;* sie tritt gegenüber dem Erzählstoff zurück. Mit ‚Paränese‘ ist im strengen Sinn keine Form gemeint, sondern die Intention einer Erzählung. Überlieferungsformen der Paränese sind Weisheitssätze, Vergleichssätze, Bildworte, Gleichniserzählungen und Gebote. Die Paränese ist vor allem im Rahmen der katechetischen Unterweisung überliefert worden; mit Worten des Meisters sollen Losungen und Regeln für das christliche Leben gewonnen werden.

Den Prozess der Evangelienbildung analysiert Dibelius unter dem Stichwort *Sammlung.* Er geht dabei von der Markuspriorität aus und meint, die Jesusworte seien früh, die Erzählungen hingegen erst spät entstanden.

An dem formgeschichtlichen Entwurf von M. Dibelius ist zu kritisieren, dass als Ausgangspunkt aller urchristlichen Überlieferung die gottesdienstliche Predigt gilt. Dies wird der Tatsache nicht gerecht, dass unterschiedliche ‚Sitze im Leben‘ das Werden der urchristlichen Tradition formten. Die Annahme der Predigt als Ursitz aller Überlieferungsformen erschwert die konkrete geschichtliche und soziologische Einordnung einzelner Überlieferungen. Zudem besteht bei Dibelius ein Missverhältnis in der Analyse des Erzählstoffes einerseits und der Wortüberlieferung andererseits, die kurz und summarisch lediglich unter dem funktionalen Aspekt der Paränese behandelt wird.

Lektüre

M. DIBELIUS, Die Formgeschichte des Evangeliums, 1–34.

Im Gegensatz zu Dibelius geht RUDOLF BULTMANN analytisch vor, indem er zunächst den Traditionsstoff untersucht und dadurch die Kriterien für die folgende Beschreibung der Gattung gewinnt. Dabei unterscheidet er grundsätzlich zwischen der Überlieferung der Worte Jesu und dem Erzählstoff. Der Redestoff (= Worte Jesu) wiederum ist unterteilt in Apophthegmata und Herrenworte.

Apophthegmata sind „Stücke, deren Pointe ein in einen kurzen Rahmen gefaßtes Jesuswort bildet"[95]. Die wichtigste Gruppe der Apophthegmata sind die Streit- und Schulgespräche, die in der Regel eine Handlung bzw. ein Verhalten Jesu zum Ausgangspunkt nehmen und in ein Wort Jesu münden (Beispiele: Mk 2,23–28; 3,1–6). Die zweite Gruppe bilden die biographischen Apophthegmata, die eine scheinbare Begebenheit im Leben Jesu zum Inhalt haben und in denen es um die Person Jesu und das Verhalten ihr gegenüber geht (Nachfolge oder Ablehnung; Beispiele: Mk 1,16–20; 10,13–16). Bultmann hält die Apophthegmata für „ideale Szenen, die einen Grundsatz, den die Gemeinde auf Jesus zurückführt, in einem konkreten Fall veranschaulichen"[96]. Das Wort hat die Situation erzeugt, nicht umgekehrt ist aus der Situation das Wort entstanden. Unter *Herrenworten* versteht Bultmann kleine Einheiten, „die selbständige Traditionsstücke gewesen sind oder doch hätten sein können"[97]. Dazu zählen Logien, in denen Jesus als Weisheitslehrer spricht (z.B. Mt 6,34; Lk 6,39), prophetische und apokalyptische Worte (z.B. Mk 13,2; Mt 11,5–6), Gemeinderegeln (z.B. Mt 16,18ff) und Gesetzesworte (z.B. Mk 3,4; 11,25) sowie ‚Ich-Worte', in denen Jesus von seinem Kommen redet (Mt 10,34–36) oder als Auferstandener von seiner Person spricht (Mt 28,18–

---

95 R. Bultmann, Geschichte der synoptischen Tradition, 8.
96 A.a.O., 41.
97 A.a.O., 73.

20). Auch die Gleichnisse zählt Bultmann zur Herrenwortüberlieferung, wobei er hervorhebt, dass der Hauptbestand der Gleichnisse auf aramäischem Boden entstanden ist und keinen hellenistischen Einfluss zeigt.

Innerhalb der Überlieferung des Erzählstoffes kommt den *Wundergeschichten* eine besondere Bedeutung zu. Wunder sind Geschichten, bei denen die Wunderhandlung selbst im Mittelpunkt steht, nicht aber ein Wort Jesu (dann würde es sich um ein Apophthegma handeln). Bultmann unterscheidet grundsätzlich zwischen Heilungs- und Naturwundern, die er mit wenigen Ausnahmen für unhistorisch hält[98]. Die Heilungswunder (z.B. Mk 1,21–28; 5,1–21) sind weitaus häufiger als die Naturwunder (z.B. Mk 4,37–41; 6,45–52), weil die Wunder in der synoptischen Tradition primär Erweise der „messianischen Kraft" bzw. „göttlichen Macht" Jesu sind[99].

In der Analyse kommt es Bultmann darauf an, die stilgemäßen Züge und typischen Motive einer Wundergeschichte herauszuarbeiten, um so ‚gereinigte' Urformen der Überlieferung zu erhalten.

Den übrigen Erzählstoff fasst Bultmann unter der Überschrift *Geschichtserzählung und Legende* zusammen. Eine Legende ist für ihn eine religiös-erbauliche Geschichte, bei der es entweder um den Glauben und Kult der Gemeinde (= Kultlegende) oder um das Leben eines religiösen Heros (= biographische Legende) geht. Im Einzelnen behandelt Bultmann die Taufe und Versuchung Jesu, die Verklärungsgeschichte, den Einzug in Jerusalem, die Passionsgeschichte sowie die Oster- und Vorgeschichten.

Bultmanns formgeschichtliche Arbeit geht in einem noch stärkeren Maß als Dibelius von der Diskontinuität zwischen Jesus und dem Zeugnis der Gemeinde aus. Kritisch zu fragen ist, ob der als Begründung dienende Hinweis auf den kerygmatischen Charakter der Tradition ausreicht, um das aus den Evangelien sich ergebende Bild der Kontinuität zwischen dem vor- und nachösterlichen Jesus im Ganzen der Gemeindetheologie zuzuschreiben.

Lektüre

R. BULTMANN, Geschichte der synoptischen Tradition, 1–8.

Einen anderen methodischen Ausgangspunkt als M. Dibelius und R. Bultmann wählt K. Berger. Er versteht Formgeschichte als eine Verbindung von

---

98 Vgl. a.a.O., 244.
99 Vgl. a.a.O., 234.

Gattungskritik und Gattungsgeschichte, wobei er in der Gattungskritik vergleichbare Texte unter primär rhetorischen Gesichtspunkten zusammenfasst. Von der Gattungsgeschichte trennt Berger die Frage nach der mündlichen Vorgeschichte eines Textes, so dass er faktisch nur von literarischen Gattungen ausgeht. Damit wird die mündliche Überlieferungsphase eines Textes als maßgebendes formbildendes Stadium preisgegeben. Ein zweifelhaftes Verfahren, denn gerade die mündliche Überlieferungsphase erlaubt den Einblick in die literarische Eigenart ntl. Texte und ermöglicht ein Verstehen der Textprägung in den einzelnen Phasen der Tradierung. Die urchristlichen Traditionsströme setzen die Existenz mündlicher Überlieferungen voraus (Q; Lk 1,1–4; Joh 21,25), und die Evangelientexte lassen sich auf keiner Stufe als rein literarische, individuelle Produkte verstehen. Ein im modernen Sinn literarisch konzipiertes Evangelium ohne sichtbare Verbindung zur bestehenden mündlichen Gemeindetradition hat es nie gegeben! Zudem führt Berger keine Textexegesen durch, so dass die Zuordnungen der Texte zu den postulierten Gattungen vielfach als nicht hinreichend begründet erscheinen müssen.

Im Gegensatz zu K. Berger betont F. Hahn mit Recht die grundlegende Bedeutung der mündlichen Überlieferungsphase für eine sachgerechte Formbestimmung ntl. Texte. Auch wenn die Bestimmung der mündlichen Texttradierung in einzelnen Fällen mit Unsicherheiten belastet ist und eine Dekomponierung von Texten unter formgeschichtlicher Fragestellung nicht in jedem Fall möglich ist, handelt es sich bei der Formgeschichte nach wie vor um eine fundamentale Fragestellung, die Einblick in das Werden ntl. Texte und damit auch in die frühe Geschichte des Urchristentums gewährt.

Als unverzichtbares Ergebnis dieser formgeschichtlichen Entwürfe ist festzuhalten, dass das mündliche Überlieferungsstadium die entscheidende Traditionsbasis darstellt, aus der die neutestamentlichen Schriften hervorgegangen sind. Sie ist in isolierten Überlieferungseinheiten fassbar, die soziologisch den urchristlichen Gemeinden, also nicht primär Einzelpersonen zuzuordnen sind. Andererseits machen die in den unterschiedlichen Anfängen begründete Variabilität der Begrifflichkeit wie auch die Unsicherheit der Rekonstruktion des ,Sitzes im Leben' deutlich, dass *die* Formgeschichte des NT noch nicht geschrieben worden ist. Nicht ein abgeschlossenes System ist zur Hand, sondern eine Fragestellung, die in der Exegese angewendet werden will. Zur Vertiefung der formgeschichtlichen Einsichten sind Untersuchungen von einzelnen Gattungen und Überlieferungsstücken notwendig, wie sie inzwischen auch in größerer Anzahl vorgelegt worden sind.

7.5 Ausgewählte Formen der synoptischen Überlieferung

7.5.1 Gleichnisse

Literatur

EICHHOLZ, G., Gleichnisse der Evangelien, ⁴1984. – ERLEMANN, K., Gleichnisauslegung, UTB 2093, 1999. – FUCHS, E., Zur Frage nach dem historischen Jesus, ²1965. – FUNK, R. W., A Structuralist Approach to the Parables, Semeia 1, 1974. – HARNISCH, W., Die Gleichniserzählungen Jesu, UTB 1343, ⁴2001. – HEININGER, B., Metaphorik, Erzählstruktur und szenisch-dramatische Gestaltung in den Sondergutgleichnissen bei Lukas, NTA NF 24, 1991. – JEREMIAS, J., Die Gleichnisse Jesu, ¹⁰1984. – JÜLICHER, A., Die Gleichnisreden Jesu I–II, ²1910. – JÜNGEL, E., Paulus und Jesus, HUTh 2, ⁶1986. – KÄHLER, Chr., Jesu Gleichnisse als Poesie und Therapie, WUNT 78, 1995. – KLAUCK, H.-J., Allegorie und Allegorese in synoptischen Gleichnistexten, NTA NF 13, ²1987. – LINNEMANN, E., Gleichnisse Jesu, ⁷1978. – MELL, U. (Hg.), Die Gleichnisreden Jesu 1899–1999. Beiträge zum Dialog mit Adolf Jülicher, BZNW 103, 1999. – PERRIN, N., Jesus and the Language of the Kingdom, 1976. – RAU, E., Reden in Vollmacht, FRLANT 149, 1990. – RICOEUR, P., Stellung und Funktion der Metapher in der biblischen Sprache, in: ders./ Jüngel, E., Metapher. Zur Hermeneutik religiöser Sprache, EvTh Sonderheft 1974, 45–70. – THEISSEN, G. – MERZ, A., Der historische Jesus, ²1997, 286–310. – VIA, D. O., Die Gleichnisse Jesu, BEvTh 57, 1970. – WEDER, H., Die Gleichnisse Jesu als Metaphern, FRLANT 120, ⁴1990. – ZIMMERMANN, R. (Hg.), Kompendium der Gleichnisse Jesu, 2007.

Die Gleichnisse nehmen einen besonderen Platz unter den verschiedenen Gattungen der Evangelienüberlieferung ein. Sie können sowohl für die Verkündigung Jesu als auch für die Situation und das Selbstverständnis der urchristlichen Gemeinden in Anspruch genommen werden. Grundlegend bleibt A. Jülichers zweibändiges Werk, in dem der allegorisierenden Gleichnisinterpretation eine begründete Absage erteilt und die Begrifflichkeit (Gleichnis, Parabel, Beispielerzählung, Bild- und Sachhälfte, tertium comparationis) maßgebend geklärt wurde.

R. Bultmann nahm diesen Ansatz auf und führte ihn weiter. Ausgangspunkt seiner Analysen ist das *einfache Bildwort,* bei dem Bild und Sache ohne Vergleichspartikel nebeneinander gestellt werden (Beispiele: Mk 2,17.21; Mt 5,14). Steigerungen des Bildwortes sind die *Hyperbel* (Mt 5,29f; 6,3; 10,30) und die *Paradoxie* (Mt 10,39; Mk 4,25; 10,44). Mit dem Bildwort verwandt ist die

Metapher (Mt 5,13; 7,13f; Lk 9,62). Sie ist ein abgekürzter Vergleich, bei dem die Vergleichspartikel fehlen und das Bild für die Sache steht. Die Metapher ist somit als eine Form uneigentlicher Rede zu verstehen. Der einfache *Vergleich* mit ‚wie ... so‘ ist relativ selten zu finden (Mt 10,16; 24,27).

Das *eigentliche Gleichnis* oder auch *Gleichnis im engeren Sinn* unterscheidet sich vom Vergleich und Bildwort durch seine Ausführlichkeit (vgl. Mk 4,26–29; Mt 11,16–19; Lk 15,4–7.8–10). Es beschreibt einen häufig zu beobachtenden Sachverhalt aus dem alltäglichen Leben und fordert den Hörer aufgrund eigener Erfahrung zu einem Urteil heraus.

Während das Gleichnis einen typischen bzw. regelmäßigen Vorgang schildert, erzählt die *Parabel* einen interessierenden Einzelfall (z.B. Lk 15,11–32). Erzähltempus ist im Unterschied zum Gleichnis die Vergangenheit. Seit Jülicher ist die Annahme bestimmend, dass sich die Bild- und Sachhälfte eines Gleichnisses bzw. einer Parabel in einem Punkt treffen *(tertium comparationis),* den es in der Exegese zu ermitteln gilt. Die Schwierigkeit dieses Auslegungsaxioms besteht in einer möglichen Reduktion der Gleichnisaussagen, denn Gleichnisse und Parabeln können in der Regel auf mehrere Vergleichspunkte hin ausgelegt werden, sie sind also nicht nur ein-, sondern mehrgipflig[100].

Der Parabel nahe verwandt ist die *Beispielerzählung* (vgl. Lk 10,30–37), bei der jedoch jedes bildliche Element fehlt. Ein vorbildliches Verhalten wird nicht in bildhafter Verkleidung, sondern auf der Sachebene und damit direkt geschildert.

Aus der Metapher hat sich die *Allegorie* entwickelt. Hier gibt es mehrere Vergleichspunkte zwischen Bild und Sache. Das Bild ist von der Sache her entworfen, so dass die Bildhälfte Brüche und Spannungen aufweist (vgl. Mk 4,13–20; 12,1–12). Der Unterschied zwischen Gleichnis und Parabel einerseits und der Allegorie andererseits liegt nach R. Bultmann darin, dass Gleichnis und Parabel „die Übertragung eines (an neutralem Stoff gewonnenen) Urteils auf ein anderes, zur Diskussion stehendes Gebiet fordern. In der Allegorie handelt es sich nicht um Urteilsübertragung, sondern um

---

100 Zu den Stilmerkmalen von Gleichnissen/Parabeln (Knappheit der Erzählung, szenische Zweiheit, einsträngige Handlung, Abbruch nach der Pointe) vgl. R. Bultmann, Geschichte der synoptischen Tradition, 203ff.

geheimnisvolle oder phantastisch spielende Verkleidung eines Sachverhalts, die der Weissagung wie auch anderen Zwecken dienen kann."[101]

Über Jülicher und Bultmann hinaus wird heute vielfach zwischen Allegorie, Allegorese und Allegorisierung unterschieden. Danach ist die Allegorie eine literarische Form, die Allegorese ein Auslegungsverfahren (vgl. Mk 4,13–20) und Allegorisierung die sekundäre Ausdeutung eines bildhaften Textes[102].

Während bei A. Jülicher die Gleichnisauslegung auf moralische Appelle hinauslief, versucht J. Jeremias die Gleichnisse in die eschatologische Reich-Gottes-Verkündigung Jesu zu integrieren[103]. In seinem einflussreichen Gleichnisbuch unterscheidet er zwischen drei „Sitzen im Leben" (Jesus, Gemeinde, Evangelien) und wendet sich insbesondere der Rekonstruktion der ältesten Schicht der *ipsissima vox* Jesu zu, in der sich (gegen C. H. Dodd) nicht eine „realisierte", sondern eine „sich realisierende Eschatologie" ausspreche[104].

Ein Neuansatz in der Gleichnisforschung wurde durch E. Fuchs und P. Ricoeur eingeleitet; sie verstanden die Gleichnisse als offene Sprachformen und Denkmodelle. Die metaphorische Sprache der Gleichnisse zeichnet sich durch einen ‚Mehrwert' aus, der von den Hörern ergriffen und gelebt werden soll. Ihrem Lehrer E. Fuchs folgend, ging E. Linnemann der Ursprungssituation der Gleichnisse nach und suchte die „Verschränkung" zwischen dem Urteil des Erzählers und dem der Hörer herauszuarbeiten[105]. Die Gleichnisse gelten hier als „Sprachgeschehen"[106], durch das der Angeredete zu einem Existenzwechsel veranlasst werden soll. Auch nach G. Eichholz verdeutlicht sich in der Gleichnisverkündigung ein „Geschehen"[107], nämlich das vorlaufende Handeln Gottes, durch das der Mensch zum Handeln aufgerufen ist. Dabei wird der Hörer aus dem Zuschauer zum Beteiligten, um so mehr, als sich das „Gleichnis als

---

101 A.a.O., 214.
102 Vgl. H.-J. Klauck, Allegorie und Allegorese, 52.92.
103 Zur Forschungsgeschichte vgl. K. Erlemann, Gleichnisauslegung, 11–52.
104 Vgl. J. Jeremias, Gleichnisse Jesu, 227.
105 Vgl. E. Linnemann, Gleichnisse Jesu, 35.
106 Vgl. a.a.O., 38.
107 Vgl. G. Eichholz, Gleichnisse, 20.

Spiel"[108] mit verschiedenen Rollen und Szenen interpretieren lässt, in dem sich auch die Geschichte des Hörers abspielt.

D. O. Via erblickt in den Gleichnissen „ästhetische Objekte, wirkliche Kunstwerke"[109], deren Struktur im Vergleich mit dem antiken Drama (Komödie, Tragödie) durchsichtig wird. Demgegenüber tritt die historische Frage nach Situation und Intention des Gleichnispredigers wie auch der Gemeinden als der Tradenten in den Hintergrund. R. W. Funk betont die Unabgeschlossenheit der Gleichnisse; er unterscheidet zwischen einer illustrativen (vergleichenden) und einer kreativen (metaphorischen) Funktion analogischer Sprache, gegenüber der jede ‚geschichtliche Auslegung' als Verstümmelung erscheine. Die Metapher ist weder auf ein ‚tertium comparationis' noch auf eine begriffliche Fixierung ausgerichtet, sondern beziehe den Hörer als Teilnehmer in das Gleichnis ein, indem sie Gottes Verborgenheit zugleich wahre und offenbare.

H. Weder meint, den historischen Kern der Gleichnisse Jesu rekonstruieren und ihren Sinn vom Wesen der Metapher her begreifen zu können. Im Anschluss an E. Jüngel bezeichnet Metapher „eine Vermutung des Geistes, in welcher er mit dem Mut zur Möglichkeit der Wirklichkeit voraus ist, und in welcher er durch Vorgriffe seine Geschichte bestimmt."[110] In den Gleichnissen wird die Nähe des Reiches Gottes zur Welt als Antizipation des Möglichen zur Sprache und damit zur Wirklichkeit gebracht. In den Gleichnissen gewinnt der Sprachvorsprung des Sprechers gegenüber seinen Hörern Gestalt, der dann im Akt des Verstehens aufgehoben wird. Insofern können die Gleichnisse als sprachliche Form der Liebe Jesu zu den Menschen verstanden werden; „die Gleichnisse setzen keine allgemeinen Wahrheiten über Gott in die Welt; sie machen vielmehr die Nähe Gottes zur Welt zum Ereignis."[111] Auch W. Harnisch betont den poetischen und antizipatorischen Charakter der Parabeln Jesu. „Die Parabel stellt eine narrative Fiktion dar. Was die Struktur dieser Fiktion bedingt, sind ein szenisch geprägtes Handlungsgefüge von drei Akten sowie eine nach dem Muster ei-

---

108 Vgl. G. Eichholz, Das Gleichnis als Spiel, EvTh 21 (1961), 309–326.
109 D. O. Via, Gleichnisse Jesu, 72.
110 H. Weder, Gleichnisse Jesu, 92.
111 H. Weder, a.a.O., 275.

nes dramatischen Dreiecks organisierte Figurenkonstellation."[112] In einer eigenwilligen Form werden in der Parabel das Alltägliche und das Unerhörte zur Sprache gebracht und in Beziehung gesetzt. Den Transfer vom Wirklichen zum Möglichen leistet die Metapher, die den Hörer im Akt des Verstehens zu neuen Einsichten führt. Die Betonung des metaphorischen Charakters nimmt die Sprachgestalt und die neue Wirklichkeiten erschließende Kraft der Parabeln Jesu ernst. Zugleich führt die sehr zurückhaltende Auswertung der Entstehungssituation der Parabeln zu einer Enthistorisierung; die Sprachkraft der Parabeln löst sich in Sprachspielen der Interpreten auf.

Die Konzentration der Gleichnisinterpretation auf ein tertium comparationis und die damit verbundene Reduktion der poetischen Leistung der Texte wird zu Recht vielfach kritisiert. Zugleich geht aber der Versuch, A. Jülichers Verdikt gegen die allegorische Auslegung rückgängig zu machen, zu Lasten der historischen Erkenntnis und einer mit ihr in Einklang stehenden theologischen Interpretation. Die Offenheit und Vielschichtigkeit der Gleichnisse darf nicht zu einer beliebigen Interpretation führen.

7.5.2 Übung

Analyse und Interpretation von Mk 4,30–32 (par Mt 13,31–32; Lk 13,18–19, ThEv 20)

Das Gleichnis vom Senfkorn liegt sowohl in einer Markus- als auch in einer Q-Version vor. Die ursprüngliche Form der Logienüberlieferung dürfte Lukas aufbewahrt haben, denn bei ihm fehlen die den Kontrast betonenden Verse Mk 4,31b.32a[113]. Eine weitere Eigentümlichkeit der Q-Fassung besteht darin, dass sie ausdrücklich von einem Menschen spricht, der das Senfkorn in seinen Garten wirft. Betont wird das Wachstum zu einem Baum, in dessen Zweigen die

---

112 W. Harnisch, Gleichniserzählungen, 310.

113 Vgl. zur Analyse insgesamt H.-W. Kuhn, Ältere Sammlungen im Markusevangelium, StUNT 8, 1971, 99ff. – Anders dagegen F. Kogler, Das Doppelgleichnis vom Senfkorn und vom Sauerteig in seiner traditionsgeschichtlichen Entwicklung, FzB 59, 1988, wonach das Senfkorngleichnis im Zusammenhang der Deuteromarkustheorie zu interpretieren ist.

Vögel nisten können. Das Mischzitat am Ende des Gleichnisses zeigt wie bei Markus Anklänge an Dan 4,12.21; Ez 31,6; Ps 103,12 (LXX). Die Ursprünglichkeit der Doppelfrage am Anfang des Gleichnisses bei Lukas kann bezweifelt werden (vgl. Lk 18,3a), die Ähnlichkeit mit Markus legt aber nahe, dass das Gleichnis in Q von Anfang an mit einer einleitenden Doppelfrage überliefert wurde.

In Mk 4,30–32 lassen sich keine redaktionellen Zusätze erkennen, Markus dürfte das Gleichnis so vorgefunden haben. Matthäus bietet eine Mischform aus Markus und Q, die Einleitung in V. 31a ist redaktionell (vgl. Mt 13,24). Das Thomasevangelium setzt die Matthäusüberlieferung voraus (ἡ βασιλεία τῶν οὐρανῶν) und zeigt deutlich sekundäre Züge: Jüngerfrage am Anfang, zu bearbeitendes Land; Senfstaude als Schutz für die Vögel, Streichung der AT-Anklänge. Bei der Interpretation des Gleichnisses ist zwischen der Markus- und Q-Fassung zu unterscheiden. Im Markustext liegt der Ton eindeutig auf dem Kontrast zwischen μικρότερον ὂν πάντων σπερμάτων τῶν ἐπὶ τῆς γῆς und μεῖζον πάντων τῶν λαχάνων. Es handelt sich um ein *Kontrastgleichnis,* wobei der bisher promiscue verwendete Begriff ‚Gleichnis' formgeschichtlich noch einzugrenzen ist. Weil Mk 4,30–32 einen sich regelmäßig wiederholenden Vorgang schildert und „die Autorität des allgemein Bekannten und Anerkannten"[114] in Anspruch genommen wird, um den Hörer zu Erkenntnis und Zustimmung zu führen, muss dieser Text formgeschichtlich als Gleichnis im engeren Sinn bezeichnet werden.

In der Q-Fassung ist die Kontrastvorstellung bei weitem nicht so ausgeprägt wie bei Markus. Im Mittelpunkt steht das Wachstum des Senfkorns zu einem Baum, wobei der Akzent auf der Darstellung des Schluss-Stadiums liegt (... ἐν τοῖς κλάδοις αὐτοῦ). Die Besonderheiten der Q-Version (ein Mensch pflanzt das Senfkorn in seinen Garten, die Senfstaude wird als Baum bezeichnet) und das Erzähltempus des Aorist weisen darauf hin, dass hier im Gegensatz zu Markus ein Einzelfall dargestellt werden soll, formgeschichtlich somit eine *Parabel* vorliegt.

Schwierig ist die Frage zu beantworten, welche Fassung für die Verkündigung Jesu in Anspruch genommen werden darf. Beide Versionen enthalten möglicherweise sekundäre Elemente (Q:

---

114 A. Jülicher, Gleichnisreden Jesu, 97.

Senfstaude als Baum[115]; Markus: die Herausarbeitung des Kontrastes in V.31b.32a), und der atl. Abschluss geht auf die vormarkinische bzw. Q-Gemeinde zurück. Deutlich ist aber, dass Jesus mit dem Bild der Senfstaude Gegenwart und Zukunft der βασιλεία τοῦ θεοῦ beschreibt. Dem unscheinbaren Anfang des Reiches Gottes, seiner noch verhüllten Gegenwart in Wundern und Gleichnissen wird eine großartige Zukunft der Basileia in der Herrlichkeit Gottes entsprechen.

7.5.3 Wundergeschichten

Literatur

BUSSE, U., Die Wunder des Propheten Jesus, FzB 24, ²1979. – KERTELGE, K., Die Wunder Jesu im Markusevangelium, StANT 23, 1970. – KOCH, D.-A., Die Bedeutung der Wundererzählungen für die Christologie des Markusevangeliums, BZNW 42, 1975. – KOLLMANN, B., Jesus und die Christen als Wundertäter, FRLANT 170, 1996. – DERS., Neutestamentliche Wundergeschichten, 2002. – KRATZ, R., Rettungswunder, 1979. – PETZKE, G., Die Traditionen über Apollonius von Tyana und das NT, SCHNT 1, 1970. – SCHENKE, L., Die Wundererzählungen des Markusevangeliums, 1974. – SUHL, A. (Hg.), Der Wunderbegriff im Neuen Testament, WdF 295, 1980. – THEISSEN, G., Urchristliche Wundergeschichten, StNT 8, ⁶1990. – TRUNK, D., Der messianische Heiler, HBS 3, 1994. – WOLTER, M., Inschriftliche Heilungsberichte und neutestamentliche Wundererzählungen, in: K. Berger u.a. (Hg.), Studien und Texte zur Formgeschichte, TANZ 7, 1992, 135–175. – ZELLER, D., Wunder und Bekenntnis, BZ 25 (1981), 204–222.

Während M. Dibelius die Gattung der Wundergeschichten teils als Paradigmen, teils als Novellen klassifiziert, ist für R. Bultmann die bereits erwähnte Unterscheidung zwischen Heilungs- und Naturwundern grundlegend. Den typischen Aufbau eines Heilungswunders demonstriert Bultmann an Dämonenaustreibungen (Exorzismen)[116]:

1. In der Exposition wird die Schwere des Leidens geschildert (Dauer und Gefährlichkeit der Krankheit, vergebliche Versuche der Ärzte), um so die Größe der Wundertaten Jesu hervorzuheben.

---

115 Vgl. J. Jeremias, Gleichnisse Jesu, 146.
116 Vgl. R. Bultmann, Geschichte der synoptischen Tradition, 224.236ff.

2. Es folgt die Begegnung des Wundertäters mit dem Dämon, in der der Dämon die überlegene Macht des Gottessohnes anerkennen muss.

3. Dem Dämon wird dann befohlen, den Kranken zu verlassen. Die Heilung erfolgt bei einer Dämonenaustreibung nie durch Berührung, sondern nur durch das Befehlswort.

4. Ein letztes Mal demonstriert der Dämon seine Macht beim Ausfahren aus dem Kranken. Häufig schreit der Dämon dabei laut auf oder der Kranke wird hin- und hergezerrt. Der Erfolg des Wunders kann auch so demonstriert werden, dass der ehemals Gelähmte seine Trage nimmt und nach Haus geht.

5. Der Eindruck der Heilung auf den Zuschauer wird im Schlussabschnitt geschildert. Die Anwesenden sind erstaunt; sie preisen die Macht des Wundertäters und beteuern, dass sie so etwas noch nie gesehen haben (Bultmann: Akklamation, Dibelius: Chorschluss).

Die neuere Diskussion der urchristlichen Wundergeschichten beschränkt sich nicht mehr auf die in der Neuzeit lange dominierende Frage nach ihrem Ereignischarakter. Es besteht ein weitgehender Konsens, dass Jesu Wundertätigkeit in Bezug auf wunderbare spontane Heilungen und Exorzismen historisch nicht bestreitbar ist[117]. Jesus verstand seine Wundertätigkeit als Ereignis der Gottesherrschaft im Jetzt (vgl. Lk 11,20). Unter formgeschichtlichen Fragestellungen analysiert G. Theißen die Wundergeschichten. Er arbeitet differenziert die Strukturelemente und Einzelmotive urchristlicher Wundergeschichten heraus und fragt nach ihrer Funktion innerhalb urchristlicher Gemeinden. Als „symbolische Handlungen"[118] besitzen Wundergeschichten mehrere Dimensionen, Theißen unterscheidet zwischen einer christologischen, existentiellen und sozialen Funktion. Die christologische Funktion liegt vor allem in der Steigerung der Bedeutsamkeit der Person Jesu, die existentielle in der Überwindung der Negativität menschlichen Daseins und die soziale Funktion in der Legitimation neuer Lebensformen. Die Wundergeschichten legitimieren Normüberschreitungen; so ermöglichen z.B. Jesu Heilungen am Sabbat (vgl. Mk 3,1–6) und seine

---

117 Vgl. z.B. G. Theißen, Urchristliche Wundergeschichten, 274.

118 Vgl. G. Theißen, Urchristliche Wundergeschichten, 229ff; ferner G. Theißen – A. Merz, Der historische Jesus (s.o. 7.5.1), 256–284.

Praxis der Sündenvergebung (vgl. Mk 2,1–12) seinen Nachfolgern einen neuen Umgang mit den Normen jüdischer Religiosität.

Die redaktionsgeschichtliche Analyse der markinischen Wunderüberlieferung wurde vor allem durch die Arbeiten von K. Kertelge, L. Schenke und D.-A. Koch gefördert. Markus integriert die Wunder in seine Darstellung des Weges Jesu und interpretiert sie christologisch. Er nimmt damit ein den Wundererzählungen bereits innewohnendes Element auf und stellt es in einen komplexen theologischen Verstehenszusammenhang. Weil der Weg Jesu ans Kreuz führt, gibt es ein vollwertiges Erkennen seiner Person erst von Ostern her. Deshalb ist die in den Wundern in Erscheinung tretende Vollmacht Jesu die Vollmacht des Gekreuzigten. Markus interpretiert die Würde des wunderwirkenden Gottessohnes von Kreuz und Auferstehung her.

Nach wie vor umstritten ist die Frage, wie Wundergeschichten in unserer heutigen Zeit verstanden werden können. Vielfach wird behauptet, den Wundergeschichten gehe es gar nicht um die Betonung der mirakulösen Fähigkeiten Jesu, sondern sie zielten eigentlich auf die Verkündigung dessen, was der auferstandene Christus für die Glaubenden bedeutet. Die Wunderhandlung wird dann durch eine allgemeine Botschaft der Wunder ersetzt[119]. Fraglich bleibt bei dieser Interpretation, ob sich Wundergeschichten und die von ihr gemeinte Botschaft wirklich trennen lassen. Kann eine Transformation der kerygmatischen Aussage gelingen, wenn zugleich die Erzählung als solche bedeutungslos wird? Sinnvoller erscheint ein anderer Zugang: Die Wundererzählung ist nicht ersetzbar, zugleich aber teilt auch sie wie jeder Text die Mehrdeutigkeit des Erzählten. Dieses Mehrdeutige nimmt der Glaube als Wunder wahr; der Glaube erkennt in den Wundererzählungen das erstaunliche Handeln Gottes in der Welt, das auf Heilung des Menschen zielt.

---

119 So z.B. W. Schmithals, Wunder und Glaube. Eine Auslegung von Mk 4,35–6,6a, BSt 59, 1970.

7.5.4 Übung

Analyse und Interpretation von Mk 7,31–37

Die Erzählung von der Heilung eines Taubstummen[120] findet sich nur bei Markus. Der Evangelist Matthäus hat sie wahrscheinlich gelesen, aber in Kap. 15,29–31 zu einem zusammenfassenden Bericht über Heilungen Jesu umgewandelt.

Die umständliche Beschreibung der Reiseroute in V. 31 geht auf Markus zurück, es werden Orte genannt, die schon früher im Evangelium erwähnt wurden (vgl. Mk 3,8; 5,20; 7,24). Ursprünglich war die Perikope ort- und zeitlos, wie der präsentische Anfang von V. 32 (καὶ φέρουσιν) zeigt. Der markinischen Redaktion ist auch V. 36 zuzuschreiben. Das hier ausgesprochene Verbot unterbricht nicht nur die Erzählung, sondern läuft der Tendenz der Akklamation in V. 37 entgegen, den Wundertäter zu preisen und zu rühmen. Zudem weist V. 36 markinisches Vokabular auf: διαστέλλεσθαι (vgl. Mk 5,43; 9,9), κηρύσσειν (vgl. Mk 1,4.7.14.38.45; 3,14; 5,20; 6,12; 13,10). Die ursprüngliche Erzählung umfasst somit die V.32–35.37, wobei im Mittelpunkt die Darstellung der Heilung des Taubstummen steht. Die Exposition in V. 32 ist knapp gehalten: Auf das Kommen des Wundertäters folgen das Auftreten der Menge, die Schilderung der Krankheit und die Bitte um Heilung. Der Heilungsvorgang beginnt mit der Absonderung des Kranken von der Volksmenge (V. 33a). Die Heilung selbst umfasst die Berührung des Kranken, die Anwendung eines heilenden Mittels (Speichel) und das Aussprechen eines wunderwirkenden Wortes (V. 33b.34). In V. 35 wird der Erfolg des Wunders konstatiert, und die Akklamation schließt sich folgerichtig in V. 37 an. Mit der Feststellung καλῶς πάντα πεποίηκεν nimmt sie Bezug auf Gen 1,31. Formgeschichtlich liegt in Mk 7,31–37 ein stilgerechtes Heilungswunder vor, bei dem das Schwergewicht auf der Darstellung der Wundermittel liegt. Als nächste Parallele ist Mk 8,22–26 zu nennen.

Die ausführliche Schilderung des Heilungsvorganges rückt die Perikope in große Nähe zu hellenistischen Wundergeschichten. Auch dort finden sich Handauflegung, Speichel und wunderwirkende Worte als Heilungsmetho-

---

120 Zur Analyse vgl. K. Kertelge, Wunder Jesu im Markusevangelium, 157–161.

den. Tacitus überliefert, dass Vespasian in Alexandrien von einem Kranken gebeten wurde, die erblindeten Augen mit seinem Speichel zu berühren[121]. Auch das Aufblicken in den Himmel und das Seufzen haben Parallelen im hellenistischen Bereich. So heißt es in der von A. Dieterich[122] herausgegebenen sog. ‚Mithrasliturgie': „Hole von den Strahlen Atem, dreimal einziehend, so stark du kannst" (S.6 Z.4f) und „Ziehe von dem Göttlichen gerade hinblickend in dich den Geisthauch" (S.10 Z.23f). „Aus diesen Stellen ergibt sich, dass der ‚Seufzer' zur mystisch-magischen Technik gehört. Blick und starkes Atemholen – unter Menschen Seufzer genannt – sind Mittel der Krafteinholung."[123] Am Ende eines weiteren Zaubergebetes ist zu lesen: „Wirf Rauchwerk ins Feuer, seufze (ἀναστενάξας) und steige rückwärts hinab (vom Dach) ..."[124]. Als unbekanntes, zauberwirkendes Wort dürften schließlich griechische Leser das formelhaft gebrauchte aramäische ἐφφαθά verstanden haben.

Markus stellt die Heilung des Taubstummen an das Ende der in 7,24 und 7,31 beschriebenen Wanderung Jesu durch Heidenland. Die redaktionellen Ortsangaben in V. 31 machen deutlich, dass die Wunderheilung in der Dekapolis spielen soll, Jesus somit wie in 7,24–30 einen Heiden heilt. Die Akklamation in V. 37 wird dann nicht von Juden, sondern von Heiden gesprochen. Auch sie loben und preisen die Wundertätigkeit Jesu; denn V. 37b macht deutlich, dass die Akklamation nicht nur diesem Wunder gilt. Der redaktionelle Vers 36 ist dem markinischen ‚Messiasgeheimnis' zuzuordnen. Danach ist das Leben Jesu durch die Dialektik von enthüllter und verborgener Messianität bestimmt. Die Wundertaten durchbrechen zwar schon die Verborgenheit, aber erst die Auferstehung Jesu ist der Scheidepunkt, von dem an Jesus als der Christus durch die Jünger öffentlich verkündigt werden soll (vgl. Mk 9,9).

7.5.5 Aufgabe

Analysieren und bestimmen Sie nach den genannten formgeschichtlichen Kriterien Mk 4,1–9; 12,13–17; Lk 1,67–79; 2,41–52; 10, 25–37; Mt 9,1–8par; 15,21–28par; 18,12–14par.

---

121 Vgl. Tac, Hist IV 81,1–3; Parallelen aus dem jüdischen Bereich bietet Billerbeck II, 15ff.

122 A. Dieterich, Mithrasliturgie, ³1923 (= 1966).

123 M. Dibelius, Formgeschichte, 82f.

124 Großer Pariser Zauberpapyrus Z.2492; zit. nach M. Dibelius, a.a.O., 82.

7.6 Die Form des Evangeliums

Literatur

BURRIDGE, R. A., What are the Gospels? MSSNTS 70, Cambridge 1995. – DORMEYER, D., Evangelium als literarische und theologische Gattung, 1989. – FRANKEMÖLLE, H., Evangelium. Begriff und Gattung, SBB 15, 1988. – FRICKENSCHMIDT, D., Evangelium als Biographie, TANZ 22, 1997. – HENGEL, M., Zur urchristlichen Geschichtsschreibung, ²1984. – LÜHRMANN, D., Biographie des Gerechten als Evangelium, WuD 14 (1976), 25–50. – ONUKI, T., Sammelbericht als Kommunikation, WMANT 73, 1997. – ROBINSON, J. M. – KÖSTER, H., Entwicklungslinien durch die Welt des frühen Christentums, 1971. – SCHMIDT, K. L., Die Stellung der Evangelien in der allgemeinen Literaturgeschichte, in: ders., Neues Testament – Judentum – Kirche, TB 69, 1981, 37–130. – STRECKER, G., Literaturgeschichte, 122–148. – TALBERT, C. H., What is a Gospel?, Philadelphia 1977. – WÖRDEMANN, T., Das Charakterbild des bíos nach Plutarch und das Christusbild im Evangelium nach Markus, 2002.

Das Substantiv εὐαγγέλιον bezeichnet ursprünglich nicht eine literarische Gattung, sondern die frohe Botschaft von Jesus Christus. Bei Paulus erscheint εὐαγγέλιον als unliterarischer Begriff, der das lebendige, gesprochene Wort der Heilsbotschaft zum Inhalt hat (vgl. 1Thess 1,9b–10; 1Kor 15,3b–5). Wie kam es vom unliterarischen εὐαγγέλιον-Begriff zur Makrogattung Evangelium? Der Evangelist Markus schuf diese neue Gattung, so dass seine mit der Konzeption des Evangeliums verbundenen historischen und theologischen Einsichten zugleich Auskunft geben über die Entstehung der Literaturgattung Evangelium. Die Taten und Worte Jesu Christi sind Inhalt des Evangeliums, zugleich ist aber Jesus Christus für Markus nicht nur eine Gestalt der Geschichte, sondern der gekreuzigte und auferstandene Gottessohn und darum auch Subjekt des Evangeliums. Damit verbindet der Evangelist das vergangenheitliche und gegenwärtige Wirken Jesu Christi untrennbar mit dem Evangelium als Verkündigungsbotschaft und Literaturgattung. Zugleich verschränken sich hier die für die Gattung Evangelium konstitutive textinterne und textexterne Ebene. Der textintern von Jesus gesprochene Entscheidungsruf zielt auf textexterner Ebene auf die markinische Gemeinde, für die Jesus Christus im Evangelium zugänglich und gegenwärtig ist. Indem Markus historiographisch-biographischen Erzähltext und kerygmatische Anrede fest verbindet und Jesu Weg zum Kreuz als dramatisches Geschehen darstellt, wahrt er die in seinen Augen historische und theologische Identität christlichen Glaubens.

Die theologischen Intentionen der Evangelienschreibung bildeten sich innerhalb historischer Rahmenbedingungen heraus. Die vormarkinischen Sammlungen und die Passionsgeschichte bezeugen die stoffimmanente Tendenz zur Bildung größerer Textkomplexe, und Lk 1,1 bestätigt Vorstufen der Evangelienschreibung. Markus als Schöpfer der Gattung Evangelium steht somit in einem bereits vor ihm einsetzenden Prozess. Zudem erforderten die schwindende unmittelbare Parusie-Naherwartung, die vielfältigen theologischen Strömungen des 1. Jhs. und die konkreten Fragen christlicher Ethik eine Neuorientierung in Zeit und Geschichte. Die Evangelisten bewältigen diese Probleme bes. durch die Aufnahme heilsgeschichtlicher Traditionen, die Ausarbeitung praktikabler ethischer Normen und die Einführung ordnender und weisender Instanzen in den Gemeinden. Die Tendenzen zur Historisierung, Ethisierung und Institutionalisierung des Traditionsstoffes liegen bei Matthäus und Lukas offen zutage, sind aber auch schon bei Markus deutlich erkennbar. Damit entspricht der literarische Charakter der Evangelien ihrer Funktion im innerkirchlichen Gebrauch als Grundlage in der Verkündigung, im Gottesdienst und in der Katechese.

Eine monokausale literaturgeschichtliche Erklärung der Gattung Evangelium ist nicht möglich. Unter den vergleichbaren Textsorten steht die hellenistische Biographie der Form des Evangeliums am nächsten[125]. Die in der hellenistischen Vitenschreibung dominierende Verbindung von historiographischen und biographischen Aussagen mit kerygmatischer Intention findet sich auch in den Evangelien. Charakteristisch für die Evangelienform ist das *Ineinander von Erzähltext und kerygmatischer Anrede*, eine narrative Grundstruktur verbindet sich mit biographischen, historiographischen, dramatischen und kerygmatischen Elementen. Eine inhalt-

---

125 Vgl. in diesem Sinn in der neueren Diskussion z.B. K. Berger, Formgeschichte des Neuen Testaments, 367–371; D. Dormeyer, Literaturgeschichte, 199–228 (die Evangelien als ‚kerygmatische Idealbiographien‘); R. A. Burridge, What are the Gospels?, 219 („the synoptic gospels belong within the overall genre of βίοι"); D. Frickenschmidt, Evangelium als Biographie, 508 (die vier Evangelien sind antike „Jesus-Biographien im Vollsinn des Wortes").

liche Sonderstellung innerhalb der antiken Literatur nehmen die Evangelien jedoch ein: Nur sie behaupten, dass in einem konkreten und begrenzten Geschehen der Vergangenheit die Geschichte eine Wende nahm und nun auch Gegenwart und Zukunft von diesem Ereignis bestimmt werden. Insofern ist das Evangelium eine Gattung sui generis, die keiner Obergattung zugeordnet werden kann.

In der ersten Hälfte des 2. Jhs. wird das Wort εὐαγγέλιον auch zur Buchbezeichnung (vgl. Did 11,3; 15,3f; 2Klem 8,5; Just, Apol I 66,3). Etwa zur gleichen Zeit entstanden wahrscheinlich die Evangelienüberschriften, in denen εὐαγγέλιον unzweifelhaft Buchbezeichnung ist.

7.7 Formgeschichte außerhalb der Evangelien

Literatur

BEUTLER, J., Literarische Gattungen im Johannesevangelium, ANRW II 25.3, 1985, 2507–2568. – CONZELMANN, H., Was glaubte die frühe Christenheit?, in: ders., Theologie als Schriftauslegung, BEvTh 65, 1974, 106–119. – DEICHGRÄBER, R., Gotteshymnus und Christushymnus in der frühen Christenheit, StUNT 5, 1967. – GIELEN, M., Tradition und Theologie neutestamentlicher Haustafelethik, 1992. – KAMLAH, E., Die Form der katalogischen Paränese im NT, WUNT 7, 1964. – KRAMER, W., Christos-Kyrios-Gottessohn, AThANT 44, 1963. – LABAHN, M., Jesus als Lebensspender, BZNW 98, 1999. – SEEBERG, A., Der Katechismus der Urchristenheit, TB 26, (1903) ²1966. – WENGST, K., Christologische Formeln und Lieder des Urchristentums, StNT 7, ²1973. – WIBBING, S., Die Tugend- und Lasterkataloge im NT, BZNW 25, 1959.

Die urchristlichen Gemeinden haben ihrem Glauben an die Heilsbedeutung von Kreuz und Auferstehung Jesu Christi in Liedern, Hymnen und Bekenntnissen Ausdruck verliehen. Diese Formen sind besonders in die neutestamentliche Briefliteratur eingeflossen und geben wichtige Hinweise auf das gottesdienstliche Leben der ersten Gemeinden.

Bereits 1903 versuchte A. Seeberg einen zusammenhängenden urchristlichen *Katechismus zu* rekonstruieren, in dem nicht nur eine ‚Glaubensformel', sondern auch die Zwei-Wege-Lehre (vgl. Didache 1–6), Taufe, Heiliger Geist, Vaterunser und andere Wortüberlieferungen enthalten gewesen sein sollen – eine These, die an der Disparatheit des Überlieferungsgutes scheitert. Die neueren Arbeiten gehen dann auch von Einzeltraditionen aus. So unterscheidet H. Conzelmann aufgrund von Röm 10,9 innerhalb der urchristlichen *Bekenntnisüberlieferung* zwischen ‚Homologie' und ‚Credo'. Mit ὁμολογεῖν eingeleitete Formeln bekennen danach Jesus als Kyrios, während bei den mit πιστεύειν beginnenden Überlieferungen die Auferweckung Jesu von den Toten und damit das Heilswerk im Mittelpunkt steht. Der Ausdruck ‚Credo' wurde von W. Kramer durch den Begriff ‚Pistisformel' (z.B. 1Kor 15,3b–5) ersetzt, ohne dass eine solche Aufgliederung einhellige Zustimmung erzielen konnte. Formal und inhaltlich sind die christologischen Formeln sehr variabel, zumal man bei ihnen auch verschiedene ‚Sitze im Leben' annehmen muss.

Neben den erwähnten vorpaulinischen Traditionen in 1Kor 15, 3b–5 und Röm 10,9 sind an wichtigen Bekenntnistraditionen im Corpus Paulinum vor allem die Zusammenfassung der urchristlichen Missionsverkündigung in 1Thess 1,9f sowie die *vorpaulinischen Tauftraditionen* in 1Kor 1,30; 6,11; Gal 3,26–28; Röm 1,3b–4a; 3,25; 4,25; 6,3f zu nennen[126].

Eine eigenständige Gattung sind die neutestamentlichen *Hymnen*, die an ihrem strophischen Aufbau und ihrer Metrik zu erkennen sind. Besonders der Philipperbrief-Hymnus (Phil 2,6–11) steht seit E. Lohmeyer im Mittelpunkt urchristlicher Hymnenforschung. Weitere Hymnen: Kol 1,15–20; 1Tim 3,16; 1Petr 3,21–25.

Schon sehr früh entstanden im Urchristentum *Lieder* (vgl. 1Kor 14,26; Kol 3,16; Apg 16,25), die aber nur fragmentarisch überliefert wurden und deshalb formgeschichtlich schwer zu erfassen sind. Neben zwei in die Evangelien aufgenommenen Liedern (Lk 1,46–55: Magnificat; Lk 1,68–79: Benedictus) hält man in der Forschung naturgemäß die hymnischen Überlieferungen für im Gottesdienst gesungene Lieder: Phil 2,6–11; Kol 1,15–20; 1Petr 1,18–21; 2,21–25; 3,18–22; Hebr 5,7–10; Eph 1,3–14.

Da es sich bei den Bekenntnisformeln, Hymnen und Liedern um den neutestamentlichen Schriftstellern vorgegebene urchristliche Überlieferungen handelt, die aus ihrem gegenwärtigen Kontext rekonstruiert werden müssen, ist die Angabe eines methodisch gesicherten Rekonstruktionsverfahrens unerlässlich.

---

126 Vgl. dazu U. Schnelle, Gerechtigkeit und Christusgegenwart. Vorpaulinische und paulinische Tauftheologie, GTA 24, ²1986.

Dafür lassen sich sieben Kriterien nennen, die auf das Vorhandensein von liturgischen Traditionen hinweisen:

1. Zitationsformeln (1Kor 11,23a; 15,3a),
2. Partizipialstil (Röm 1,3b–4a; 3,25),
3. Relativstil (Röm 3,25; 4,25),
4. Parallelismus membrorum (Röm 1,3b–4a),
5. seltenes oder singuläres Vokabular (Röm 1,3b–4a; 3,25),
6. strophischer Aufbau (Phil 2,6–11),
7. singuläre theologische Vorstellungen (Röm 1,3b–4a).

Treffen mehrere dieser Kriterien auf einen Text zu, so kann mit großer Sicherheit auf geprägtes Traditionsgut geschlossen werden. Fallen auch formale Abgrenzung, Rekonstruktion und Formbestimmung der einzelnen Texte notwendigerweise verschieden aus, so geben dennoch diese Kriterien ein ausreichendes Instrumentarium an die Hand.

Eine eigene Gattung repräsentieren die neutestamentlichen *Tugend- und Lasterkataloge* (vgl. Gal 5,19–23; Kol 3,5–14), die in der jüdischen (vgl. 1QS IV 2–14), vor allem aber in der hellenistischen Ethik (kynisch-stoische Popularphilosophie) aufschlussreiche Parallelen besitzen. Die Kataloge entstammen der paränetischen Tradition; sie gehen nicht primär auf aktuelle Gemeindesituationen ein, sondern benennen grundsätzlich das Gute und das Böse; sie warnen vor falschem Verhalten und fordern zum rechten Tun auf. Auf außerchristliche Vorformen (vor allem aus der Stoa) gehen die neutestamentlichen *Haustafeln* (bes. Kol 3,18–4,1; Eph 5,22–6,9) zurück, in denen die einzelnen Gruppen der Gemeinde angeredet und ermahnt werden.

7.8 Kritik der Formgeschichte

Seit der Entstehung der Formgeschichte sind ihre Voraussetzungen, Methodik und Ergebnisse heftig kritisiert worden. Schon die angelsächsische Forschung wollte den radikalen historischen Folgerungen Bultmanns nicht zustimmen und die formgeschichtlichen Kriterien nur in einem ästhetischen Zusammenhang angewendet wissen[127]. Umstritten ist in der gegenwärtigen Forschung insbeson-

---

127 Vgl. V. Taylor, The Formation of the Gospel Tradition, London ²1935; R. H.

dere das Verhältnis von mündlicher und schriftlicher Überlieferung (s.o. 7.2.3). Während in der skandinavischen Exegese die Verkündigung Jesu der stabilen mündlichen Überlieferung des Rabbinismus parallel gestellt und von hier aus eine bruchlose Kontinuität zwischen Jesus und Gemeindetradition behauptet wird[128], weist man andererseits auf die Bedeutung des Verschriftlichungsprozesses hin, dem die Jesusüberlieferung bei der Abfassung der Evangelien unterworfen wurde. Die Einbindung einer Erzählung in einen vorher nicht vorhandenen schriftlichen Kontext verändert die Textgestalt, was gegen die These einer kontinuierlichen Traditionsentwicklung vom Mündlichen zum Schriftlichen spricht. Dieser Einwand trifft für längere und komplexe, nicht aber für stabile Überlieferungseinheiten zu. Die verschiedenartige Kritik macht darauf aufmerksam, dass die formgeschichtlichen Darstellungen Bultmanns und Dibelius' kritisch hinterfragt werden müssen und schon allein aufgrund der Disparatheit ihrer Terminologie und Konzeption in der neutestamentlichen Exegese einen kanonischen Rang nicht beanspruchen können. Besonders die folgenden Axiome sind kritisch infrage zu stellen:

1. Während M. Dibelius der im Einzelnen nicht genauer definierten ,Predigt' der frühchristlichen Gemeinde die Bedeutung eines Mut-

---

Lightfoot, History and Interpretation in the Gospels, London 1935; E. B. Redlich, Form Criticism, its Value and Limitations, London 1939; G. N. Stanton, Jesus of Nazareth in New Testament Preaching, MSSNTS 27, Cambridge 1974.

128 Vgl. H. Riesenfeld, The Gospel Tradition and its Beginnings. A Study in the Limits of „Formgeschichte", London 1957; B. Gerhardsson, Memory and Manuscript, ASNU 22, Uppsala²1964; ähnlich R. Riesner, Jesus als Lehrer; S. Byrskog, Story as History – History as Story, WUNT 123, 2000; R. Bauckham, Jesus and the Eyewitnesses: The Gospels as Eyewitnesses Testimony, Grand Rapids 2006 (Bauckham geht vor allem mit Hinweis auf die Gedächtnis- und Erzählforschung von einer gesicherten und stabilen mündlichen Tradition aus, die bei Augenzeugen des Geschehens ihren Ausgangspunkt hat). Zur grundsätzlichen Kritik an den formgeschichtlichen Entwürfen von M. Dibelius und R. Bultmann vgl. ferner G. Schille, Der Mangel eines kritischen Geschichtsbildes in der neutestamentlichen Formgeschichte, ThLZ 88 (1963), 491–502 (Schille geht von der Ursprünglichkeit der Erzählüberlieferung gegenüber dem Spruchgut aus); W. Schmithals, Kritik der Formkritik, ZThK 77 (1980), 149–185; K. Haacker, Leistung und Grenzen der Formkritik, ThBeitr 12 (1981), 53–71; K. Berger, Einführung in die Formgeschichte, 1987.

terbodens der urchristlichen Formenentwicklung zuspricht, setzt R. Bultmann andererseits ein nicht näher begründetes ‚einfaches‘, theologiegeschichtlich seiner Zeit zugehörendes Jesusbild voraus, von dem formgeschichtliche und historische Urteile abgeleitet werden. Dies schließt ein, dass zwischen Jesus und der urchristlichen Gemeinde eine radikale Diskontinuität besteht und die der evangelischen Überlieferung impliziten Kontinuitätsaussagen auf die Bildung der Gemeinde zurückgeführt werden. Kein Zweifel, dass bei einer abweichenden Würdigung der Möglichkeiten, die Verkündigung des historischen Jesus zu rekonstruieren, auch die historischen Urteile dieses formgeschichtlichen Entwurfes modifiziert werden müssten.

2. Das grundlegende Axiom der Formgeschichte ist die Annahme der Ursprünglichkeit einer ‚reinen Form‘[129]. Danach ist die der postulierten Normalform einer Gattung entsprechende Überlieferungseinheit ursprünglicher als eine von den typischen Zügen der Gattung abweichende Form. Am Beginn der Überlieferung steht demnach die ‚reine Form‘, die im Verlauf der Weitergabe durch gattungsatypische Elemente verändert wird. Neben der problematischen Gleichsetzung von ‚sekundär‘ und ‚unhistorisch‘ spricht gegen diese idealtypische Sicht der Tradierung urchristlicher Überlieferungen die Tatsache, dass bei vielen Erzählungen eine ‚reine Form‘ nicht mehr rekonstruiert werden kann, am Anfang der Überlieferung also bereits eine ‚Mischform‘ stand.

Beispiel: Für Mk 7,24–30 wird sowohl die Ursprünglichkeit der Wundergeschichte als auch des Dialogs über den Glauben behauptet[130]. Diese Alternative ist unangebracht; denn die Vorlage des Mk ist eine geschlossene, bewusst konzipierte Einheit, bei der ohne den Dialog nur Fragmente einer Wundergeschichte, ohne die Wundergeschichte nur Reste eines Dialogs übrigbleiben. Selbständig konnten die jeweiligen Einzelelemente überhaupt nicht existieren, d.h. am Anfang dieses Textes stand nicht die ‚reine Form‘,

---

129 Vgl. M. Dibelius, Formgeschichte, 57; R. Bultmann, Geschichte der synoptischen Tradition, 7.

130 Während E. Lohmeyer meint, das Wunder sei sekundär zum Dialog hinzugetreten (Das Evangelium des Markus [s.u. 11.3], 145), tritt K. Kertelge (Die Wunder Jesu im Markusevangelium, 152) für die Ursprünglichkeit der Wundergeschichte ein.

sondern eine Form, bei der Dialog und Wunderbericht ursprünglich aufeinander bezogen sind.

3. Zu kritisieren ist insbesondere die pauschale Beantwortung der Frage nach dem ‚Sitz im Leben' einer Perikope oder eines Spruches. Der ‚Sitz im Leben' darf nicht nur allgemein über die Gattung gewonnen werden, sondern ist bei jeder Überlieferungseinheit aufgrund der formgeschichtlichen Analyse gesondert zu bestimmen. Zum Beispiel reicht es nicht aus, ein Streitgespräch einfach über den Gattungsbegriff der Apologetik der Gemeinde zuzuweisen, ohne dass den Hinweisen der vorliegenden, konkreten Form des Streitgesprächs nachgegangen wird.

Trotz solcher und anderer Anfragen bleibt die Formgeschichte eine unverzichtbare Methode der Synoptikerexegese. Allerdings sind ihre Axiome neu zu bedenken, und ihre Ergebnisse dürfen nicht schematisch angewendet werden. Gegenstand der formgeschichtlichen Analyse ist immer der *Einzeltext,* der in seiner jeweiligen Ausprägung ernst zu nehmen ist. Dabei kann die bereits unter 7.1 erwähnte Unterscheidung zwischen Form und Gattung hilfreich sein: Während die Gattung als Texttypus *alle* möglichen formbildenden Elemente enthält, finden sich im konkreten Einzeltext (= Form) nie sämtliche Elemente, die einer Gattung zuzuordnen sind.

8. Traditionsgeschichte

Literatur

BERGER, K., Exegese des Neuen Testaments, 160–186. – EGGER, W., Methodenlehre zum Neuen Testament, 170–183. – SÖDING, Th., Wege der Schriftauslegung, 190–207.

8.1 Definition

Die Traditionsgeschichte[131] fragt nach dem Werdegang und der Gestalt eines Textes sowohl in seiner mündlichen Phase als auch in schriftlichen Vorformen auf vorredaktioneller Ebene. Sie hat die Aufgabe, die Vor-Geschichte des Textes zu erhellen, indem sie anhand von Wachstumsspuren dessen Entstehungsgeschichte rekonstruiert. Ziel der Traditionsgeschichte ist es, ein Modell der Genese des vorliegenden Textes zu erarbeiten.

8.2 Methodik

Wurden Texte mündlich oder schriftlich weitergegeben, so veränderten sie sich vielfach, bis sie ihre Endgestalt erreichten. Sie durchliefen einen Wachstums- und Wandlungsprozess, in dem sie in einen neuen Kontext eingefügt, verändert oder durch neue Situationen weitergeschrieben wurden. Diese Veränderungen lassen sich an Wachstumsschichten ablesen, die die Geschichte des Textes dokumentieren. Dabei kann auf die Ergebnisse der Textanalyse und Formgeschichte zurückgegriffen werden; ob ein Text einen Wachstums- und Wandlungsprozess durchlief, lässt sich vor allem auf der Ebene der Text-Kohärenz und formgeschichtlicher Beobachtungen ermitteln. Dabei sind zwei Aspekte von besonderer Bedeutung:

---

131 Zu den Termini ‚Traditionsgeschichte' – ‚Überlieferungsgeschichte' – ‚Begriffs- und Motivgeschichte' s.u. 9.1.

1) literarkritische Phänomene (Brüche, Spannungen, Widersprüche u.s.w.; s.o. 5.2.7), die nicht der Endredaktion zuzuschreiben sind (dies fiele in den Bereich der Redaktionsgeschichte).
2) formgeschichtliche Phänomene, wonach ein Text nicht unmittelbar einer Gattung zuzuordnen ist. Lassen sich gattungsatypische Elemente feststellen, liegt eine Kombination mehrerer selbständiger Gattungen vor oder ist eine Gattung durch ein unselbständiges Teilstück erweitert worden, kann auf Veränderungen in der Tradierung eines Textes geschlossen werden.

Da sich Form- und Traditionsgeschichte vielfach überschneiden, ist eine gesonderte traditionsgeschichtliche Analyse nur bei Texten durchzuführen, die ein Wachstum auf vorredaktioneller Ebene deutlich erkennen lassen.

8.3 Lernziel

Die Studierenden sollen das chronologische Profil eines Textes ermitteln, indem sie seine Wachstumsgeschichte von der vermutlich kleinsten selbständigen Einheit bis zur vorredaktionellen Gestalt nachzeichnen.

8.4 Übung

Traditionsgeschichtliche Analyse von Mk 2,23–28.

Eine kritische Analyse des Textes führt zu folgenden Beobachtungen[132]:
1) In V. 24 richtet sich die Kritik der Pharisäer ausschließlich an Jesus, obwohl nach V. 23b die Jünger die Ähren ausrissen. Von den Jüngern ist in den folgenden Antworten Jesu nicht mehr die Rede.

---

132 Vgl. zur Analyse des Textes neben den Kommentaren bes. E. Lohse, Jesu Worte über den Sabbat, in: ders., Die Einheit des Neuen Testaments, 1973, 62–72; H.-W. Kuhn, Ältere Sammlungen im Markusevangelium (s.o. 7.5.2), 72–81; A. Lindemann, „Der Sabbat ist um des Menschen willen geworden ...", WuD 15 (1979), 79–105; H. Sariola, Markus und das Gesetz, Helsinki 1990, 77–87.

2) Ährenrupfen war als Erntearbeit verboten[133], und somit lag eine Sabbatverletzung durch die Jünger vor. Bemerkenswert ist jedoch, dass eine weitere Sabbatverletzung Jesu und der Jünger nicht erwähnt wird: das Wandern am Sabbat. Nur 2000 Ellen (= 880 m) durfte man an diesem Tag gehen[134], und es ist anzunehmen, dass Jesus und die Jünger bei ihrer Wanderung durch die Felder weiter gegangen sind. Auch die Pharisäer könnten bei ihren Beobachtungen diese Strecke überschritten haben!

3) Die erste Antwort Jesu in V. 25–26 enthält eine Reihe von Unstimmigkeiten. Der in 1 Sam 21,1–7 erwähnte Priester hieß nicht Abjathar (so Mk 2,26), sondern Ahimelech, der zudem kein ἀρχιερεύς war. Die Erzählung in 1 Sam 21,1–7 ist mit Mk 2,23–28 in zweifacher Hinsicht nicht vergleichbar: a) In 1 Sam 21,1–7 geht es überhaupt nicht um eine Sabbatverletzung; b) bei David lag eine Notsituation vor, in Mk 2,23–28 aber nicht. ‚Historische‘ Pharisäer hätte diese ‚Argumentation‘ Jesu zweifellos nicht überzeugt.

4) V. 27 ist ein auf den historischen Jesus zurückgehender Weisheitsspruch[135], der auf keine konkrete Situation bezogen ist. Demgegenüber bringt V. 28 eine Akzentverschiebung: Nicht mehr der ‚Mensch‘ ist das Kriterium der Sabbatbeurteilung, sondern der ‚Menschensohn‘, d.h. Jesus Christus ist der Herr des Sabbats. V. 27 ist eine gnomische, V. 28 eine christologische Aussage. Aneinandergereiht wurden beide Verse durch das Stichwort σάββατον.

5) Jesus gibt somit auf den Vorwurf der Pharisäer drei verschiedene Antworten, die alle nicht zu der geschilderten Ausgangssituation passen.

6) Zwischen der szenischen Darstellung in V. 25f und der Wortüberlieferung in V. 27.28 besteht eine Inkongruenz. Während das Beispiel eine einmalige Notsituation anführt, haben V. 27.28 grundsätzlichen Charakter.

Die Analyse von Mk 2,23–28 ergibt vier Texteinheiten (V. 23f; V. 25f; V. 27; V. 28), die in ein plausibles Beziehungsverhältnis gestellt werden müssen, um die Entstehungsgeschichte des Textes nachzuzeichnen.

---

133 Vgl. Billerbeck I, 615–618.
134 Vgl. Billerbeck II, 590.
135 Darin stimmen die meisten Exegeten überein, vgl. nur E. Lohse, Jesu Worte, 68; H.-W. Kuhn, Ältere Sammlungen im Markusevangelium, 75.

Als eine mögliche traditionsgeschichtliche Erklärung des Befundes bietet sich folgendes Wachstumsmodell an: Den Ausgangspunkt der Textwerdung bildet als selbständiges Jesuslogion V. 27. Dieses Wort ist vom gegenwärtigen Kontext unabhängig und geht aller Wahrscheinlichkeit nach auf den historischen Jesus zurück. In einem zweiten Stadium fügte die vormarkinische Gemeinde zur Rechtfertigung ihrer liberalen Sabbatpraxis V. 23f an. Als christologische Interpretation von V. 23f.27 kam dann noch auf vormarkinischer Ebene V. 28 hinzu. Nicht die Situation des Menschen für sich genommen entscheidet über die Auslegung des Sabbats, sondern jetzt dominiert der Gedanke, dass Jesus Christus Vollmacht über den Sabbat besitzt. Zwei Beobachtungen weisen darauf hin, dass sich diese Akzentverschiebung noch auf vormarkinischer Ebene vollzog: 1) Das καί in V. 28 nimmt offenkundig Bezug auf V. 27. 2) Da Mk 3,6 eindeutig redaktionell ist, bildete Mk 2,28 offensichtlich den vormarkinischen Abschluss einer Streitgesprächesammlung. Eine neue Argumentationsebene wurde schließlich durch V. 25f eingeführt, sie setzt den vorliegenden Kontext voraus. Die Gemeinde beruft sich nun durch Jesus auf die Schrift; es wird ein biblischer Präzedenzfall konstruiert, der die Sabbatpraxis der Gemeinde legitimiert. Diese letzte Argumentationsebene dürfte ebenfalls noch auf die vormarkinische Gemeinde zurückgehen[136]; es ist aber Markus, der durch die Einleitungsformel καὶ λέγει αὐτοῖς (vgl. Mk 4,2.11.21.24; 6,10; 7,9; 8,21; 9,1.31) die beiden Argumentationsgänge in V. 25f und 27f verbindet.

Die Analyse zeigt, dass Mk 2,23–28 eine Wachstumsgeschichte durchlaufen hat, die für die ersten drei Schichten (V. 27; V. 28; V. 23f) deutlich nachzuweisen ist. Bei V. 25f ist eine derart sichere Zuordnung nicht möglich; die jeweilige Zuweisung entscheidet darüber, innerhalb welchen Methodenschrittes V. 25f behandelt werden (vormarkinisch: Traditionsgeschichte; markinisch: Redaktionsgeschichte).

8.5 Aufgabe

Versuchen Sie die Wachstumsgeschichte des Johannesprologs (Joh 1,1–18) nachzuzeichnen.

---

136 So z.B. D. Lührmann, Das Markusevangelium, HNT 3, 1987, 64.

9. Begriffs- und Motivgeschichte

9.1 Definition

Die Begriffs- und Motivgeschichte fragt nach Herkunft, Geschichte, Wandel, Bedeutung und Anwendung der im Text vorkommenden Begriffe und Motive. Dabei sollen durch den Vergleich mit literarisch nicht abhängigen Texten theologie- und geistesgeschichtliche Zusammenhänge aufgezeigt werden.

Bei einem Motiv handelt es sich um ein Wort, ein Bild, eine Metapher oder ein Thema mit relativ feststehender Bedeutung, auf die ein Autor zurückgreifen kann, um einen bestimmten Sachverhalt auszudrücken.

Die Begriffsanalyse hat das Ziel, sowohl den geprägten Bedeutungsgehalt eines Begriffes als auch seine konkrete Verwendung im Kontext herauszuarbeiten. Die diachrone und die synchrone Betrachtungsweise ergänzen sich somit bei der Begriffsanalyse.

Dieser methodische Schritt wird in anderen Methodenbüchern auch unter dem Terminus ‚Traditionsgeschichte' durchgeführt[137]. In den Methodenbüchern, Einleitungen und Kommentaren herrscht hierzu große terminologische und methodische Unklarheit, so dass eine begriffliche Klarstellung notwendig ist. Versteht man unter ‚Tradition' den Werdegang eines Textes auf vorredaktioneller Ebene, so gehört dies in den Bereich des Methodenschrittes ‚Traditionsgeschichte' (s.o. 8). Meint ‚Tradition' neben einem geprägten

---

137 Vgl. z.B. W. Fenske, Arbeitsbuch, 113: „Die traditionsgeschichtliche Analyse geht den vom Text aufgenommenen Traditionen nach. Sie untersucht (a) einzelne Worte, (b) einzelne Begriffskombinationen und (c) einzelne Formeln." Der von mir als ‚Traditionsgeschichte' (s.o. 8) bezeichnete Methodenschritt heißt bei Fenske ‚Überlieferungsgeschichte': „Die Analyse der Überlieferungsgeschichte eines Textes fragt danach, wieweit der vorliegende Text im Verlauf einer mündlichen Tradierung verändert worden ist" (a.a.O., 105). Ähnlich M. Ebner – B. Heininger, Exegese des Neuen Testaments, 334: „Aufgabe der Überlieferungsgeschichte ist es, den Werdegang der christlichen Stoffe nachzuzeichnen – und zwar bis zu dem Stadium, in dem sie vom jeweiligen Endredaktor einer Schrift aufgegriffen und weiterverarbeitet wurden."

Bedeutungsinhalt vor allem einen bestimmten Tradentenkreis mit einem erkennbaren Überlieferungsinteresse, so ist dieser methodische Schritt vielleicht in der alttestamentlichen, nicht aber in der neutestamentlichen Exegese durchführbar, weil sich bestimmte Tradentenkreise innerhalb der Gemeinde nur hypothetisch ermitteln lassen. Es empfiehlt sich daher für die ntl. Exegese, auf den Terminus ‚Überlieferungsgeschichte' ganz zu verzichten und ‚Tradition' im Sinn von ‚Traditionsgeschichte' als Erhellung der Vorgeschichte eines Textes zu verstehen.

9.2 Lernziele

Die Studierenden sollen erkennen, dass die ntl. Texte nicht in einem ‚luftleeren' Raum entstanden, sondern eingebettet sind in die vorgegebenen religiösen und geistesgeschichtlichen Zusammenhänge des Alten Testaments, des antiken Judentums und des Hellenismus. Die aus diesen Bereichen in das Neue Testament eingeflossenen Begriffe und Motive sollen herausgearbeitet und für das Verständnis des gegebenen Textes verwertet werden.

9.3 Arbeitsmittel

Für die Studierenden stellt sich dieser Arbeitsschritt vielfach als sehr schwierig dar, weil er am meisten Vorwissen voraussetzt. Dennoch lassen sich auch für den exegetischen Anfänger durch sachgemäße Nutzung der vorhandenen Hilfsmittel wichtige Beobachtungen machen. Neben den stets heranzuziehenden Kommentaren sind als Arbeitsmittel für die Begriffs- und Motivgeschichte besonders die unter 2.2.2 genannten Wörterbücher zum Neuen Testament (W. Bauer, Theologisches Wörterbuch zum NT, Exegetisches Wörterbuch zum NT) zu nennen. Darüber hinaus ist das jüdisch-rabbinische Parallelmaterial leicht zugänglich durch den Kommentar zum Neuen Testament aus Talmud und Midrasch von Paul Billerbeck (s.o. 2.3.3). Für den Bereich der griechisch-römischen Literatur und der Literatur des hellenistischen Judentums, bietet nun der Neue Wettstein (s.o. 2.1.7) zahlreiche Parallelen. Sehr wichtig für die Begriffs- und Motivgeschichte sind die Konkordanzen (zum NT, AT [LXX], Pseudepigraphen, Qumran, Josephus), die neben der Worthäufigkeit auch Aufschluss über die konkrete Verwendung des Wortes im Kontext geben. Zahlreiche wertvolle Hinweise finden sich zudem in den vielen Beleg- und Verweisstellen, die sich am äußeren Rand von Nestle-Aland[27], in den Kommentaren und in der Sekundärliteratur finden.

9.4 Übung

Motivgeschichtliche Analyse von Mk 9,18

In Mk 9,18 wird ausdrücklich das Unvermögen der Jünger hervorgehoben, den epileptischen Jungen zu heilen. Dieser Zug erinnert an das Motiv des ,Versagens des Zauberlehrlings‘, das sich erstmals in 2Kön 4,31 findet. Hier gelingt es Gehasi, einem Jünger Elisas nicht, im Auftrag seines Meisters einen toten Knaben durch Auflegen eines Stabes auf das Angesicht zum Leben zu erwecken. Erst als Elisa sich selbst um den Toten kümmert, kehrt dieser ins Leben zurück.

Auch in der hellenistischen Literatur begegnet man dem Motiv des Versagens des Zauberlehrlings. Bei Lukian, Philopseudes 36, wird von dem Schüler eines heiligen Mannes berichtet, der sich von seinem Meister die Fähigkeit erschleicht, Keulen in Menschen zu verwandeln. In Abwesenheit seines Herrn verwandelt er eine Keule und gibt ihr den Auftrag, Wasser zu holen. Nachdem die Keule einen Eimer geholt hat, soll sie sich wieder zurückverwandeln. Sie gehorcht aber nicht und schleppt immerfort Wasser heran, bis das ganze Haus überschwemmt ist. Erst dem zurückkehrenden Meister gelingt die Umwandlung und damit die Abwehr eines Unglücks. J. W. v. Goethe hat diese Erzählung in seinem Gedicht ,Der Zauberlehrling‘ verarbeitet. In der hellenistischen Literatur findet sich das Motiv ferner bei Apuleius, Florida 19[138].

Durch das Versagen und die Ohnmacht des Jüngers wird die Wundermacht des Meisters gesteigert; diese Funktion hat das Motiv vom Zauberlehrling auch in Mk 9,18.

---

138 Vgl. auch die Texte bei O. Weinreich, Antike Heilungswunder, RVV 8.1, 1909, 81–87.

9.5 Übung

Begriffsgeschichtliche Analyse von τέκνα und κυνάριον in Mk 7,27–28

Die Erzählung von der Heilung der Tochter der Syrophönizierin weist zwei Besonderheiten auf: Sie überliefert neben der Geschichte vom Hauptmann von Kapernaum die einzige Fernheilung im Neuen Testament und ist die einzige Wundererzählung, in der Jesus sich zu einer von ihm zuvor abgelehnten Heilung überwinden lässt, dazu noch durch eine heidnische Frau. Diese Überwindung vollzieht sich in einem Gespräch zwischen Jesus und der Heidin, bei dem die Gegenüberstellung von τέκνα und κυνάριον eine zentrale Rolle spielt.

Mit τέκνα wird die Selbstbezeichnung der Juden als Söhne oder Kinder Gottes aufgenommen und damit die heilsgeschichtliche Nachordnung der Heiden begründet. Die Bezeichnung Israels als Kinder Gottes findet sich vielfach im Alten Testament und in der pseudepigraphischen Literatur (Dtn 14,1; 32,5.19; Jes 43,6; SapSal 18,4; PsSal 17,27; Sib 3,702); sie dient dazu, die besondere Beziehung zwischen Jahwe und seinem Volk auszudrücken und auch den Vorrang Israels vor allen anderen Völkern zu betonen. Rabbi Aqiba (gest. 135 n.Chr.) bringt im Anschluss an Dtn 14,1 das in ihrer Kindschaft begründete Erwählungsbewusstsein der Israeliten so zum Ausdruck: „Geliebt sind die Israeliten; denn sie sind Söhne Gottes genannt worden. Als eine besondere Liebe wurde ihnen kundgetan, dass sie Söhne Gottes genannt worden sind" (Aboth 3,9).

Τέκνα (θεοῦ) ist somit in Mk 7,27f ein positiv geprägter Begriff, der über Jahrhunderte hinweg bereits das einzigartige Verhältnis Israels zu Jahwe und die daraus resultierende Sonderstellung Israels zum Inhalt hatte und besonders geeignet war, die heilsgeschichtliche Vorordnung Israels zu beschreiben.

Im Alten Testament wie im Alten Orient überhaupt war der Hund „das verachtetste, frechste und elendeste Geschöpf"[139]. Der Vergleich mit einem Hund galt als entehrend (1Sam 17,43; Jes 56,10.11), von den Hunden der Straße gefressen zu werden, als

---

139 Billerbeck I, 722.

besonderes Gottesgericht (1Kön 14,11; 16,4; 2 1,24), und der Hund war das Sinnbild für Niedrigkeit schlechthin (Koh 9,4; 1Sam 24,15; 2Kön 8,13 u.ö.). Auch im Hellenismus galt ‚Hund' als geläufiges Schimpfwort[140]. Die philosophische Bewegung des Kynismus erhielt von κύων (= „Hund") ihren Namen, weil ihr prototypischer Vertreter Diogenes von Sinope (um 350 v.Chr.) schamlos wie ein Hund lebte. Dieser negative Ton setzt sich im Neuen Testament fort. Lazarus kann in seinem Elend noch nicht einmal die Straßenhunde von sich fernhalten (Lk 16,21), das Heilige soll nicht den Hunden und Schweinen vorgeworfen werden (Mt 7,6), und in 2Petr 2,22 dient κύων zur Bezeichnung von Irrlehrern (so vielleicht auch in Phil 3,2). Das Diminutiv κυνάριον findet sich im Neuen Testament nur im Bildwort Mk 7,27fpar. Gemeint ist damit der Haushund, der im Gegensatz zum Straßenhund in der Wohnung geduldet wird, wobei aber auch bei κυνάριον der negative Grundton von κύων im Hintergrund steht.

Berücksichtigt man die vorwiegend positive Begriffsgeschichte von τέκνα und die überwiegend negative Verwendung von κύων, so wird die Schärfe der Gegenüberstellung in Mk 7,27 erst deutlich. Die vom Vater geliebten, mit Privilegien ausgestatteten Kinder sind in keiner Weise mit der elenden und verachtungswürdigen Kreatur eines Hundes zu vergleichen. Um so überraschender ist die sich abzeichnende Überwindung dieses scheinbar unüberbrückbaren Gegensatzes in Mk 7,28. Gerade indem die heidnische Frau den heilsgeschichtlichen Vorrang Israels anerkennt und auf die Grenzen überschreitende, helfende Güte Gottes verweist, zwingt sie Jesus zur Änderung seines Standpunktes. Sind τέκνα und κυνάριονν in Mk 7,27 schroffe Kontraste, so führt die Anwendung des Bildwortes durch die Syrophönizierin in V. 28 zu einer deutlichen Akzentverschiebung: Durch das Motiv der unter den Tisch gefallenen Brosamen wird eine positive Verbindung zwischen τέκνα und κυνάριον hergestellt. Die Heiden sind zwar dem erwählten Volk nachgestellt, dennoch partizipieren sie an der Überfülle des Israel zuteil gewordenen Heils.

---

140 Vgl. die Texte im Neuen Wettstein II/1, 693–697.

9.6 Aufgabe

Untersuchen Sie unter Anwendung der obengenannten Arbeitsmittel den Begriff εὐαγγέλιον auf der Textbasis von Mk 1,14f; den Begriff πνεῦμα auf der Grundlage von Röm 8,2ff und 2Kor 3,17. – Untersuchen Sie das Motiv οἶκος im Markusevangelium. Verfolgen Sie das Motiv der Dreizahl im Neuen Testament (z.B. Mk 8,31; 9,5; Mt 5,3–12.21–48; 1Kor 13,13; 1Joh 5,7).

10. Der religionsgeschichtliche Vergleich

Literatur

BERGER, K. – COLPE, C. (Hg.), Religionsgeschichtliches Textbuch zum Neuen Testament, TNT 1, 1987. – BOUSSET, W., Kyrios Christos. Geschichte des Christusglaubens von den Anfängen des Christentums bis Irenaeus, [6]1967. – BURKERT, W., Antike Mysterien, [2]1991. – COLPE, C., Die religionsgeschichtliche Schule, FRLANT 60, 1961. – CUMONT, F., Die orientalischen Religionen im römischen Heidentum, [7]1975. – LACHS, S. T., A Rabbinic Commentary on the N.T., Hoboken-N.Y. 1987. – MÜLLER, K., Die religionsgeschichtliche Methode, BZ 29 (1985), 161–192. – PETZKE, G., Historizität und Bedeutsamkeit von Wunderberichten. Möglichkeiten und Grenzen des religionsgeschichtlichen Vergleiches, in: Neues Testament und christliche Existenz, FS H. Braun, hg. v. H. D. Betz und L. Schottroff, 1973, 367–385. – REITZENSTEIN, R., Die hellenistischen Mysterienreligionen, [3]1927 (= 1980). – RUDOLPH, K., Die Gnosis, UTB 1577, [3]1990. – SCHNELLE, U. (Hg.), Neuer Wettstein I/2, 2001 (u. Mitarb. v. M. Labahn – M. Lang). – SEELIG, G., Religionsgeschichtliche Methode in Vergangenheit und Gegenwart, ABG 7, 2001. – STRECKER, G. – SCHNELLE, U. (Hg.), Neuer Wettstein II/1.2, 1996.

Wichtig für den religionsgeschichtlichen Vergleich sind die in 2.1.4/ 2.1.7 genannten Quellen; ferner die unter 2.3.2/2.3.3 angeführten Bücher zur Geschichte des Urchristentums und zur Umwelt des Neuen Testaments.

10.1 Definition

Der religionsgeschichtliche Vergleich schreitet die kulturellen Kontexte ab, in denen die ntl. Texte entstanden sind. Er dient dem Aufweis von Analogien und Entwicklungszusammenhängen zwischen christlichen Texten und vergleichbaren Motiven/ Traditionen der religiösen Umwelt (antikes Judentum, pagane Überlieferungen). Dabei sind Texte und Vorstellungen zu berücksichtigen, die vergleichbare Erscheinungen zeigen (phänomenologischer Vergleich), und es ist die Frage nach Abhängigkeitsverhältnissen zu stellen.

10.2 Lernziel

Der religionsgeschichtliche Vergleich soll die sachlichen Übereinstimmungen und Differenzen zwischen vergleichbaren nichtchristlichen und christlichen Überlieferungen aufzeigen. Damit werden Hintergrund und Eigenart der neutestamentlichen Überlieferung deutlich.

10.3 Methodik

Die neutestamentlichen und außerneutestamentlichen Texte müssen auf ihre literarische Form, ihre einzelnen Aussagen und ihren Kontext hin untersucht und verglichen werden. Übereinstimmungen und Unterschiede sind herauszuarbeiten und zu bewerten. Schließlich ist zu fragen, ob die Analogien lediglich auf parallele Entwicklungen in nicht voneinander abhängigen religiösen bzw. philosophischen Überlieferungen zurückzuführen sind oder ob Einwirkungen bis hin zur Übernahme von Begriffen oder Motiven vorliegen (Kriterien: zeitlicher Bezug, geographischer Rahmen, kulturgeschichtliche Verbindungen).

10.4 Die religionsgeschichtliche Erforschung des Neuen Testaments

Eine umfassende religionsgeschichtliche Erforschung des Neuen Testaments setzte um die Wende zum 20. Jh. ein. Der Leipziger Neutestamentler GEORG HEINRICI (1844–1915) entwarf nach intensiven religionsgeschichtlichen Studien um 1914 den Plan eines ‚Corpus Hellenisticum'. Ziel dieses philologisch-exegetisch orientierten Unternehmens war es, die Auslegung der ntl. Texte durch Heranziehung erklärender Belegstellen aus der gesamten antiken Literatur zu fördern und zu präzisieren. Daraus ergab sich die praktische Aufgabe, so viel erklärendes Textmaterial wie möglich zu sammeln. Heinrici konnte für diese Aufgabe so namhafte Exegeten wie A. Deissmann, E. v. Dobschütz und H. Lietzmann gewinnen. Allerdings führten die globale Aufgabenstellung (alles verfügbare Material zum NT sollte dokumentiert werden), die zeitgeschichtlichen Umstände

(1. Weltkrieg, Wirtschaftskrisen) und Forscherrivalitäten zu ständigen Verzögerungen, die schließlich Mitte der 30er Jahre das Projekt faktisch zum Erliegen brachte. Die seit 1996 erscheinenden Teilbände des Neuen Wettstein verstehen sich ausdrücklich in der Tradition der Arbeit Heinricis.

Einen zweiten Schwerpunkt der religionsgeschichtlichen Forschung zwischen 1890 und 1920 bildete die sog. ‚religionsgeschichtliche Schule'[141], in der man sich von idealistischen und dogmatisch beeinflussten Fragestellungen löste und sich einem allein an der historischen Wahrheit orientierten Forschen verpflichtete. Das Neue Testament wurde bewusst in den Rahmen der antiken Religionen gestellt, um durch den religionsgeschichtlichen Vergleich Abhängigkeitsverhältnisse herauszuarbeiten, die den spezifischen Sinn neutestamentlicher Aussagen deutlicher zutage treten lassen.

Zentrum der religionsgeschichtlichen Schule war Göttingen, wo die meisten Theologen (Wilhelm Bousset, Hermann Gunkel, Wilhelm Heitmüller, Ernst Troeltsch, William Wrede) und klassischen Philologen (Albrecht Dieterich, Paul Wendland, Richard Reitzenstein) eine Zeitlang wirkten. Begünstigt wurde die religionsgeschichtliche Forschung sowohl durch Textfunde und neue Texteditionen, die eine umfassende Arbeitsgrundlage schufen, als auch durch weiterführende theologische Erkenntnisse. Hier ist vor allem JOHANNES WEISS zu nennen, der 1892 nachwies, dass das Reich Gottes für Jesus eine eschatologische, nicht aber eine innerweltlich-sittliche Größe war[142]. Im Gegensatz zu A. Ritschl, der die Reich-Gottes-Idee für einen immanenten und ethischen Begriff hielt, erkannte J. Weiß die eschatologisch-apokalyptische Bedeutung von βασιλεία τοῦ θεοῦ und den für das Verständnis maßgeblichen traditionsgeschichtlichen Hintergrund der jüdischen Apokalyptik. Dass auch die paulinische Eschatologie im Rahmen der

---

141 Wer diese Bezeichnung aufbrachte, ist nicht mehr feststellbar. W. Bousset spricht 1907 davon, daß für die von ihm vertretene Richtung „der nicht gerade sehr glückliche Name ‚religionsgeschichtliche Schule' nun einmal aufgekommen ist"; vgl. ders., Die Mission und die sogenannte Religionsgeschichtliche Schule, 1907, 3.

142 Vgl. J. Weiss, Die Predigt Jesu von Reiche Gottes, ³1964.

jüdischen Apokalyptik zu verstehen ist, stellte 1893 RICHARD KABISCH heraus[143].

Für die paulinische Pneumatologie erkannte der spätere Alttestamentler HERMANN GUNKEL die Verankerung des Apostels im zeitgenössischen Judentum. Danach ist unter πνεῦμα bei Paulus nicht das höchste natürliche Gut im Menschen, sondern eine übernatürliche, am Menschen wirkende Kraft Gottes zu verstehen[144]. Gunkel war es auch, der die provozierende These aufstellte, das Christentum sei eine von anderen Religionen stark beeinflusste synkretistische Religion. „Unsere These ist für das Folgende, daß das Christentum, aus dem synkretistischen Judentum geboren, starke synkretistische Züge aufweist. Das Urchristentum gleicht einem Strome, der aus zwei großen Quellflüssen zusammengeflossen ist: der eine ist spezifisch israelitisch, er entspringt im AT; der andere aber fließt durch das Judentum hindurch von fremden orientalischen Religionen her. Hierzu kommt dann im Abendlande noch der griechische Faktor."[145] Dabei wertet Gunkel nicht das Evangelium Jesu Christi, wohl aber die paulinische und johanneische Theologie als synkretistische Religion.

Neben religionsgeschichtlich orientierten Arbeiten zur Taufe und zum Abendmahl wandte sich WILHELM HEITMÜLLER vor allem dem Problem Jesus und Paulus zu[146]. Er ging von der Beobachtung aus, dass sich die Predigt Jesu und die Frömmigkeit des Paulus in vielen Punkten stark unterscheiden. Zur Erklärung dieses Phänomens stellte er nicht nur die theologische Eigenständigkeit des Apostels Paulus in Rechnung, sondern fragte nach dessen Stellung in der Geschichte des Urchristentums. Hier kam Heitmüller zu dem Ergebnis, dass Paulus weder in irgendeiner Weise mit Jesus in Verbindung gebracht werden darf noch direkt neben die palästinische

---

143 Vgl. R. Kabisch, Die Eschatologie des Paulus in ihren Zusammenhängen mit dem Gesamtbegriff des Paulinismus, 1893.

144 Vgl. H. Gunkel, Die Wirkungen des heiligen Geistes nach der populären Anschauung der apostolischen Zeit und nach der Lehre des Apostels Paulus, 1888; vgl. dazu F. W. Horn, Das Angeld des Geistes. Studien zur paulinischen Pneumatologie, FRLANT 154, 1992.

145 H. Gunkel, Zum religionsgeschichtlichen Verständnis des Neuen Testaments, 1903, 35f.

146 Vgl. W. Heitmüller, Zum Problem Paulus und Jesus, in: Das Paulusbild in der neueren deutschen Forschung, hg. v. K. H. Rengstorf, ²1969, 124–143.

Urgemeinde zu stellen ist. Er ist dem Evangelium in der Form des hellenistischen Christentums begegnet. Darunter versteht Heitmüller ein hellenistisch beeinflusstes Diasporajudentum, das schon Heidenmission betrieb. „Die Entwicklungsreihe lautet: Jesus – Urgemeinde – hellenistisches Christentum – Paulus."[147] Seinen Niederschlag fand das hellenistische Christentum in der Theologie des Paulus u.a. durch die Verkündigung des um unserer Sünden willen gekreuzigten, begrabenen und auferweckten Jesus Christus (1Kor 15,1ff), die ἐν Χριστῷ- und πνεῦμα-Vorstellung, den Kyriostitel und den Sakramentsglauben in Röm 6,3f und 1Kor 10,1ff.14ff. Die Besonderheiten der paulinischen Theologie sind somit nicht nur in der religiösen Persönlichkeit des Apostels, sondern auch in seiner Stellung in der Geschichte des Urchristentums begründet. Diese Erkenntnisse Heitmüllers sind bis heute von großer Bedeutung für die Erforschung des Urchristentums und der Theologie des Paulus.

Bis in die Gegenwart hinein umstritten ist der Einfluss der *hellenistischen Mysterienreligionen* auf das Neue Testament[148]. Unter Mysterien (μυστήρια) sind die ursprünglich griechischen (Eleusis, Demeter), kleinasiatischen (Dionysos, Kybele und Attis), persischen (Mithras) und ägyptischen (Isis, Osiris und Sarapis) Kulte zu verstehen, die zumeist in Mischformen vom siebenten vorchristlichen bis zum vierten nachchristlichen Jahrhundert im gesamten Mittelmeerraum eine große Bedeutung hatten. Gemeinsam sind diesen Kulten geheime Begehungen (δρώμενα) und die Verkündigung (λεγόμενα) unaussprechlicher Dinge. Der Myste wurde durch Initiationsriten (u.a. Waschungen) in den Kult eingeführt, um dann im Hauptritus unter Nennung von Mysterienformeln (συνθήματα) oder der Heilsgeschichte des Gottes (ἱερὸς λόγος) an der Heilswirkung der Gottheit teilzuhaben. Ziel dieses zumeist stufenartig strukturierten Hauptrituals ist die Vergottung des Mysten (τελετή), die sich in der Teilnahme an der Herrschaft oder dem Schicksal der Gottheit vollzieht. Dem Mysten wird die Befreiung von den Mächten des Schicksals, des Kosmos und des Todes verheißen, er geht durch die Unterwelt und schaut schließlich die verborgene Wahr-

---

147 A.a.O., 135.

148 Vgl. nur die polemischen Ausführungen von M. Hengel, Der Sohn Gottes, ²1977, 41ff. Vgl. demgegenüber die abgewogene Darstellung bei H.-J. Klauck, Die religiöse Umwelt des Urchristentums I, 77–128.

heit oder aber die Gottheit selbst (θεοὶ ἐπήκοοι). Verbürgt wird die σωτηρία für den Mysten durch den korrekten Vollzug der Rituale, die deshalb vor Profanisierung geschützt werden müssen und der Arkandisziplin unterliegen. Die Arkandisziplin erklärt wahrscheinlich auch die schwierige Quellensituation; denn ausführliche Schilderungen der Mysterienrituale sind äußerst spärlich (Ausnahme: das 11. Buch der Metamorphosen des Apuleius) und stammen zudem überwiegend aus nachneutestamentlicher Zeit.

Eine Beeinflussung durch die Mysterienreligionen wurde im Rahmen der religionsgeschichtlichen Schule insbesondere für die Tauflehre des Paulus angenommen (Gunkel, Wendland, C. Schneider, Heitmüller, Reitzenstein)[149]. Als Hauptbeleg für diese These galt Röm 6, ein Text, der zweifellos eine Ähnlichkeit mit Mysterienanschauungen besitzt. In neuerer Zeit wird eine direkte Beziehung zwischen Röm 6 und Mysteriengedanken zumeist abgelehnt (so G. Wagner, U. Wilckens)[150], weil umstritten ist, ob es sterbende und auferstehende Götter in den Mysterienreligionen gegeben hat und die wiederholt erwähnten Waschungen im Rahmen der Initiationsrituale mit der einmaligen christlichen Taufe zu vergleichen sind.

Dennoch stimmen Röm 6 und Mysterientexte[151] in der Vorstellung einer Identifikation des Mysten mit dem Schicksal der Gottheit grundsätzlich überein, so dass in diesem Denkansatz eine Verbindung zwischen Röm 6 und Mysterienvorstellungen gesehen werden muss (U. Schnelle)[152]. Daraus ist keine Genealogie oder Analogie abzuleiten, wohl aber zeigen die Mysterientexte, in welchem geistigen Umfeld die Vorstellungen von Röm 6,3f gedacht werden konnten.

Verbunden mit Thesen der religionsgeschichtlichen Schule ist bis heute die Diskussion um die religionsgeschichtliche Einordnung und neutestamentliche Relevanz der *Gnosis*. ADOLF VON HARNACK, ein der religionsgeschichtlichen Schule skeptisch gegenüberstehen-

---

149 Vgl. dazu G. Wagner, Das religionsgeschichtliche Problem von Röm 6,1–11, AThANT 39, 1962, 16–31.

150 Vgl. a.a.O., 296ff; U. Wilckens, Der Brief an die Römer, EKK VI 2, 1980, 54ff.

151 Vgl. dazu Neuer Wettstein II/1, 122–126.

152 Vgl. U. Schnelle, Gerechtigkeit und Christusgegenwart, 77ff.

der Kirchenhistoriker, hatte die Gnosis als „acute Verweltlichung, resp. Hellenisierung des Christenthums"[153] verstanden, während WILHELM BOUSSET ihre Entstehung auf die Verbindung von iranischer und babylonischer Religion zurückführte, wobei im Zentrum ein Urmensch-Erlöser-Mythos gestanden haben soll. Als Daseinsverständnis der Antike begriff und interpretierte hingegen HANS JONAS die Gnosis auf der Basis der Existenzphilosophie. Danach ist die Gnosis ein Produkt des skeptischen spätantiken Zeitgeistes, der seinen Ausdruck in einem radikalen Dualismus, der Verwerfung des Irdischen und Sichtbaren sowie einer großen Sehnsucht nach jenseitiger Erlösung fand[154].

Befruchtet wurde die Diskussion um die Bedeutung der Gnosis für das Neue Testament in den zwanziger Jahren durch den Göttinger Orientalisten MARK LIDZBARSKI, der eine umfangreiche und brauchbare Edition mandäischer Texte herausgab[155]. WALTER BAUER und vor allem RUDOLF BULTMANN zogen die Texte dieser bis heute existierenden gnostischen Sekte zur Interpretation des Johannesevangeliums heran. Bultmann kam zu dem Ergebnis, dass das Johannesevangelium bereits einen ausgeführten vorchristlichen gnostischen Mythos vom ‚erlösten Erlöser‘ voraussetzt, von dem es einerseits stark beeinflusst ist, den es andererseits aber christologisch durchbricht (vor allem durch die Inkarnationsaussage in Joh 1,14a: καὶ ὁ λόγος σὰρξ ἐγένετο). Während bis in die Gegenwart hinein eine gnostische Interpretation des Johannesevangeliums ohne die problematische Annahme eines vorchristlichen Erlösermythos in mehreren Variationen vertreten wird (E. Käsemann, L. Schottroff, W. Langbrandtner), hat sich die These W. Schmithals', die Gegner des Paulus seien Gnostiker gewesen, nicht durchgesetzt[156]. Die von Schmithals als gnostisch interpretierten Phänomene (besonders in Korinth) lassen sich natürlicher aus dem urchristlichen Pneumaenthusiasmus erklären.

Wie bei den Mysterienreligionen, so ist auch bei der Gnosis die Quellenbasis lange Zeit sehr schmal gewesen. Bis kurz nach dem

---

153 A. v. Harnack, Lehrbuch der Dogmengeschichte I, ⁵1931, 250.

154 Vgl. H. Jonas, Gnosis und spätantiker Geist I.II, FRLANT 159,⁴1988.1993.

155 Vgl. M. Lidzbarski, Ginza. Der Schatz oder das große Buch der Mandäer, 1925; ders., Das Johannesbuch der Mandäer, 2 Teile, 1905.1915; ders., Mandäische Liturgien, AGWG.PH Nf 17/1, 1920.

156 Vgl. vor allem W. Schmithals, Die Gnosis in Korinth, FRLANT 66, ³1969.

Zweiten Weltkrieg besaß man nur wenige gnostische Originaltexte und war auf die polemischen Darstellungen der Kirchenväter angewiesen (Irenäus, Hippolyt, Tertullian, Clemens von Alexandrien, Epiphanius). 1945–48 wurden dann beim oberägyptischen *Nag Hammadi* 13 koptisch-gnostische Kodizes gefunden, die die Quellenlage wesentlich erweiterten. Zwar stammen auch diese Texte wie die Zeugnisse der Mandäer und Kirchenväter aus nachneutestamentlicher Zeit (überwiegend 3. und 4. Jh. n.Chr.), sie haben aber erwiesen, dass die Gnosis außerchristliche Wurzeln hat und neben der christlichen Gnosis (des 2. Jh.) eine pagane Gnosis existierte. Das Problem einer vorchristlichen Gnosis wie auch die gnostische Beeinflussung des Neuen Testaments lösen hingegen auch die Nag-Hammadi-Texte nicht, denn sie stammen aus einer wesentlich späteren Zeit, und nur wenige Schriften kommen für einen Vergleich mit neutestamentlichen Texten ernsthaft in Frage[157].

Terminologisch wird seit dem Messina-Kongress 1966 unterschieden zwischen *Gnosis* (= einer Elite vorbehaltenes Wissen um göttliche Geheimnisse) und *Gnostizismus* (= religiöse Bewegung des 2. nachchristlichen Jahrhunderts). Problematisch ist an dieser Unterscheidung, dass ‚Gnostizismus' einen abwertenden Klang hat, womit der unhistorischen Terminologie der Kirchenväter gefolgt wird, und die Definition von ‚Gnosis' zu allgemein ist.

Während sich die Edition der Nag-Hammadi-Texte wegen unerfreulicher Forscherrivalitäten und ungeklärter Besitzrechte über Jahrzehnte hinzog und erst vor wenigen Jahren abgeschlossen wurde, befruchten die *Qumranschriften* seit ihrer Entdeckung die wissenschaftliche Diskussion. Ab 1947 bezeugen umfangreiche Textfunde in Höhlen am Toten Meer eindrucksvoll die Existenz einer jüdischen Sondergruppe innerhalb des Essenismus, von dem man bis dahin nur durch Andeutungen von Plinius dem Älteren, Philo und Josephus wusste. Die im Anschluss an die Textfunde einsetzende archäologische Untersuchung der Ruine von Chirbet Qumran zeigte, dass die Sekte wahrscheinlich hier ihr geistiges Zentrum hatte.

Die Essener waren eine eigenständige jüdische Gruppe, die zurückgezogener lebte als die politisch aktiven Pharisäer und Saddu-

---

157 Die Forschung steckt hier noch in den Anfängen; eine erste Einführung bietet K. Rudolph, Die Gnosis, 39–57.

zäer. Ihr Name ist wahrscheinlich vom aramäischen Äquivalent zu
חסין (= die Frommen, ḥᵃsên, gr. Ἐσσηνοί,) abzuleiten, so dass sich
von hier eine Verbindung zu den Chassidim der makkabäischen
Erhebung ergibt. Es ist zu vermuten, dass die Essener wie die Pharisäer und Sadduzäer im Verlauf des makkabäischen Freiheits-
kampfes (ab 167 v.Chr.) aus der Bewegung der Chassidim hervorgegangen sind. Ihre Blütezeit hatten die Qumran-Essener etwa von
100 bis 50 v.Chr.

Im Zentrum der Theologie der Qumrangemeinde steht die ganze
Erfüllung des Gesetzes, was sich u.a. in verschärften Reinheitsge-
boten niederschlug. Begründet ist das radikalisierte Gesetzesver-
ständnis in einer umfassenden Erkenntnis der Sündhaftigkeit des
Menschen, der gleichermaßen des Gesetzes wie auch der Gnade
Gottes bedarf, um leben zu können. Die Eschatologie der Qumrangemeinde ist schroff dualistisch, die Kinder des Lichts und die
Kinder der Finsternis stehen miteinander im Kampf. Am Ende der
Zeit, wenn diese Auseinandersetzung entschieden ist, bricht die
Herrschaft Gottes an. Die Qumran-Essener verstanden sich als die
auserwählte Gemeinde Gottes. In ihrem Erwählungsbewusstsein
nahmen sie den alttestamentlichen Restgedanken und die Bundes-
vorstellung auf. Sie erwarteten am Ende der Zeit das Auftreten von
drei messianischen Gestalten (vgl. 1QS IX, 10f): einen Propheten
sowie einen königlichen und einen priesterlichen Messias. Der
messianische Prophet war für die Qumrangemeinde der ‚Lehrer
der Gerechtigkeit‘ (um 150 v.Chr.), die überragende theologische
Gestalt der Gemeinschaft. Es muss sich dabei um eine besondere
Persönlichkeit aus priesterlichem Geschlecht gehandelt haben,
welche die Qumrangemeinde nachdrücklich geprägt hat. Für das
Verständnis des Neuen Testaments sind die Qumranschriften vor
allem wegen ihrer Gesetzestheologie und die dualistische Eschatologie wichtig geworden.

10.5 Übung

Vergleich: Epiktet, Diss I 15,7–8 mit Mk 4,26–29

Als der stoische Philosoph Epiktet von einem Mann gefragt wurde,
was er tun müsse, damit sich ein Bruder wieder mit ihm versöhnt,

sagte er: „Nichts Großes wird auf einmal groß, noch nicht einmal die Weintraube oder die Feige. Wenn du nun zu mir sagst: Ich will eine Feige! dann werde ich antworten: Er braucht Zeit (χρόνου δεῖ)! Lass den Baum zuerst blühen, dann Frucht hervorbringen und dann ausreifen. Wenn schon die Frucht des Feigenbaums nicht auf einmal und nicht in einer Stunde vollkommen reif wird, wie willst du dann die Gesinnung eines Menschen in so kurzer Zeit und ohne Mühe besitzen? Das – sage ich dir – sollst du also nicht erwarten!" Dieses Bild Epiktets zeigt große Ähnlichkeit zu den Gleichnissen Jesu, in denen von einem Wachstum die Rede ist, besonders zum Gleichnis von der selbstwachsenden Saat[158]. Ein auffallender Zug dieses Gleichnisses ist die Betonung des selbständigen (αὐτομάτη) und allmählichen Wachsens der Saat ohne eine Beteiligung des Menschen. Beide Erzählungen treffen sich damit nicht nur in der Verwendung von Bildern aus der Welt des Pflanzenwachstums, sondern beide betonen das vom Menschen letztlich unabhängige allmähliche Wachsen, das einem späteren Erfolg vorangeht. Der bei Epiktet explizit genannte Zeitaspekt, dass alles seine Zeit braucht und hat, findet sich implizit auch in Mk 4,26–29.

Sehr unterschiedlich sind freilich die Zielrichtungen beider Gleichnisse: Epiktet beschreibt mit seinen Bildern Situationen aus der alltäglichen Erfahrungswelt, um moralische Erkenntnisse und Lehren in bildhafter Form darzustellen. Er betreibt praktische Philosophie mit Hilfe von gleichnishaften Bildern, die den Hörer zu einer notwendigen Einsicht hinführen. Das Gleichnis von der selbstwachsenden Saat hingegen verweist auf das sichere und vom Handeln des Menschen unbeeinflussbare Kommen des Reiches Gottes. So wie die Saat von selbst aufgeht, Frucht bringt und die Ernte kommt, so dass der Mensch nichts dazutun muss und ihm Zeit geschenkt wird, so kommt auch das Reich Gottes von selbst. Hier dienen die Bilder zur Entschlüsselung des Wesens des Reiches Gottes. Der Hörer soll zu der Erkenntnis geführt werden, dass er zum Kommen des Reiches nichts beitragen kann und muss und die ihm so geschenkte Zeit nutzen darf. Eine Abhängigkeit zwischen beiden Texten besteht nicht.

---

[158] Vgl. D. Flusser, Die rabbinischen Gleichnisse und der Gleichniserzähler Jesus I, Judaica et Christiana 4, 1981, 150ff.

10.6 Aufgabe

Vergleichen Sie mit der ntl. Vaterunserüberlieferung (Mt 6,9–13/Lk 11,2–4) die jüdische Gebetstradition, speziell das Kaddischgebet (bei C. K. Barrett – C. J. Thornton, Texte zur Umwelt, 239 Ziffer 212). – Untersuchen Sie die religionsgeschichtlichen Parallelen zur johanneischen Logos-Vorstellung (Joh 1,1.14).

11. Redaktionsgeschichte

Literatur

Zur Methode

MERK, O., Art. Redaktionsgeschichte/Redaktionskritik, TRE 28 (1997), 378–384. – PERRIN, N., What is Redaction Criticism?, London 1970. – ROHDE, J., Die redaktionsgeschichtliche Methode, 1966. – SCHULZ, S., Die Stunde der Botschaft. Einführung in die Theologie der vier Evangelisten, ³1982. – STRECKER, G., Redaktionsgeschichte als Aufgabe der Synoptikerexegese, in: ders., Eschaton und Historie, 1979, 9–32.

Markus

BECKER, E.-M., Das Markus-Evangelium im Rahmen antiker Historiographie, WUNT 194, 2006. – DORMEYER, D., Das Markusevangelium als Idealbiographie von Jesus Christus, dem Nazaräner, SBS 43, 1999. – HAENCHEN, E., Der Weg Jesu. Eine Erklärung des Markusevangeliums und der kanonischen Parallelen, ²1968. – HAHN, F. (Hg.), Der Erzähler des Evangeliums. Methodische Neuansätze in der Markusforschung, SBS 118/119, 1985. – KMIECIK, U., Der Menschensohn im Markusevangelium, fzb 81, 1997. – MARXSEN, W., Der Evangelist Markus, FRLANT 67, ²1959. – PESCH, R. (Hg.), Das Markus-Evangelium, WdF 411, 1979. – RÄISÄNEN, H., Das „Messiasgeheimnis" im Markusevangelium. Ein redaktionskritischer Versuch, SESJ 28, 1976. – DERS., Die Parabeltheorie im Markusevangelium, SESJ 26, 1973. – SCHENKE, L., Das Markusevangelium, 1988. – SÖDING, Th., Glaube bei Markus, SBB 12, ²1987. – STRECKER, G., Zur Messiasgeheimnistheorie im Markusevangelium, in: ders., Eschaton und Historie, 1979, 33–51. – TELFORD, W.R., The Theology of the Gospel of Mark, Cambridge 1999. – TOIT, D. DU, Der abwesende Herr. Strategien im Markusevangelium zur Bewältigung der Abwesenheit des Auferstandenen, WMANT 111, 2007.

Matthäus

BORNKAMM, G./ BARTH, G./ HELD, H. J., Überlieferung und Auslegung im Matthäusevangelium, WMANT 1, (1960) ⁷1975. – DEINES, R., Die Gerechtigkeit der Tora im Reich des Messias, WUNT 177, 2004. – FORSTER, P., Community, Law and Mission in Mathew's Gospel, WUNT 177, 2004. – FRANKEMÖLLE, H., Jahwebund und Kirche Christi, NTA NF 10, 1972. – HUMMEL, R., Die Auseinandersetzung zwischen Kirche und Judentum im Matthäusevangelium, BEvTh 33, ²1966. – LANGE, J. (Hg.), Das Matthäus-Evangelium, WdF 525, 1980. – LUZ, U., Die Jesusgeschichte des Matthäus, 1993. – SAND, A., Das Gesetz und die Propheten. Untersuchungen zur Theologie des Evangeliums nach Matthäus, BU 11, 1974. – SCHEUERMANN, G., Gemeinde im Umbruch, fzb 77, 1996. – STRECKER, G., Der Weg der Gerechtigkeit. Untersuchung zur Theologie des Matthäus, FRLANT 82, ³1971. – TRILLING, W., Das wahre Israel, StANT 10, ³1964. – WALKER, R., Die Heilsgeschichte im ersten Evangelium, FRLANT 91, 1967. – WONG, K. Ch., Interkulturelle Theologie und multikulturelle Gemeinde im Matthäusevangelium, NTOA 22, 1992.

Lukas

BORMANN, L., Recht, Gerechtigkeit und Religion im Lukasevangelium, StUNT 24, 2001. – BOVON, F., Lukas in neuer Sicht, 1985. – BRAUMANN, G. (Hg.), Das Lukas-Evangelium. WdF 280, 1974. – CONZELMANN, H., Die Mitte der Zeit, BHTh 17, ⁶1977. – HORN, F. W., Glaube und Handeln in der Theologie des Lukas, GTA 26, ²1986. – KORN, M., Die Geschichte Jesu in veränderter Zeit, WUNT 2.51, 1993. – LÖNING, K., Das Geschichtswerk des Lukas I.II, 1997/2006. – POKORNÝ, P., Theologie der lukanischen Schriften, FRLANT 174, 1998. – RADL, W., Das Lukas-Evangelium, 1988. – SCHRAMM, T., Der Markus-Stoff bei Lukas, MSSNTS 14, 1971. – STEGEMANN, W., Zwischen Synagoge und Obrigkeit, FRLANT 152, 1991. – WASSERBERG, G., Aus Israels Mitte – Heil für die Welt, BZNW 82, 1998.

11.1 Definition

Die Redaktionsgeschichte[159] geht von der grundlegenden Einsicht aus, dass uns die Überlieferung des Neuen Testaments in ihrer Letztgestalt durch die neutestamentlichen Schriftsteller als (End-)Redaktoren vermittelt ist. Deshalb fragt sie nach den Gesichtspunkten, unter denen die einzelnen Autoren ihr Material ausgewählt und zusammengestellt haben. Sie arbeitet das Beziehungsgeflecht heraus, das innerhalb eines Werkes zwischen den einzelnen Texten besteht (Intratextualität). Die Redaktionsgeschichte untersucht demnach Texte hinsichtlich ihrer Bearbeitung und Komposition durch den Endredaktor, um zur Interpretation des gesamten Textes zu gelangen. Ihr umfassendes Ziel liegt in der Angabe des historischen und theologischen Standor-

---

[159] Der Begriff Redaktion leitet sich vom lat. redactum („in einen Zustand/eine Ordnung bringen") ab.

tes des neutestamentlichen Verfassers. Dabei ist auch die Situation der angesprochenen Leser einzubeziehen, auf die der Autor mit seinem Text Einfluss nehmen will. Jeder Evangelist erzählt seine Jesusgeschichte für seine Gemeinde, so dass zwei Ebenen für den von den Evangelisten angestrebten Kommunikationsprozess grundlegend sind: 1) Die textinterne Ebene der fortlaufenden Jesuserzählung. 2) Die textexterne Ebene der Gemeinde, auf die hin die Jesusgeschichte konzipiert wurde.

Zentrum der redaktionsgeschichtlichen Forschung waren bisher die synoptischen Evangelien. In der neueren Exegese zeigt sich deutlich eine Ausweitung der redaktionsgeschichtlichen Fragestellung auf das Johannesevangelium und die Briefliteratur (s.u. 12). Wenn das Ziel der Redaktionsgeschichte darin besteht, die theologischen Intentionen des Endredaktors zu bestimmen und zu einer „Erklärung des Werkes in seiner jetzigen Gestalt"[160] zu gelangen, dann ist diese Fragestellung auf jede ntl. Schrift anwendbar.

11.2 Lernziele

Die Studierenden sollen erkennen, dass die Autoren der ntl. Schriften nicht nur als sammelnde Tradenten, sondern vor allem als bewusst gestaltende Redaktoren und Erzähler mit spezifischen theologischen Interessen arbeiteten. Sie sollen von den Ergebnissen der Einzelexegesen zu einem Gesamturteil über das Werk eines ntl. Autors hinsichtlich seiner Entstehungssituation, seiner Komposition und seiner Aussageintentionen gelangen und umgekehrt auf der Grundlage des Makrokontextes einer Schrift den historischen und theologischen Gehalt der einzelnen Textabschnitte erfragen.

11.3 Voraussetzungen der Redaktionsgeschichte

Die Redaktionsgeschichte entwickelte sich nicht zufällig im Rahmen der Synoptikerexegese, denn die Zweiquellentheorie bildete ihre Voraussetzung. Wenn Matthäus und Lukas das Markusevangelium benutzt haben, so lassen sich mit Hilfe des synoptischen Vergleichs die Tendenzen dieser Benutzung ermitteln. Es kann festgestellt wer-

---

160 H. Conzelmann, Die Mitte der Zeit, 1.

den, welchen Sinn die Abweichungen haben, und von dort aus auf die Theologie der Evangelisten Matthäus und Lukas geschlossen werden. Weitaus schwieriger ist die redaktionsgeschichtliche Methode dort zu handhaben, wo keine Quellenschriften zu vergleichen sind: beim Markusevangelium und dem Sondergut des Matthäus und Lukas. Bei der Annahme der Markuspriorität ist der synoptische Vergleich für Markus nur insofern von Wert, als die Änderungen von Matthäus und Lukas allenfalls mittelbar Aufschlüsse über die Theologie des Markus zulassen. Für den exegetischen Anfänger ist diese indirekte Fragestellung zumeist zu schwierig, weil sie eine umfassende Kenntnis der Tendenzen der synoptischen Überlieferung voraussetzt. Von größerer Bedeutung für die redaktionsgeschichtliche Analyse des Markusevangeliums sind die vormarkinischen ‚Sammlungen', d.h. die Textkomplexe, die Markus bereits im Zusammenhang vorlagen und die er in sein Evangelium integrierte (Sammlungen von Streitgesprächen und Gleichnissen, Gemeindeordnungen, apokalyptische Rede, Passionsgeschichte). Insbesondere die Ergebnisse der Textanalyse sind für die Redaktionsgeschichte wichtig; so sind Spannungen in einer Perikope vielfach auf den Zusammenstoß von Tradition und Redaktion zurückzuführen (vgl. auch 11.4).

Neben der Quellenkritik und der Textanalyse hat die Redaktionsgeschichte die Methodik und die Ergebnisse der Formgeschichte und der Traditionsgeschichte zur Grundlage. Rekonstruiert die Formgeschichte die Überlieferungsgesetze vornehmlich des mündlichen Traditionsgutes und die Traditionsgeschichte das Wachstums eines Textes auf vorredaktioneller Ebene, so untersucht die Redaktionsgeschichte die Integration einzelner Texte in einen übergeordneten kompositionellen Gesamtzusammenhang. Dabei sind Tradition und Redaktion nicht als Gegensätze, sondern als komplementäre Aspekte zu verstehen; denn bereits auf vorredaktioneller Ebene ist die Tendenz zum Zusammenschluss von Überlieferungen zu erkennen (vgl. z.B. die Logienquelle, die Passionsberichte und Gleichnissammlungen). Verstand man in der Formgeschichte die Evangelisten vornehmlich als Tradenten und Sammler (vor allem M. Dibelius), so setzte sich in der Redaktionsgeschichte die Erkenntnis durch, dass die Evangelisten Theologen mit einer spezifischen Konzeption sind, die es zu ermitteln gilt. Aber auch in diesem Fragenkomplex ist eine Kontinuität zwischen Form- und

Redaktionsgeschichte zu beobachten; denn hatte die Formgeschichte bei ihrer Frage nach dem ‚Sitz im Leben' von Überlieferungen die Bedeutung der Gemeinde für den Entstehungs- und
Überlieferungsprozess urchristlicher Traditionen entdeckt, so versteht auch die Redaktionsgeschichte die Evangelisten nicht einfach
als individuelle Schriftstellerpersönlichkeiten, sondern als ‚Expo-
nenten der Gemeinde'. Dabei ist vorauszusetzen, dass die Evangelisten für ihre Gemeinden geschrieben haben und somit die frühchristlichen Gemeinden mit ihren spezifischen Problemen Eingang
in die Evangelienkonzeption fanden.

Lektüre

G. STRECKER, Redaktionsgeschichte als Aufgabe der Synoptikerexegese (s.o.
Literatur)

Nach den Vorarbeiten von W. Wrede[161], J. Wellhausen[162], K. L.
Schmidt und E. Lohmeyer[163] zum Markusevangelium sowie nach
wegweisenden Anregungen von M. Dibelius und R. Bultmann entwickelte sich die redaktionsgeschichtliche Methode zu Beginn der
fünfziger Jahre. Als Erster wandte H. Conzelmann in seinem Buch
‚Die Mitte der Zeit' diese Methode konsequent auf das Lukasevangelium an. Dass zuerst Lukas redaktionsgeschichtlich untersucht wurde, ist kein Zufall, denn der dritte Evangelist gibt sich in Lk 1,1–4 als
kritischer Bearbeiter und Überlieferer urchristlicher Traditionen zu
erkennen. Conzelmann vertritt die These, dass Lukas einen heilsgeschichtlichen Entwurf verfasste, der durch das Schwinden der Paru-
sieerwartung bestimmt war und in drei Perioden zu gliedern ist: Auf
die Zeit Israels folgt die Epoche des Auftretens Jesu als eine ‚satansfreie Zeit', darauf die der Kirche, welche durch die Gabe des Geistes
als ‚Ersatz' für das noch ausstehende Heilsgut gekennzeichnet wird.
Ist auch die heilsgeschichtliche Linienführung im dritten Evangelium und in der Apostelgeschichte wie auch die Tatsache der Periodi-
sierung nicht umstritten, so haben doch mit Recht Kritiker die
Schwierigkeiten betont, drei Perioden der Heilszeit voneinander ex-

---

161 W. Wrede, Das Messiasgeheimnis in den Evangelien. Zugleich ein Beitrag
zum Verständnis des Markusevangeliums, (1901) [4]1969.
162 Vgl. J. Wellhausen, Das Evangelium Marci, [7]1909.
163 Vgl. E. Lohmeyer, Das Evangelium des Markus, KEK I.2, 1937.

akt abzugrenzen (Beginn der Zeit der Kirche mit der Kreuzigung, der Auferstehung oder der Himmelfahrt)[164].

Die redaktionsgeschichtliche Erforschung des Markusevangeliums konzentrierte sich lange Zeit auf die Rekonstruktion und Interpretation der Einzelelemente des markinischen ‚Messiasgeheimnisses‘. Als repräsentativ für diese Arbeit können die Markuskommentare von E. Schweizer und J. Gnilka angesehen werden[165]. Als Zentrum der markinischen Geheimnistheorie gilt die Einsicht, dass Jesus zwar schon vor Kreuz und Auferstehung Gottes Sohn ist, als solcher aber erst von diesen Geschehnissen her angemessen erfasst werden kann. In der neueren Forschungsgeschichte ist die Tendenz erkennbar, Markus nicht mehr nur vom Messiasgeheimnis her zu interpretieren. Andere Aspekte seiner Theologie treten in den Vordergrund, so z.B. das Glaubensverständnis, die Basileia-Verkündigung, die Nachfolgevorstellung und die Ethik[166].

Im Zentrum der Matthäus-Forschung steht die Frage nach den theologischen Intentionen des Evangelisten angesichts der divergierenden Tendenzen der Einzeltexte. Als einen Heidenchristen interpretieren Matthäus u.a. W. Trilling, G. Strecker, R. Walker und J. P. Meier[167]. In anderer Weise löst G. Bornkamm das spannungsvolle Ineinander von partikularistischen und universalistischen Tendenzen innerhalb des Matthäusevangeliums. Für ihn spiegelt sich in den jüdischen Akzenten des Matthäusevangeliums das Milieu wider, in dem Matthäus schrieb. Als Exponat einer judenchristlichen Gemeinde ist Matthäus aber auch in der Lage, sich den neuen Aufgaben (z.B. der Heidenmission) zu stellen. Neben R. Hummel und E. Schweizer interpretiert auch U. Luz das Matthäusevangelium als ein judenchristliches Evangeliums[168]. Luz führt für sein Urteil die Verwurzelung des Evangelisten in jüdisch geprägter Literatur und jüdischem Denken, das matthäische Gesetzesverständnis mit sei-

---

164 Zur Forschungsgeschichte vgl. M. Rese, Das Lukas-Evangelium, ANRW II 25.3, 1985, 2258–2328.

165 Vgl. E. Schweizer, Das Evangelium nach Markus, NTD 1, ⁴1975; J. Gnilka, Das Evangelium nach Markus, EKK II/1.2, ²1986.³1989.

166 Vgl. dazu Th. Söding (Hg.), Der Evangelist als Theologe. Studien zum Markusevangelium, SBS 163, 1995.

167 Vgl. J. P. Meier, Law and History in Matthew's Gospel, AB 71, Rom 1976.

168 Vgl. U. Luz, Jesusgeschichte, 21ff.

ner Berufung auf das Alte Testament und die Wirkungsgeschichte des Matthäusevangeliums in judenchristlichen Kreisen an.

Die Erforschung des Johannesevangeliums befindet sich in einer grundlegenden Wende, die sowohl die methodischen Voraussetzungen als auch alle religionsgeschichtlichen und theologischen Zentralfragen des 4. Evangeliums betrifft (vorjohanneische Quellenschriften, Gnosis, Inkarnations- und Kreuzestheologie, Eschatologie, Sakramente, Verhältnis zu den Synoptikern). Dabei setzt sich zunehmend die Einsicht durch, dass bisher überwiegend anerkannte Lösungsmodelle nicht mehr hinreichend sind, um die literarische Gestalt, den religionsgeschichtlichen Standort und die Theologie des Johannesevangeliums zu erfassen. Es wird immer deutlicher, dass die vorliegende literarische und theologische Gestalt des Johannesevangeliums nicht das Resultat mehr oder weniger verunglückter Redaktions- und Kombinationsarbeit ist, sondern unmittelbarer Ausdruck eines imposanten literarischen und theologischen Aussage- und Gestaltungswillens. Die Entdeckung der erzählerischen und literarischen Kompetenz des 4. Evangelisten öffnet das Johannesevangelium für die redaktionsgeschichtlichen Fragestellungen, mit deren Hilfe die zentralen Aspekte der Komposition des Stoffes auch bei Johannes ermittelt werden können. Zugleich ist die Johannesexegese aber so komplex, dass sie sich nicht als Einstieg für Anfänger in der ntl. Exegese eignet.

11.4 Methodik

Für die Durchführung der Redaktionsgeschichte ist nun zu klären, wie und woran die redaktionelle Tätigkeit der Evangelisten zu erkennen ist.

Als (nicht mechanisch anzuwendende) Grundregel hat zu gelten, dass Anfang und Ende eines Einzelabschnittes bevorzugte Orte redaktioneller Tätigkeit sind. Da die Evangelisten vor der Aufgabe standen, ursprünglich nicht zusammenhängende Überlieferungen zu verknüpfen, ist ihre Tätigkeit bei einzelnen Perikopen und im engeren Kontext vor allem an Orts- und Zeitangaben, an Überleitungen und inhaltlichen Verknüpfungen zu erkennen. Wichtigstes Hilfsmittel ist dabei die Ermittlung des Sprachgebrauchs eines Evangelisten, indem man auf bevorzugte Wörter (Vokabelstatistik!) und besondere sprachliche Konstruktionen achtet (z.B. genitivus absolutus, Partizipialkonstruktionen).

Zur Erfassung der Gesamtkomposition ist zunächst der Aufriss eines Evangeliums zu ermitteln. Besonders geographische und chronologische Gliederungsmerkmale sind dabei zu berücksichtigen. Zu beachten ist sodann die Kompositionstechnik des Evangelisten, d.h. seine Integration von Traditionen im engeren und weiteren Kontext (z.B. durch Stichwortverknüpfung, inhaltliche Überleitungen, Anreihung von Stücken gleichen Inhalts, einleitende Fragen) und die Auslassung vorgegebener Überlieferungseinheiten, wobei jeweils nach den Gründen für Auswahl und Kombination von Traditionselementen gefragt werden muss.

Grundlegend für beide Arbeitsschritte ist bei Matthäus und Lukas der synoptische Vergleich, sofern eine markinische Parallelperikope vorhanden ist. Bei Markus (und Johannes) ist der Exeget auf werkimmanente Tendenzen angewiesen.

Von großer Bedeutung für die Redaktionsgeschichte sind ferner die von einem Evangelisten bevorzugten theologischen Themen, die häufig auf redaktionelle Tätigkeit hinweisen. Für Markus ist hier u.a. die Messiasgeheimnistheorie, für Matthäus der δικαιοσύνη-Begriff und für Lukas die Problematik von Arm und Reich zu nennen.

Schließlich muss für die theologische Konzeption der Evangelisten die spezifische Form des Evangeliums berücksichtigt werden. Die Evangelienschreibung ist das Ergebnis einer Historisierung, die sich für die zweite und dritte christliche Generation sowohl aus ihrer geschichtlichen Situation als auch durch die hellenistische Umwelt notwendigerweise ergab. Vor allem das Schwinden der unmittelbaren Parusie-Naherwartung stellte die Evangelisten vor die Aufgabe einer theologischen Bewältigung der Parusieverzögerung. Dies erforderte eine Neuorientierung in Zeit und Geschichte und damit die Aufnahme heilsgeschichtlicher Traditionen, die Ausarbeitung praktikabler ethischer Normen für das Leben in der sich dehnenden Zeit und die Einführung ordnender und weisender Instanzen innerhalb der Gemeinde. Besonders bei Matthäus und Lukas lassen sich diese Tendenzen zur Historisierung, Ethisierung und Institutionalisierung des Traditionsstoffes erkennen. Aber schon Markus hat sein Evangelium mit historischen Zügen ausgestaltet, wie z.B. die Passionsgeschichte zeigt.

Matthäus übernahm nicht nur die zeitliche Linienführung des Markusevangeliums, sondern baute sie aus. So erweitert er den Markusaufriss durch die Vorgeschichte und einen eigenen Schlussabschnitt. Er führt Zeitformeln (ἀπὸ τότε) ein und stellt die Zeit Jesu als ausschließliche Sendung an Israel dar (Mt 15,24; vgl. Mt 10,6). Gerade dadurch sind die Verheißungen an das empirische Israel erfüllt worden, das aber seinerseits den Umkehrruf Jesu ablehnt und damit seine heilsgeschichtliche Sonderstellung verliert. Erbe der heilsgeschichtlichen Erwählung wird ein anderes ‚Volk‘, das Früchte bringen wird (Mt 21,43). Die Ethisierung des Traditionsgutes lässt sich bei Matthäus in der Umwandlung ursprünglich rigoristischer Entscheidungen in praktikable, den Gemeindebedürfnissen angepasste Aussagen erkennen (vgl. zur Ehescheidung Mt 5,32 und 19,9; zum Schwören Mt 5,33–34a und 5,37). Vor allem bei Matthäus zeigt sich die Institutionalisierung des Traditionsstoffes, der anders als bei Markus und Lukas ein kirchliches Amt (vgl. Mt 13,52; 23,34) und die Grundzüge eines Disziplinarrechtes (vgl. Mt 18,15ff) bezeugt.

Konsequenter als die Seitenreferenten hat Lukas das Leben Jesu historisierend erzählt. Er verbindet die Geschichte Jesu mit der Profanhistorie (Lk 2,1; 3,1ff) und stellt die Zeit Jesu als satansfreie Zeit dar (Lk 4,14–22,3). Sie wird als ein besonderer Zeitabschnitt aus dem Ablauf der Historie herausgehoben und damit als eschatologische Zeit qualifiziert. In dieser Zeit wird die Hoheit Jesu demonstriert, die sich in seiner Wundertätigkeit, in der Zuwendung zu den Zöllnern und Sündern und in seiner Botschaft an die Armen zeigt. Lukas schildert das Leben Jesu im Rahmen einer heilsgeschichtlichen Periodenfolge (Lk 16,16), auf die Zeit Jesu folgt die heilsgeschichtliche Epoche der Kirche. Die Apostelgeschichte als Darstellung der Mission der werdenden Kirche ist die notwendige Fortsetzung des Evangeliums. Lukas schuf damit etwas völlig Neues, denn vor ihm empfand niemand die Notwendigkeit, die Geschichte Jesu durch eine Geschichte der Mission und Verbreitung des Christentums in Jerusalem, Judäa, Samaria und der ganzen Welt (vgl. Apg 1,8) fortzuführen und zu ergänzen.

11.5 Der Autor, das Werk und die Leser

Das Verhältnis des Autors zu seinem Werk und seinen Lesern stand von Anfang an im Zentrum der Redaktionsgeschichte. Die verstärkte Hinwendung zur synchronen Lektüre und die Integration literaturwissenschaftlicher Fragestellungen verstärkte dieses Interesse. Der Blick wandte sich vom Autor und seiner Aussageabsicht auf die Leser bzw. Hörer ntl. Schriften, ihre Verstehensbedingungen und ihre Rezeption des Textes. Diese Forschungstendenz kann als konsequente Weiterentwicklung redaktionsgeschichtlicher Fragestellungen verstanden werden, an die Stelle der werk- oder autorenzentrierten Betrachtungsweise tritt immer mehr ein funktionales Verständnis ntl. Schriften als literarischer Werke im Rahmen einer bestimmten Kommunikationsstruktur. Dabei kommt dem Akt des Lesens eine besondere Bedeutung zu, denn die Art und Weise, wie der Leser mit einem Autor durch dessen Text hindurch kommuniziert, bestimmt zu einem erheblichen Teil das Textverständnis. Unter Aufnahme von Arbeiten des Literaturwissenschaftlers Wolfgang Iser setzte sich die Überzeugung durch, dass ein Werk erst durch das Gelesenwerden seine Wirkung erzielt und somit der Lesevorgang erst Sinn konstituiert. Die einem Text anhaftende Bedeutung kann daher nur „als Produkt erfahrener und d.h. letztlich verarbeiteter Wirkung" begriffen werden, „nicht aber als eine dem Werk vorgegebene Idee"[169]. Es gibt deshalb keinen ein für alle Mal hinter den Texten festliegenden Sinn, den es durch die Kunst der Interpretation zu erheben gilt, sondern Sinn entsteht immer erst in der Interaktion von Text und Leser. Rein subjektiven Interpretationen wird mit dieser Annahme keineswegs Tür und Tor geöffnet, denn jeder Text enthält steuernde Elemente wie Personen, Gegenstände, Normenaussagen, Traditionen, Zitate, Erzählperspektiven u.a.m, die die Wahrnehmung durch den Leser wesentlich bestimmen. Sie konstituieren aber noch keinen ‚objektiveren' Sinn, vielmehr gilt: „Der Leser bestimmt zwar nicht, was der Sinn ist; indem er ihm jedoch die Bedingung seiner Aktualisierung schafft, vermag er das zu erfassen, was ihm zu produzieren aufgegeben war."[170] Innerhalb des damit benannten Prozesses der Rezeptionssteuerung kommt das Modell des ‚impliziten Lesers' zum Tragen. Damit ist kein realer Leser gemeint, sondern „eine Textstruktur, durch die der Empfänger immer schon vorgedacht ist"[171]. Es ist die intendierte Leserrolle, das gedachte Rollenangebot für die möglichen Leser, das sich aus

---

169 W. Iser, Der Akt des Lesens (s.o. 4) 41f.
170 A.a.O., 241.
171 A.a.O., 61.

dem Zusammenspiel der im Text angelegten Perspektiven und ihrer Realisierung durch den Leser ergibt. Erst im Spannungsraum zwischen diesen beiden Welten wird Lektüre zu einem wahrhaft produktiven Prozess, in dem die Differenz zwischen dem Rollenangebot des Textes und der Disposition des Lesers Verstehen und damit auch Sinn schafft. Die Relevanz dieses Konzeptes für die Exegese ist offenkundig, sowohl der praktische Vollzug der Textauslegung als auch seine hermeneutischen Voraussetzungen sind davon gleichermaßen betroffen[172]. Es ergibt sich die Möglichkeit, die Texte mit einem verfeinerten Instrumentarium zu lesen und zu interpretieren, um so zu einem umfassenden Verstehen zu gelangen. Es gilt die Steuerungselemente der Kommunikation zu ermitteln, wie z.B. das Handlungsgerüst (engl. ‚plot'), Handlungsebenen, Charaktere der Handlungsträger, Vor- und Rückverweise, Ironie, überraschende Textabfolgen und Perspektivenwechsel, Erzählzeiten, Kommentarworte.

11.6 Übung

Redaktionsgeschichtliche Analyse von Mt 21,33–46
Hilfsmittel: Synopse

Die Tendenzen der matthäischen Bearbeitung des Winzergleichnisses lassen sich durch einen synoptischen Vergleich mit Mk 12,1–12 aufzeigen.

Matthäus bezeichnet in V. 33 den Weinbergbesitzer ausdrücklich als οἰκοδεσπότης, womit er auch das durch den Plural δούλους ausgesprochene Verhältnis von Hausherrn und Knechten betont. Die Verwendung des Plurals von δοῦλος, die Einführung von λιθοβολεῖν und die Steigerungsform in V. 36 machen deutlich, wen Matthäus mit den Knechten meint: Es geht um die Propheten, die die Früchte des Hausherrn einholen sollten und dabei geschlagen, getötet und gesteinigt wurden[173]. Auffallend ist in V. 34 das καρποὺς

---

172 Vgl. J. Frey, Der implizite Leser und die biblischen Texte, ThBeitr. 23 (1992), 266–290.

173 Vgl. zum deuteronomisch-deuteronomistischen Motiv der Prophetenverfolgung und -tötung O. H. Steck, Israel und das gewaltsame Geschick der Propheten, WMANT 23, 1967.

αὐτοῦ anstelle von ἀπὸ τῶν καρπῶν τοῦ ἀμπελῶνος, womit Matthäus die Bildhälfte verlässt und eine heilsgeschichtliche Perspektive andeutet, die in V. 41 und vor allem in V. 43 ausgeführt wird. Gemeint sind die Taten des glaubenden Gehorsams, die auf das Werben Gottes um sein Volk antworten. Die Darstellung der Prophetensendung ist gegenüber Mk 12,2–5 gestrafft, sie hat aber wie bei Markus ihr Ziel und ihren Höhepunkt in der Sendung des Sohnes. Auffälligerweise fehlt bei Matthäus in V. 37 ἀγαπητός, aber die besondere Stellung des Sohnes wird durch das Personalpronomen αὐτοῦ betont. Wie Lukas hat auch Matthäus in V. 39 die Reihenfolge von Ausstoßen und Töten in Anlehnung an die Passionsgeschichte umgekehrt: Jesus stirbt außerhalb des Weinberges Gottes (= Jerusalem; vgl. Joh 19,17.20; Hebr 13,12). Von V. 40 an stellt Matthäus im Gegensatz zu Markus das Geschehen als ein Gespräch dar; die Frage nach dem Handeln des Weinbergbesitzers ist nicht mehr wie bei Markus nur rhetorisch. Die Schlussfolgerungen aus dem Tun der Winzer müssen in V. 41 die Gegner Jesu selbst ziehen[174], die sich damit ihr eigenes Urteil sprechen! In prophetischem Ton wird den Winzern ein furchtbares Ende angesagt und die Aufgabe der neuen Winzer genannt: Sie werden dem Hausherrn zur gegebenen Zeit Früchte abliefern. Matthäus führt hier den für ihn zentralen Gedanken des Fruchtbringens in bildhafter Form ein, um ihn in V. 43, aller bildhaften Elemente entkleidet, auszuführen. V. 43 ist Höhepunkt und interpretativer Schlüssel zugleich, in ihm wird die Botschaft des Winzergleichnisses aus matthäischer Sicht explizit formuliert. Mit διὰ τοῦτο zeigt Matthäus an[175], dass der Vers nicht nur eine Folgerung aus V. 42 ist, sondern sich auf die gesamte Erzählung bezieht. Das Reich Gottes wird Israel genommen und einem Volk gegeben werden, das seine (= des Reiches Gottes) Früchte bringen wird. Mit Frucht bringen meint Matthäus das Tun des Willens Gottes (vgl. 21,31), was ein deutliches paränetisches Interesse verrät. Bis auf die Einleitung enthält der Vers traditionelle Elemente (βασιλεία τοῦ θεοῦ im Singular); er ist nicht als matthäische Bildung anzusehen[176]. Der Evangelist hat ihn an dieser Stelle in den Markustext hineingestellt, um seiner mehrheitlich juden-

---

174 Zur Klangfigur der Paronomasie vgl. B.-D.-R. § 488.
175 Vgl. zu διὰ τοῦτο als redaktionelle Einleitung Mt 12,31.
176 Gegen W. Trilling, Das wahre Israel, 58–63.

christlichen Gemeinde ihren Standort innerhalb der ‚Heilsgeschichte' zu verdeutlichen: Das Reich Gottes ist Israel genommen und der Kirche gegeben worden, weil Israel in der Vergangenheit die geforderten Früchte nicht erbracht hat. Die futurischen Formulierungen in V. 43 haben historischen Sinn; sie sind aus der Perspektive der Gleichniserzählung zu verstehen, denn für Matthäus hat sich die Übertragung der βασιλεία τοῦ θεοῦ längst vollzogen. V. 43 formuliert somit jenen Perspektivenwechsel, den sich die mt. Gemeinde zu eigen machen will: Sie selbst ist nun die auserwählte Heilsgemeinde, weil sie im Gegensatz zu Israel den Willen Gottes tut. Als textkritisch ursprünglich ist V. 44 anzusehen[177]; seine Stellung ist freilich ungewöhnlich, man würde ihn eher im Anschluss an V. 42 erwarten. Sachlich verbindet V. 44 mit der Übergabe der βασιλεία den Gedanken an das Endgericht. Mit V. 45.46 kehrt Matthäus zum Markustext zurück, wobei er aber die Selbsterkenntnis der Führer des Volkes aus Mk 12,12b vor die Tötungsabsicht stellt. Die Furcht vor dem Volk wird damit begründet, dass dieses Jesus für einen Propheten hält.

Zusammenfassend lässt sich sagen, dass Matthäus den Markustext im Wesentlichen übernimmt, den Handlungsablauf aber strafft und gleichzeitig lebhafter gestaltet sowie sprachliche Glättungen vornimmt.

Beispiele für Glättungen: 1) In V. 34b konstruiert Matthäus mit einem AcI (πρὸς τοὺς γεωργοὺς λαβεῖν τοὺς καρτοὺς αὐτοῦ), während sich bei Markus in V. 2 ein Finalsatz findet. 2) Das überflüssige ἐκεῖνοι lässt Matthäus in V. 38a weg, es heißt nur οἱ δὲ γεωργοί.) 3) In V. 38b formuliert Matthäus auch nach ἀποκτείνωμεν adhortativ und schreibt σχῶμεν, während Markus nach ἀποκτείνωμεν eine gestörte Konstruktion bringt und recht holprig mit ἡμῶν ἔσται fortfährt.

Matthäus weitet die bereits bei Markus vorhandenen allegorischen Züge zu einer Darstellung der Heilsgeschichte aus, in der der Anspruch Gottes durch die Propheten ständig zurückgewiesen wird, bis der Ungehorsam in der Tötung des Sohnes schließlich seinen Höhepunkt erreicht. Danach wird die von Matthäus in V. 43 ausdrücklich mit dem Weinberg gleichgesetzte βασιλεία τοῦ θεοῦ Israel genommen und einem Volk gegeben, das Früchte bringen wird. Die Strafe Israels sieht Matthäus nicht allein in der Tötung der Winzer und

---

177 Vgl. K. u. B. Aland, Der Text des Neuen Testaments, 241f.

damit der Führer des Volkes, sondern vor allem in der Übergabe des Heils an die Kirche.

Die bei Matthäus in aller Deutlichkeit vorherrschenden allegorischen Elemente finden sich bereits im Markustext. Sie gehören zum Urbestand der Überlieferung, obgleich es Versuche gegeben hat, eine Urform der Erzählung ohne allegorische Züge und damit eine Parabel Jesu auf der Grundlage des Markustextes zu rekonstruieren. Diesen Weg gingen vornehmlich C. H. Dodd[178], J. Jeremias[179] und M. Hengel[180]. Unter Heranziehung zeitgeschichtlicher Parallelen bemühten sie sich nachzuweisen, dass das von ihnen rekonstruierte Gleichnis ein verständliches Geschehen darstellt, das sich in Palästina ereignet haben könnte. Diese Versuche scheitern aber daran, dass auch nach der Eingrenzung der Perikope auf Mk 12,1b–9 und dem Ausscheiden von V. 5b als eines späteren allegorischen Zusatzes in der Bildhälfte Brüche bzw. Unlogik zu erkennen sind. Dass der Weinbergbesitzer einen Knecht schickt, um von den Früchten des Weinbergs zu holen, ist verständlich. Nicht mehr verständlich ist allerdings sein weiteres Verhalten. Obwohl sein erster Knecht misshandelt wurde, begnügt er sich damit, zwei weitere Knechte zu senden. Er schickt sie einzeln fort, und zwar schutzlos. Aus dem militanten Verhalten der Pächter gegenüber dem jeweils vorherigen Knecht zieht er keine Konsequenzen. Völlig unverständlich ist nun, dass der Weinbergbesitzer nach den Erfahrungen mit den Winzern nicht eine Handvoll seiner Leute zu einer Strafexpedition aussendet, sondern seinen einzigen Sohn allein zu den Winzern schickt. Die Motivierung dieses Verhaltens ist sehr ungewöhnlich: ἕνα εἶχεν υἱὸν ἀγαπητόν (V. 6). Gerade weil es sein einziger Sohn ist, hätte er ihn nie zu den Winzern schicken dürfen, zudem ohne jeglichen Schutz. Unlogisch ist auch das Verhalten der Winzer. Sie rechnen damit, dass ihnen nach der Tötung des Sohnes der Weinberg zufällt. Aber der Besitzer des Weinbergs lebt ja noch! Ihm gehört nach wie vor der Weinberg, und er kann über ihn verfügen.

Die Bildhälfte zeigt deutlich Unlogik, während die Sachhälfte einen in sich schlüssigen Ablauf schildert: Auf die wiederholte Aussendung der Knechte, die jeweils bis hin zur Tötung misshandelt werden, folgt die Aussendung des Sohnes. Der Sohn wird getötet, woraufhin die Pächter bestraft werden und der Weinberg anderen gegeben wird. Offensichtlich ist die Bildhälfte von der Sachhälfte her konstruiert, was ein eindeutiger Hinweis auf eine Allegorie ist. Schließlich scheitert jede Deutung der Perikope als Para-

---

178 C. H. Dodd, The Parables of the Kingdom, Welwyn [15]1958, 124ff.

179 J. Jeremias, Gleichnisse Jesu, 67ff.

180 M. Hengel, Das Gleichnis von den Weingärtnern Mc 12,1–12 im Lichte der Zenonpapyri und der rabbinischen Gleichnisse, ZNW 59 (1968), 1–39.

bel Jesu an der Formulierung υἱὸς ἀγαπητός in V. 6[181]. Es handelt sich dabei um ein christologisches Prädikat der Urgemeinde; denn als menschliches Verhalten ist die Sendung des Sohnes nicht verständlich. Auf markinischer Ebene wird dies durch die Parallelen Mk 1,11 und 9,7 bestätigt. Dort sagt eine Himmelsstimme: ὁ υἱός μου ὁ ἀγαπητός. Der Leser weiß also von Mk 1,11 und 9,7 her, wer dieser υἱὸς ἀγαπητός ist: Jesus Christus. Mit υἱὸς ἀγαπητός wird in V. 6 auch schon auf vormarkinischer Ebene nicht der Sohn irgendeines Weinbergbesitzers bezeichnet, sondern der von der Gemeinde geglaubte und bekannte Gottessohn.

Bestätigt wird die bisherige Auslegung durch die matthäische Komposition im engeren Kontext von Kap. 21,33–46. Im Anschluss an die Vollmachtsfrage schaltet Matthäus aus seinem Sondergut das Gleichnis von den beiden Söhnen vor und lässt dann auf das Winzergleichnis das Gleichnis vom großen Abendmahl aus Q folgen, wobei allen drei Erzählungen gemeinsam ist, dass sie auf die heilsgeschichtliche Ablösung Israels hinzielen. Die Verbindung zwischen dem Gleichnis von den beiden Söhnen und dem Winzergleichnis besteht im Stichwort ἀμπελών in V. 28 und V. 33, im unerwarteten Eingehen anderer in das Reich Gottes und in der heilsgeschichtlichen Vorläuferrolle Johannes des Täufers, der wie später der Sohn von Israel abgelehnt wird.

Wie Mk 12,1ff hat Matthäus auch das Gleichnis vom Hochzeitsmahl (22,1–14) einer starken Allegorisierung unterzogen. Es richtet sich an dieselben Zuhörer (Mk 12,12 [Ende] ist nach 22,22 transponiert) und hat seine auffallendste Parallele zum Winzergleichnis in der zweifachen Sendung der Knechte (gemeint sind hier nicht die Propheten, sondern die nachösterlichen Boten), die ein ähnliches Schicksal wie in Mt 21,34–36 erleiden. Die Strafe für den Ungehorsam der ursprünglich geladenen Gäste wird konkret genannt: Der König lässt die Mörder umbringen und die Stadt anzünden, was ein eindeutiger Hinweis auf die Zerstörung Jerusalems im Jahr 70 ist. Geladen werden nun die ‚Bösen und Guten‘, die ursprünglich nicht zu den Gästen zählten und ihrerseits auch dem Gericht unterworfen sind (vgl. V. 11–14). Wie im Winzergleichnis stellt Matthäus auch hier heraus, dass Israel aufgrund sei-

---

181 Gegen H. Weder, Gleichnisse Jesu, 149, der meint, die Bezeichnung des Sohnes als ἀγαπητός sei „für die Erzählung ohne Belang" und stamme von Markus.

nes Ungehorsams gegen den Willen Gottes seine heilsgeschichtliche Sonderstellung an ein anderes ‚Volk' verloren hat.

Alle drei Perikopen machen den theologischen wie historischen Standort des Matthäus sichtbar: Der in der Vergangenheit durch die Verfolgung und Tötung der Propheten sichtbar gewordene Ungehorsam Israels hat in der Tötung des Sohnes seinen Höhepunkt erreicht. Gott hat daraufhin das ehemals erwählte Volk bestraft und das Heilsgut der βασιλεία τοῦ θεοῦ einem ‚Volk' gegeben, das Frucht nach dem Willen Gottes bringen wird. Diese heilsgeschichtliche Ablösung Israels durch die Kirche hat sich für Matthäus längst vollzogen, er beschreibt sie rückblickend aus der Perspektive einer judenchristlichen Gemeinde, die sich längst der Heidenmission geöffnet hat (Mt 28,16–20).

11.7 Aufgabe

Untersuchen Sie unter Anwendung der o.g. redaktionsgeschichtlichen Kriterien Lk 16,16–18, Mt 16,13–23 oder Mk 7,1–23.

12. Die Exegese der ntl. Briefliteratur

Die methodischen Schritte wurden bisher vornehmlich an der synoptischen Tradition demonstriert, grundsätzlich sind sie aber auf alle ntl. Texte anzuwenden. Zugleich lassen die Eigenheiten der ntl. Briefliteratur ein solches Vorgehen nicht in der gleichen Dichte wie bei den Evangelien zu. Dies erklärt sich aus den unterschiedlichen Gattungen, der Art des übernommenen Stoffes und der jeweiligen Argumentationsweise.

Während sich die Theologie der Evangelisten vornehmlich aus der Bearbeitung und der Präsentation des Stoffes erschließt, begegnet sie in der Briefliteratur zumeist als direkte Argumentation. Trotz seiner Schriftgebundenheit ist der Brief eine relativ direkte Kommunikationsform und ähnelt darin dem Gespräch. Als ‚Texte in Funktion' sind Briefe (speziell bei Paulus) sehr bewusst und sorgfältig aufgebaut und gestaltet, um eine zielorientierte Kommunikation zu realisieren. Der Brief als Auslöser oder Teil einer Kommunikation bietet den Rezipienten ein Sinnangebot, das durch die Art seiner Präsentation die Realisierung der Kommunikation anstrebt. Allen Teilelementen eines Briefes kommt innerhalb dieses Geschehens eine besondere Bedeutung zu. Das Präskript eröffnet den Brief als Gesamttext, die Kommunikationssituation wird installiert und zugleich zielgerichtet definiert. Im Hauptteil entfaltet Paulus vielfältige Handlungsstrategien, bringt Denk- und Rollenangebote ein, um ein zur Debatte stehendes Problem zu bearbeiten. Dem paulinischen Briefabschluss kommt eine zweifache Funktion zu: Er bündelt zentrale Linien des Briefes und thematisiert zugleich die Zukunft des Verhältnisses von Briefschreiber und Briefempfänger[182].

---

182 Zum Briefformular und zur Briefpragmatik vgl. S. K. Stowers, Letter Writing in Greco-Roman Antiquity, Philadelphia 1986; F. Schnider – W. Stenger, Studien zum neutestamentlichen Briefformular, NTTS XI, Leiden 1987; F. Vouga, Der Brief als Form der apostolischen Autorität, in: Studien und Texte zur Formge-

Für die Exegese ergeben sich daraus bewährte Arbeitsschritte, aber auch neue Gewichtungen: Die Textkritik ist bei der Briefliteratur naturgemäß in gleicher Weise anzuwenden wie bei den Evangelien. Innerhalb der Textanalyse kommt für die Briefliteratur der syntaktischen Analyse eine besondere Bedeutung zu. Die Beziehungen der Zeichen innerhalb eines Satzes, die Satzarten, ihre Verknüpfungen und Trennungen gilt es zu ermitteln. Die Literarkritik fragt auch in der Briefliteratur nach der Einheitlichkeit von Teiltexten oder eines Gesamttextes (s.o. 6.8). Die Formgeschichte ist wie bei der Synoptikerexegese dort anzuwenden, wo die Autoren neutestamentlicher Briefe formgeschichtlich klassifizierbare Texteinheiten übernommen haben (z.B. Hymnen, Bekenntnistraditionen, Tugend- und Lasterkataloge, Peristasenkataloge). Darüber hinaus sind innerhalb der Briefliteratur das Briefformular und die Formen der Argumentation von besonderer Bedeutung (bei Paulus z.B. Antithesen, Typologien, Vergleiche, Ironie, Gleichnisse, Kettenschlüsse, Digression, Chiasmus, Sentenzen, Exempel, LXX-Zitate, Herrenworte, Zwischenfragen, Einwände der Kontrahenten, wertende Anreden u.a.m.). Auch rhetorische Topoi[183] im Textaufbau gilt es zu beachten. Die traditionsgeschichtliche Fragestellung ist dann anzuwenden, wenn mit einer literarisch nachweisbaren Entstehungsgeschichte des Jetzttextes eines Briefes gerechnet werden muss (z.B. Kombination mehrerer Brieffragmente zu einem neuen Brief; s.o. zum 2Kor).

Die Begriffs- und Motivgeschichte vollzieht sich in den Briefen vornehmlich als semantische Analyse der den Text prägenden und den Sinnzusammenhang tragenden Schlüsselbegriffe. Redaktionsgeschichte im Sinne der Synoptikerexegese ist in den Briefen überall dort anzuwenden, wo vorgegebene Einheiten vom Autor in einen neuen kompositionellen Zusammenhang gestellt werden. Da alle Briefe Teile eines aktuellen und teilweise kontroversen Kommunikationsgeschehens sind und der Autor bewusst Einfluss

---

schichte, TANZ 7, 1992, 7–58; H.-J. Klauck, Die antike Briefliteratur und das Neue Testament, 1998; J. Bickmann, Kommunikation gegen den Tod. Studien zur paulinischen Briefpragmatik am Beispiel des Ersten Thesssalonicherbriefes, fzb 86, 1998; M. Müller, Vom Schluss zum Ganzen. Zur Bedeutung des Briefkorpusabschlusses in Paulusbriefen, FRLANT 172, 1997.
183 Vgl. dazu M. Fuhrmann, Die antike Rhetorik, [4]1995.

auf die Adressatensituation nehmen will, kommt der Textpragmatik zur Erhebung der theologischen Intention eines Autors eine besondere Bedeutung zu. Welche Mittel setzt der Briefautor ein, welche Textstrategie verfolgt er, um die Adressaten in seinem Sinn zu beeinflussen?

12.1 Paulus

Bereits im Abschnitt 7.7 (Formgeschichte außerhalb der Evangelien) wurde gezeigt, dass Paulus zahlreiche urchristliche Traditionsstücke in seine Briefe übernahm. Durch die Aufnahme von Bekenntnisüberlieferungen, Tauftraditionen, Hymnen und paränetischen Katalogen dokumentiert der Apostel seine grundsätzliche Übereinstimmung mit vorgegebenen Glaubensaussagen vor allem des hellenistischen Judenchristentums und erinnert dadurch seine Leser und Hörer zugleich an die gemeinsamen Glaubensgrundlagen. Dennoch übernimmt er die Traditionen nicht unbesehen, sondern versieht sie mit interpretierenden Zusätzen, die sowohl eine Kontextverbindung herstellen als auch die spezifisch paulinische Theologie zum Ausdruck bringen. Zudem macht die Stellung einer Tradition in der Gesamtkomposition eines Briefes deutlich, welche theologische Bedeutung ihr der Apostel beimisst.

Beispiele: 1. Im zweiten Großabschnitt des Römerbriefes (Röm 3,21–8,39) entfaltet Paulus seine Rechtfertigungslehre mit Hilfe einer vorpaulinischen Tauftradition. Ging es dem Apostel in Röm 3,20 als Fazit seiner bisherigen Argumentation um den Nachweis des Schuldigseins von Juden und Heiden vor Gott, so entwickelt er in Röm 3,21–26 den Gedanken der δικαιοσύνη θεοῦ positiv, indem er die in Christus erschienene neue Heilsmöglichkeit der δικαιοσύνη θεοῦ διὰ πίστεως herausstellt. In Röm 3,23 rekapituliert Paulus noch einmal die in 1,18–3,20 hervorgehobene Gleichstellung aller in der Schuld vor Gott, um mit V. 24 zu einem Traditionsstück überzuleiten, das die paulinische These von V. 21 expliziert. Röm 3,25 erweist sich bis auf διὰ πίστεως sowohl durch das Vokabular als auch durch den Vorstellungsgehalt als vorpaulinische Tauftradition[184]. Sie ist im hel-

---

184 Vgl. zur ausführlichen Begründung U. Schnelle, Gerechtigkeit und Christusgegenwart (s.o. 7.7), 67ff.

lenistischen Judenchristentum beheimatet und beschreibt unter Aufnahme der Vorstellung des stellvertretenden Sühnetodes das Heilswerk Gottes in Jesus Christus, das sich im Erweis seiner (= Gottes) Gerechtigkeit vollzieht und sich im Erlass der vorhergegangenen Sünden realisiert. Paulus hat diese Tradition ganz bewusst in den entscheidenden Argumentationsabschnitt des Röm gestellt, um die Verankerung seiner Rechtfertigungslehre in vorgegebenen Glaubensaussagen zu erweisen. Andererseits interpretiert er durch διὰ πίστεως die Tradition im Sinn seiner spezifischen Theologie: Der Glaube ist für Paulus die Aneignungsform des Heilsgeschehens, und durch diese anthropologische Bestimmung will er offensichtlich gleichermaßen ein gesetzliches wie ein enthusiastisches Missverständnis von Röm 3,25 abwehren. Zudem verbindet er die Tradition durch das Interpretament διὰ πίστεως mit dem διὰ πίστεως von V. 22 und dadurch mit seiner These in V. 21. Die Tendenz der paulinischen Argumentation zeigt sich sowohl in der exponierten Stellung als auch in der Interpretation von Röm 3,25. Der Apostel will einerseits seine – neue – Rechtfertigungslehre auf dem Hintergrund traditioneller Vorstellungen des hellenistischen Judenchristentums verstanden wissen, andererseits interpretiert er unbefangen die Tradition im Sinn seiner spezifischen Theologie.

2. Seit den Analysen von E. Lohmeyer[185] kann es als wahrscheinlich gelten, dass Paulus in Phil 2,6–11 einen Christushymnus aus dem Bereich des hellenistischen Judenchristentums zitiert. Religionsgeschichtlich stellt dieser Hymnus keine Einheit dar, denn während der zweite Teil (V. 9–11) durch die atl. Zitatanspielung und durch liturgisches Formelgut auf semitisch-jüdisches Denken hinweist, enthält die erste Strophe (V. 6–7) starke begriffliche Parallelen zum hellenistischen religiösphilosophischen Schrifttum. Seinen ‚Sitz im Leben‘ hat der Hymnus in der Gemeindeliturgie; er besingt in der ersten Strophe die Erniedrigung des Präexistenten, im zweiten Teil seine Inthronisation zum Kyrios. Für das paulinische Verständnis des Hymnus sind seine Stellung im Kontext und die redaktionellen Zusätze entscheidend, nicht aber der in der Forschung heftig umstrittene Aufbau des Traditionsstückes.

---

185 Vgl. E. Lohmeyer, Kyrios Jesus, SAH 4, 1928.

Die Kontextexegese ergibt, dass das Traditionsstück in einen paränetischen Argumentationsgang eingebettet ist, was besonders in Phil 2,1–4 deutlich wird. Zu diesem Abschnitt besteht nicht nur eine kompositorische, sondern auch eine terminologische Verbindung. So erläutert die mit dem Verb ταπεινοῦν umschriebene Erniedrigung des Christus in V. 8 die von der Gemeinde geforderte ταπεινοφροσύνη (V. 3), ist die ὑπακοή des Erniedrigten (V. 8) das Gegenbild zu ἐριθεία und κενοδεξία, die in der Gemeinde überwunden werden sollen (V. 3), und verweist die zusammenfassende Formulierung über die Erniedrigung des Präexistenten (V. 7: ἑαυτὸν ἐκένωσεν) auf die ethische Gemeindeweisung des μὴ τὰ ἑαυτῶν ἕκαστοι σκοποῦντες (V. 4). Auch zum nachfolgenden V. 12 besteht eine Verbindung; denn dort wird der Gedanke der ὑπακοή des erniedrigten Christus aufgenommen und als Begründung für die geforderte ethische Haltung der Gemeinde verwandt.

Der Christushymnus ist in einen paränetischen Kontext hineingestellt und mit ihm deutlich verbunden, so dass sich für die paulinische Redaktion ein ethisches, nicht aber mythisches Verständnis des Stückes nahelegt. Bestätigt wird dies durch die paulinischen Zusätze im Hymnus selbst, denn sowohl aus stilistischen als auch aus sachlichen Gründen ist der gesamte V. 8 der paulinischen Redaktion zuzuweisen[186]. Hier finden sich die meisten Aussagen, die das Traditionsstück mit dem Kontext verbinden, wodurch die ethische Akzentuierung des Apostels deutlich unterstrichen wird.

Während im vorpaulinischen Hymnus ein mythisches Geschehen geschildert wird, das seinen Höhepunkt in der Menschwerdung eines Gottwesens hat und nur indirekt ethische Aussagen enthält, zielt die pragmatische Intention des Paulus auf die das ethische Leben der Gemeinde normierende Verhaltensweise des Kyrios. Die Gemeinde ist aufgefordert, in ihrem Raum im ethischen Bereich das nachzuvollziehen, was der Kyrios vorbildhaft im Heilsgeschehen der Menschwerdung, des Todes am Kreuz und der Inthronisation vollzogen hat.

---

186 Vgl. G. Strecker, Redaktion und Tradition im Christushymnus Phil 2,6–11, in: ders., Eschaton und Historie, 1979, (142–157) 150.

12.2 Das nachpaulinische Schrifttum

Im Wirkungsbereich der paulinischen Theologie entstanden Briefe, die unter der Autorität des Apostels in den Kanon gelangten, nicht aber von ihm stammen (Kol, Eph, 2Thess, 1.2Tim, Tit)[187]. Mit diesem Phänomen der Pseudepigraphie, d.h. der ‚falschen Zuschreibung' von literarischen Produkten im Sinn einer historisch unzutreffenden Verfasserangabe, verbinden sich nicht nur zahlreiche historische und hermeneutische, sondern auch redaktionsgeschichtliche bzw. textpragmatische Fragen. Sie ergeben sich aus der Beobachtung, dass einige Verfasser von Pseudepigraphen nicht nur die Autorität des Apostels Paulus, sondern auch genuin paulinische Briefe für ihre Zwecke in Anspruch nahmen. Die Redaktionsgeschichte fragt hier nach Umfang, Art und Intention der Verwertung paulinischer Briefe und Vorstellungen in nachpaulinischen Pseudepigraphen.

Beispiel: Der unbekannte Verfasser des zweiten Thesssalonicherbriefes hat offensichtlich den ersten Thessalonicherbrief gekannt. Dies ergibt sich aus dem parallelen Aufbau beider Briefe, den zahlreichen – z.T. wörtlichen – Übereinstimmungen und der Bezugnahme auf den 1Thess in 2Thess 2,2[188].

Bis auf 1,5–10; 2,1–12 findet sich der gesamte Inhalt des 2Thess auch im ersten Brief. Darüber hinaus haben die parallelen Abschnitte die gleiche Reihenfolge, mit Ausnahme des eschatologischen Abschnitts 2,1–12. Dessen vorgezogene Stellung lässt sich aus dem aktuellen Anlass des Briefes erklären. Bei den wörtlichen Übereinstimmungen ist besonders auffällig, dass nicht nur beide Proömien identisch sind, sondern das Motiv des εὐχαριστεῖν in beiden Briefen zweimal erscheint (1Thess 1,2; 2,13; 2Thess 1,3; 2,13), in 1.2Thess 2,13 zudem mit dem Personalpronomen ἡμεῖς. Wie weit die Übereinstimmungen außerdem gehen, zeigen die Tabellen W. Wredes[189].

---

187 Vgl. zur Verfasserschaft und Datierung die Einleitungen von W. G. Kümmel, Ph. Vielhauer und U. Schnelle.

188 Vgl. W. Trilling, Der zweite Brief an die Thessalonicher, EKK XIV, 1980, 77.

189 Vgl. W. Wrede, Die Echtheit des zweiten Thessalonicherbriefes, TU 9.2, 1903, 4–12.

Die Ursache für das Anknüpfen an den 1Thess ist in der eschatologischen Argumentation in 2Thess 2,1–12 zu erkennen: Hier polemisiert der Verfasser gegen pneumatische Lehrer, die behaupten, dass der Tag des Herrn schon da sei (V. 2: ἐνέστηκεν ἡ ἡμέρα τοῦ κυρίου). Sie berufen sich dafür sowohl auf geistgewirkte Worte als auch auf einen – aus der Sicht des 2Thess – angeblichen Paulusbrief, womit der 1Thess gemeint sein dürfte. Gegen die durch den 1Thess hervorgerufene eschatologische Hochstimmung setzt der 2Thess eine Aufzählung der Endereignisse, die vor der Parusie noch zu erwarten sind (2,3–12). Er korrigiert damit die Aussagen von 1Thess 4,13–18 (bes. V. 15) bzw. die Interpretation dieses Textes durch die Gegner und ersetzt die unmittelbare Parusienaherwartung des Paulus durch einen abgestuften und berechenbaren Fahrplan der apokalyptischen Ereignisse.

Die Strategie des unbekannten Verfassers des 2Thess ist deutlich: Er will dem 1Thess eine zweite eschatologische Belehrung folgen lassen, die 1Thess 4,13–18 oder aber die gegnerische Interpretation dieses Textes korrigieren will. Um dieses Ziel zu erreichen, beansprucht er durch bewusste Imitation des Aufbaus des 1Thess und durch Übernahme zahlreicher Wendungen die Autorität des Apostels Paulus. Der 2Thess soll als Fortsetzung bzw. Interpretation des ersten Briefes erscheinen, und gerade dadurch wurden ihm die Aufnahme in den Kanon und allgemeine Anerkennung gesichert. Die bewusste Imitation des 1Thess durch den unbekannten Verfasser des 2Thess ist kein Einzelfall im Neuen Testament, denn offensichtlich benutzte der Epheserbrief den Kolosserbrief als Vorlage und ist der Judasbrief in den zweiten Petrusbrief eingearbeitet worden[190].

---

190 Vgl. zum Verhältnis Eph – Kol: R. Schnackenburg, Der Brief an die Epheser, EKK X, 1982, 26–30; zum Verhältnis 2Petr – Jud: W. Grundmann, Der Brief des Judas und der zweite Brief des Petrus, ThHK 15, ²1979, 102–107.

13. Hermeneutik

Literatur

BERGER, K., Hermeneutik des Neuen Testaments, 1988. – EBELING, G., Art. Hermeneutik, RGG³ III (1959) 242–263. – FUCHS, E., Hermeneutik, ⁴1970. – GADAMER, H. G., Wahrheit und Methode. Grundzüge einer philosophischen Hermeneutik, ⁴1975. – MERK, O., Art. Biblische Theologie II. NT, TRE 6 (1980), 455–477. – REINMUTH, E., Hermeneutik des Neuen Testaments, 2002. – SCHNELLE, U., Sachgemäße Schriftauslegung, NT 30 (1988), 115–131. – SÖDING, Th., Mehr als ein Buch. Die Bibel begreifen, ²1996. – STRECKER, G., Das Problem der Theologie des Neuen Testaments, in ders., Eschaton und Historie, 1979, 260–290. – STUHLMACHER, P., Vom Verstehen des Neuen Testaments, GNT 6, ²1986. – WACH, J., Das Verstehen. Grundzüge einer Geschichte der hermeneutischen Theorie im 19. Jahrhundert I–III, 1926–1933. – WEDER, H., Neutestamentliche Hermeneutik, ²1989. – WISCHMEYER, ODA, Hermeneutik des Neuen Testaments, NET 8, 2004.

13.1 Definition

Das deutsche Wort ‚Hermeneutik' wird von dem gr. ἑρμηνεύειν (= 1. denken, auslegen, erklären; 2. übersetzen) abgeleitet und ist seit dem 17. Jh. ‚Terminus technicus' für die Lehre von der Textauslegung im Sinn einer ἑρμηνευτικὴ τέχνη[191]. Im heutigen Sprachgebrauch bezeichnet ‚Hermeneutik' umfassend die Methodenlehre, welche die Übertragung von Textaussagen in die Gegenwart zum Gegenstand hat.

Die Notwendigkeit einer solchen methodologischen Reflexion der Textinterpretation ergibt sich aus der Erfahrung des historischen Abstandes zu den ntl. Schriften. Diese bezeugen den urchristlichen Glauben nicht in einer zeit- und geschichtslosen Gestalt, sondern in Sprach- und Vorstellungszusammenhängen, die

---

191 Begrifflich fixiert wurde ‚Hermeneutik' 1629/30 vom Straßburger Theologen Johann Konrad Dannhauer (1603–1666); vgl. H. Birus (Hg.), Hermeneutische Positionen, 1982, 6f.

auf das Denken und die Erfahrungen der Menschen ihrer Zeit bezogen sind. Da sowohl Sprache und Vorstellungswelt als auch Lebensverhältnisse und Weltbild einem geschichtlichen Wandel unterworfen sind und sich seit der neutestamentlichen Zeit tiefgreifend verändert haben, ist es notwendig, die im Neuen Testament enthaltenen Glaubensaussagen und den ihnen impliziten Anspruch in die veränderte Sprache und Vorstellungswelt unserer Zeit hinein zu ‚übersetzen'. Aufgabe der Hermeneutik ist es, die Möglichkeiten und Grenzen dieses Übersetzungsprozesses zu bedenken.

13.2 Hermeneutische Methoden und Entwürfe

Die Fragen nach dem rechten Schriftverständnis und einer sachgerechten Schriftauslegung sind keine Errungenschaften der Neuzeit, sondern bereits im rabbinischen Judentum, im Neuen Testament selbst und in allen Epochen der Kirchengeschichte wurde intensiv darüber nachgedacht, wie man die Schriften des Alten und Neuen Testaments verstehen und auslegen könne.

13.2.1 Das rabbinische Judentum
Die rabbinische Überlieferung schreibt Rabbi Hillel sieben Regeln (מִדּוֹת) der Auslegung der gesetzlichen Überlieferung (הֲלָכָה) des Alten Testaments zu. Sie sind im 1. Jh. v.Chr. entstanden und haben später allgemeine Gültigkeit erlangt[192].

1. Regel: קַל וָחֹמֶר = ‚Leichtes und Schweres', d.h. der Schluss a minori ad majus, vom Leichten zum Schweren und auch umgekehrt.

2. Regel: גְּזֵרָה שָׁוָה = ‚gleiche Entscheidung', d.h. der Analogieschluss (per analogiam). Diese Regel setzt voraus, dass in den Gesetzestexten gleichlautende oder aber gleichbedeutende Wörter vorkommen.

3. Regel: בִּנְיַן אָב מִכָּתוּב אֶחָד = wörtl. ‚Gründung einer Familie'. Ein Hauptsatz wird aus einer Schriftstelle abgeleitet, die dann alle ähnlichen Stellen zu einer Familie verbindet.

---

192 Vgl. zur jüdischen Hermeneutik G. Stemberger, Einleitung in Talmud und Midrasch (s.o. 2.3), 25–40 (bes. 27–30: Die sieben Regeln Hillels).

4. Regel: בִּנְיַן אָב מִשְׁנֵי כְתוּבִים = Die Ableitung eines Hauptsatzes erfolgt aus zwei Schriftstellen.

5. Regel: כְּלָל וּפְרָט וּפְרָט וּכְלָל = ‚Allgemeines und Besonderes' und ‚Besonderes und Allgemeines', d.h. die Interpretation des Allgemeinen durch das Besondere und des Besonderen durch das Allgemeine.

6. Regel: כַּיּוֹצֵא בּוֹ בְּמָקוֹם אַחֵר = ‚dem Ähnlichen an einer anderen Stelle', d.h. die Näherbestimmung einer Bibelstelle durch eine andere.

7. Regel: דָּבָר הַלָּמֵד מֵעִנְיָנוֹ = ‚eine Sache' die aus dem Zusammenhang gefolgert wird, d.h. eine Interpretation aus dem Kontext der biblischen Aussage.

Alle sieben Regeln Hillels haben Entsprechungen in den hermeneutischen Prinzipien der hellenistischen Rhetorik, so dass eine Beeinflussung aus dem hellenistischen Bereich anzunehmen ist[193].

13.2.2 Paulus

Paulus zitiert das Alte Testament in der Regel nach der Übersetzung der Septuaginta[194]. Als ehemaliger Pharisäer beherrscht er die damals üblichen jüdischen Auslegungsregeln, er kennt aber auch die Methoden der hellenistischen Hermeneutik.

Von den sieben Middot, die Rabbi Hillel zugeschrieben werden, hat Paulus zumindest die beiden ersten angewandt. So findet sich der Schluss a *minori ad majus (qal wa-chomer)* in der Adam-Christus-Typologie (Röm 5,15.17) und an anderen Stellen (2Kor 3,7; Röm 5,9.10; 11,12). Umgekehrt verwendet Paulus auch den Schluss *a majori ad minus* (vgl. 1Kor 6,2.3). Den Analogieschluss aufgrund gleichlautender Wörter *(gesera schawa)* gebraucht Paulus in Röm 4,3–8 (Stichwort: λογίζεσθαι). Alle anderen Regeln, die ebenfalls Hillel zugeschrieben werden, lassen sich nicht so deutlich nachweisen, doch dürfte Paulus auch sie gekannt haben. In der jüdischen Auslegungstradition steht Paulus bei seinen Midraschim über Ex 13; 14; 16; 17; Num 20 in 1Kor 10,1ff und über Ex 34 in 2Kor 3,4–18. Dabei bezeichnet er die Ereignisse in der Wüstenzeit in 1Kor 10,6.11 als τύπος bzw. τυπικῶς, womit er sich der typologischen Auslegungsmethode bedient. Die Typologie kennzeichnet nicht atl.

---

193 Vgl. G. Mayer, Art. Exegese II (Judentum), RAC 6, 1197f.
194 Vgl. dazu D.-A. Koch, Die Schrift als Zeuge des Evangeliums, BHTh 69, 1986.

Texte, sondern geschichtliche Ereignisse, die zukünftiges Geschehen vorabbilden[195]. Ausgangspunkt ist dabei immer die christliche Gemeinde, deren Gegenwart und Zukunft durch typologische Auslegung atl. Texte erhellt werden sollen. Nicht nur typisches Geschehen im Sinn einer Regel wird mit der Typologie zum Ausdruck gebracht, sondern eine Vorabdarstellung eschatologischen Geschehens. Dieses Verständnis legt auch Röm 5,14 nahe, wo Paulus im Rahmen der Adam-Christus-Typologie formuliert: Ἀδάμ, ὅς ἐστιν τύπος τοῦ μέλλοντος. Der Fall Adams mit seiner allumfassenden Unheilswirkung ist eine Vorabdarstellung der universalen Heilswirkung Christi, des zukünftigen Adam.

Aus dem hellenistischen Judentum hat Paulus das Auslegungsverfahren der Allegorese übernommen. Es zielt auf eine Relativierung der wörtlichen Bedeutung des Textes zugunsten eines tieferen (häufig ethischen) Sinnes. Entstanden ist die Allegorese in der stoischen Interpretation der Homermythen. Sie fand bald Eingang in das hellenistische Judentum und wurde durch Philo von Alexandrien meisterhaft gehandhabt. Paulus bemerkt Gal 4,24 im Rahmen seiner Gegenüberstellung von Hagar/Sara und deren Söhnen Ismael/Isaak (vgl. Gen 16,15; 21,2): ἅτινά ἐστιν ἀλληγορούμενα. Mit der im Neuen Testament singulären Verwendung von ἀλληγορέω sagt Paulus, wie er den Bezug auf das Alte Testament verstanden wissen will: Die beiden Frauen mit ihren Söhnen versinnbildlichen die beiden Bünde, den Sinaibund der Knechtschaft und den neuen Bund der Verheißung in Christus, dem die Galater angehören. Dabei verknüpfen sich an dieser Stelle allegorische und typologische Züge, denn mit dem tieferen, hinter dem Wortlaut liegenden heilsgeschichtlichen Sinn verbindet sich in den Frauen und ihren Söhnen eine Vorabbildung des heilsgeschichtlichen Geschehens in Christus. Auch in 1Kor 9,9f bedient sich Paulus einer Auslegungsregel des hellenistischen Judentums. Er interpretiert die ursprüngliche Tierschutzbestimmung Dtn 25,4 nach dem stoisch beeinflussten Grundsatz, dass sich Gott um das Höhere kümmert und somit die Spezialvorschriften des Gesetzes allegorisch interpretiert werden können[196].

---

195 Vgl. L. Goppelt, Art. τύπος, ThW VIII, 251ff.
196 Vgl. zur rabbinischen Exegese dieser Stelle Billerbeck III, 388–399; zum hellenistisch beeinflussten Verständnis Philo, Spec Leg I 260.

13.2.3 Origenes

Eine überragende Gestalt der Alten Kirche war der Alexandriner Origenes (ca. 185–253/54). Er stammte aus einer christlichen Familie und wurde schon mit 17 Jahren Vorsteher der Katechetenschule in Alexandrien. Neben der Theologie widmete sich Origenes intensiv der Philosophie. Er studierte sehr wahrscheinlich beim Begründer des Neuplatonismus Ammonios Sakkas und gehörte zu den wenigen führenden Christen seiner Zeit, denen auch von heidnischen Philosophen Hochachtung entgegengebracht wurde[197]. Im Jahr 215 gründete er seine eigene theologische Schule, wurde aber 230 vom Bischof aus Alexandrien vertrieben. Er ging nach Cäsarea in Palästina und baute dort ein Zentrum wissenschaftlicher Theologie auf. Während der Christenverfolgung unter Decius starb er an den Folgen von Misshandlungen.

Origenes schuf nicht nur eine umfassende christliche Dogmatik (Περὶ ἀρχῶν, geschrieben um 220), sondern er war auch Textkritiker, Exeget und Hermeneut. Um einen zuverlässigen Text des Alten Testaments zu erstellen, fertigte er die ‚Hexapla‘ an, eine Ausgabe, bei der in sechs Kolumnen der hebräische Text, eine griechische Umschrift des hebräischen Textes, die Übersetzungen des Aquila, Symmachus und Theodotion und schließlich der (verbesserte) Septuagintatext nebeneinander standen. Zu allen wichtigen biblischen Büchern verfasste Origenes umfangreiche Kommentare, so hatte allein seine Auslegung des Johannesevangeliums bis Joh 13,33 den Umfang von zweiunddreißig Bänden.

Bei seiner Schriftauslegung bediente sich Origenes im Anschluss an die alexandrinische Tradition ausschließlich der allegorischen Interpretationsmethode. Die Allegorese wurde durch ihn zum kirchlichen Auslegungsverfahren schlechthin. Allerdings band Origenes die Allegorese an die kirchliche Lehre von der Schriftinspiration, wonach den eigentlichen, verborgenen Sinn der Schrift nur die erkennen können, die kraft ihrer Taufe und ihrer kirchlichen Stellung Anteil haben am Heiligen Geist, der der eigentliche Verfasser der Schrift ist[198]. Durch diese Bindung der Allegorese an die kirchliche Tradition verhinderte Origenes ihren (gnostischen)

---

197 Vgl. Eus, Hist Eccl VI 19.
198 Vgl. Orig, Princ prooemium 8.

Missbrauch und verfügte gleichzeitig über ein Auslegungsverfahren, das eine dem spätantiken Wahrheitsbewusstsein entsprechende Bibelinterpretation ermöglichte. Wie sehr Origenes sich dem spätantiken Wahrheits- und Wirklichkeitsverständnis verpflichtet fühlte, zeigt seine im Anschluss an die platonische Trichotomie durchgeführte Erweiterung des zweifachen (wörtlichen und geistig-übertragenen) zu einem dreifachen Schriftsinn. Danach ist zu unterscheiden zwischen einem ‚fleischlichen' Sinn der Schrift, durch den die Einfältigen erbaut werden, einem ‚seelischen' (psychischen) Sinn, der den Fortgeschrittenen zugänglich ist und einem ‚geistlichen' (pneumatischen) Sinn, der den Vollkommenen vorbehalten ist, „denn wie der Mensch aus Leib, Seele und Geist besteht, so auch die zur Rettung der Menschen eingerichtete, von Gott gegebene Schrift" (ὥσπερ γὰρ ὁ ἄνθρωπος συνέστηκεν ἐκ σώματος καὶ ψυχῆς καὶ πνεύματος, τὸν αὐτὸν τρόπον καὶ ἡ οἰκονομηθεῖσα ὑπὸ θεοῦ εἰς ἀνθρώπων σωτηρίαν δοθῆναι γραφή)[199].

13.2.4 Die Lehre vom vierfachen Schriftsinn

Einen Nachklang der Hermeneutik des Origenes stellt die Lehre vom vierfachen Schriftsinn dar, die erstmals bei Johannes Cassian (360–435) nachweisbar ist und im Mittelalter von großer Bedeutung war. Sie besagt, dass ein Bibeltext zunächst auf seinen unmittelbaren Wortsinn (Literalsinn) zu befragen ist. Auf dieser Basis ist er sodann allegorisch, tropologisch und anagogisch zu interpretieren. Die allegorische Auslegung fragt nach der im Text enthaltenen Glaubenswahrheit über Christus. Die tropologische (= moralische) Auslegung erhebt die im Text enthaltene Verhaltensanweisung für den einzelnen Christen. Die anagogische (= eschatologische) Auslegung schließlich sucht die im Text enthaltenen Hinweise auf die Gemeinschaft der Vollendeten im Reich Gottes. Die Voraussetzung der Lehre vom vierfachen Schriftsinn war die Überzeugung, dass in der Bibel nicht nur die Worte, sondern auch die Dinge bedeutungshaltig sind. Das Ziel dieses Interpretationsverfahrens bestand darin, die Aussagen der Schrift so umfassend wie möglich auf alle Lebensbereiche zu beziehen.

---

199 A.a.O., IV 2,4.

Merkvers

„Littera gesta docet, quid credas allegoria,
moralis quid agas, quid speres anagogia."
(Der Buchstabe lehrt, was geschehen ist;
die Allegorie, was zu glauben ist;
der moralische Schriftsinn, was zu tun ist;
der anagogische Schriftsinn, was zu hoffen ist.)

13.2.5 Martin Luther

Martin Luther ist aus einer exegetischen Erkenntnis heraus zu seinem reformatorischen Ansatz gelangt. Er selbst berichtet davon in seiner Vorrede des ersten Bandes der ‚opera latina' von 1545. Luther sagt dort, dass er die ‚Gerechtigkeit Gottes' in Röm 1,17 immer im Sinn der Kirchenlehrer verstanden habe, wonach dieser theologische Zentralbegriff des Paulus meint, dass Gott gerecht sei und die Sünder und Ungerechten strafe. Diesen Gott, der selbst gerecht ist und den Sünder verurteilt, habe er stets gehasst. Obwohl er als Mönch untadelig lebte, sei sein Gewissen immer unruhig gewesen. „Donec miserente Deo meditabundus dies et noctes connexionem verborum attenderem, nempe: Iustitia Dei revelatur in illo, sicut scriptum est: Iustus ex fide vivit, ibi iustitiam Dei coepi intelligere eam, qua iustus dono Dei vivit, nempe ex fide, et esse hanc sententiam, revelari per euangelium iustitiam Dei, scilicet passivam, qua nos Deus misericors iustificat per fidem, sicut scriptum est: Iustus ex fide vivit."[200] (Bis ich durch Gottes Erbarmen, Tag und Nacht grübelnd, auf die Verbindung der Worte achtete, nämlich: Die Gerechtigkeit Gottes wird in ihm offenbart, wie geschrieben steht: Der Gerechte lebt aus Glauben – da begann ich die Gerechtigkeit Gottes zu verstehen als die, in der der Gerechte durch Gottes Geschenk lebt, nämlich aus Glauben, und dies sei die Meinung, durch das Evangelium werde die Gerechtigkeit Gottes offenbart, nämlich die passive, durch die der barmherzige Gott uns rechtfertigt aus Glauben, wie geschrieben steht: Der Gerechte lebt aus Glauben.) Luthers entscheidende Erkenntnis besteht also nach seinen eigenen Worten darin, dass er die ‚iustitia Dei' als eine ‚iustitia passiva' erkannte, ‚qua nos Deus misericors iustificat per fidem'.

---

200 WA 54,186,3–8.

Von dieser befreienden Einsicht her gelangte Luther zu einem Schriftverständnis, das auf den klaren und eindeutigen Sinn der Schrift gerichtet war. Die Klarheit der Schrift und des darin enthaltenen Wortes Gottes, das allein das ‚vehiculum gratiae dei‘[201] ist, führte Luther zu einer scharfen Ablehnung der Lehre vom vierfachen Schriftsinn. „Weil ich jung war, da war ich gelertt, und sonderlich, ehe ich in die theologia kam, da gieng ich mitt allegoriis, tropologiis, analogiis umb und machte lauter kunst; wens jtzt einer hette, er hilts vor eitell heiltumb. Ich weiß, das ein lauter dreck ist, den nuhn hab ichs faren lassen, und diß ist mein letzte und beste kunst: Tradere scripturam simplici sensu, denn literalis sensus, der thuts, da ist leben, trost, krafft, lehr und kunst inen. Das ander ist narren werck, wie wol es hoch gleist."[202] Hiernach hat sich die Auslegung an den unmittelbaren Wortsinn des Textes zu halten *(sensus literalis et historicus)*. Kriterium der rechten Schriftauslegung ist nicht mehr die Übereinstimmung mit der kirchlichen Tradition, sondern der innere Konsens der Schrift selbst; denn die Schrift ist „durch sich selber die allergewisseste, die leichtest zugängliche, die allerverständlichste, die sich selber auslegt, die alle Worte aller prüft, urteilt und erleuchtet" (ipsa per sese certissima, facillima, apertissima, sui ipsius interpres, omnium omnia probans, iudicans et illuminans)[203].

Leitendes Auslegungsprinzip war für Luther die Unterscheidung des Wortes Gottes in Gesetz und Evangelium. An dieser Unterscheidung, die nur vom Heiligen Geist eingegeben werden kann, hing für Luther das ganze Christentum. „Quando autem pene universa scriptura totiusque Theologiae cognitio pendet in recta cognitione legis et Euangelii"[204] (Nahezu die ganze Schrift und die Erkenntnis der ganzen Theologie hängt an der rechten Erkenntnis von Gesetz und Evangelium). Das Evangelium, die Verheißung der in Jesus Christus erschienenen Gnade Gottes, kann nur da recht vernommen werden, wo zugleich das richtende Wort Gottes, das Gesetz, alle menschliche Selbstgerechtigkeit und Selbstrechtfertigung durchkreuzt. Während uns das Gesetz sagt, was wir unterlas-

---

201 WA 2,509,l4f.
202 WA Tr 5,5285.
203 WA 7,97,23–24.
204 WA 7,502,34f.

sen haben und noch tun müssen (wodurch es Sündenerkenntnis bewirkt), verkündet uns das Evangelium, was Gott in Jesus Christus schon für uns getan hat.

Die ‚Mitte der Schrift' ist für Luther Jesus Christus. „Und daryn stymmen alle rechtschaffene heylige bucher uber eyns, das sie alle sampt Christum predigen und treyben. Auch ist das der rechte prufesteyn aller bucher zu taddelln, wenn man sihet, ob sie Christum treyben, odder nit, Syntemal alle schrifft Christum zeyget Ro. 3 unnd Paulus nichts denn Christum wissen will 1.Cor. 2. Was Christum nicht leret, das ist nicht Apostolisch, wens gleich Petrus odder Paulus leret, Widerumb, was Christum predigt, das ist Apostolisch, wens gleych Judas, Annas, Pilatus und Herodes thett."[205] Von diesem Ansatz her gelangt Luther zu einer christologisch orientierten immanenten Bibelkritik, bei der besonders positiv das Johannesevangelium, die Paulusbriefe und der erste Petrusbrief erwähnt werden, negativ hingegen der Jakobusbrief, aber auch der Hebräer- und Judasbrief sowie die Johannesoffenbarung. „Summa, Sanct Johannis Euangeli und seyne erste Epistel, Sanct Paulus Epistel, sonderlich die Romern, Galatern, Ephesern und Sanct Peters erste Epistel, das sind die bucher, die dyr Christum zeygen, und alles leren, das dyr zu wissen nott und selig ist, ob du schon kein ander buch noch lere nunmer sehest noch horist, Darumb ist sanct Jakobs Epistel eyn rechte stroern Epistel gegen sie, denn sie doch keyn Euangelisch art an yhr hat."[206]

13.2.6 F. D. E. Schleiermacher

Als Begründer der neuzeitlichen Hermeneutik hat der Berliner Theologe Friedrich Daniel Ernst Schleiermacher (1768–1834) zu gelten. Er definiert Hermeneutik als die Kunst, „die Rede eines andern, vornehmlich die schriftliche, richtig zu verstehen"[207]. Durch die Bestimmung der Hermeneutik als ‚Kunst des Verstehens' und damit als einer philologischen Disziplin erreicht Schleiermacher die Aufhebung der Schranken zwischen den Einzelhermeneutiken der Theologie und der Klassischen Philologie, der *hermeneutica sacra* und der

---

205 WA DB 7,384,25–32.
206 WA DB 6,10,29–34.
207 F. D. E. Schleiermacher, Hermeneutik und Kritik, hg. v. M. Frank, 1977, 71.

hermeneutica profana, und bezieht außerdem die orientalistischen Wissenschaften sowie die romantische Literatur in ihren Geltungsbereich mit ein. Schleiermacher entwirft eine „allgemeine Hermeneutik"[208], die sich ausschließlich auf die sprachlichen Zeichen bezieht und damit die Lehre vom vierfachen Schriftsinn endgültig überwindet.

Grundlegend für Schleiermachers Hermeneutik ist die Unterscheidung zwischen der grammatischen und der psychologischen Interpretation, d.h. einer auf den Text und einer auf den Autor und dessen Intention bezogenen Auslegung.

Diese beiden Grundsätze formuliert Schleiermacher in seiner ‚Kurze(n) Darstellung des theologischen Studiums zum Behuf einleitender Vorlesungen' so: „Eine solche Kunstlehre ist nur vorhanden, sofern die Vorschriften ein auf unmittelbar aus der Natur des Denkens und der Sprache klaren Grundsätzen beruhendes System bilden"[209] und „Keine Schrift kann vollkommen verstanden werden, als nur im Zusammenhang mit dem gesamten Umfang von Vorstellungen, aus welchen sie hervorgegangen ist, und vermittelst der Kenntnis aller Lebensbeziehungen, sowohl der Schriftsteller, als derjenigen, für welche sie schrieben."[210] Beide Aspekte, die Interpretation aus der Sprache selbst und aus der Situation des Sprechenden heraus, sind im hermeneutischen Vollzug untrennbar miteinander verbunden. „Wie jede Rede eine zwiefache Beziehung hat, auf die Gesamtheit der Sprache und auf das gesamte Denken ihres Urhebers: so besteht auch alles Verstehen aus den zwei Momenten, die Rede zu verstehen als herausgenommen aus der Sprache, und sie zu verstehen als Tatsache im Denkenden."[211] Schleiermacher bestreitet damit die Autonomie sowohl der grammatischen als auch der psychologischen Interpretation und bestimmt ihr Verhältnis umfassend in der „positiven Formel" folgendermaßen:

„Die Kunst kann ihre Regeln nur aus einer positiven Formel entwickeln und diese ist ‚das geschichtliche und divinatorische (profetische) objektive und subjektive Nachkonstruieren der gegebenen Rede'.

---

208 A.a.O., 75.

209 F. D. E. Schleiermacher, Kurze Darstellung des theologischen Studiums zum Behuf einleitender Vorlesungen, hg. v. H. Scholz, ³1910, § 133.

210 A.a.O., § 140.

211 F. D. E. Schleiermacher, Hermeneutik und Kritik, 77.

1. Objektiv geschichtlich heißt einsehen, wie sich die Rede in der Gesamtheit der Sprache und das in ihr eingeschlossene Wissen als ein Erzeugnis der Sprache verhält. Objektiv divinatorisch heißt ahnden, wie die Rede selbst ein Entwicklungspunkt für die Sprache werden wird. Ohne beides ist qualitativer und quantitativer Missverstand nicht zu vermeiden.

2. Subjektiv geschichtlich heißt wissen, wie die Rede als Tatsache im Gemüt gegeben ist, subjektiv divinatorisch heißt ahnden, wie die darin enthaltenen Gedanken noch weiter in dem Redenden und auf ihn fortwirken werden. Ohne beides ebenso Missverstand unvermeidlich."[212]

War Schleiermachers hermeneutische Arbeit ursprünglich ein Nebenprodukt seiner exegetischen Vorlesungen, so geht ihre Bedeutung weit über das Feld der ntl. Exegese hinaus: Sie bewirkte nicht nur die Überwindung der Spezialhermeneutiken und damit die Bildung einer ‚allgemeinen Hermeneutik', sondern problematisierte umfassend das bis heute umstrittene Verhältnis zwischen Sprache und Sprechendem. Die Hermeneutik gelangt nach Schleiermacher erst dann „zu der ihr als Kunstlehre gebührenden Gestalt", wenn „von der einfachen Tatsache des Verstehens ausgehend, aus der Natur der Sprache und aus den Grundbedingungen des Verhältnisses zwischen dem Redenden und Vernehmenden ihre Regeln in geschlossenem Zusammenhang entwickelt werden."[213]

13.2.7 Ernst Troeltsch

Ein konsequenter Vertreter der historischen Kritik und der religionsgeschichtlichen Forschung war der Systematiker Ernst Troeltsch (1865–1923). Er studierte bei A. Ritschl in Göttingen und widmete sich hier neben W. Bousset, W. Wrede, A. Rahlfs und J. Weiß religionsgeschichtlichen Fragestellungen. 1892 wurde er a.o., 1894 o. Professor für systematische Theologie in Heidelberg. 1914 wechselte er zur Philosophischen Fakultät nach Berlin über.

Troeltsch forderte die konsequente Anwendung der historischen Methode auf alle Bereiche der Theologie. „Die historische Methode einmal auf die biblische Wissenschaft und auf die Kirchengeschich-

---

212 A.a.O., 93f.
213 A.a.O., 346.

te angewandt, ist ein Sauerteig, der alles verwandelt und der schließlich die ganze bisherige Form theologischer Methoden sprengt."[214] Für Troeltsch ist das Christentum eine rein historische Erscheinung mit allen Bedingtheiten individueller historischer Gebilde. Die rein historische Betrachtungsweise ist das Ende der dogmatischen Begriffsbildungen, der naiven Geltungsansprüche und der hypostasierten Denkweise. Dabei bedeutet Historizität Relativität, denn das Christentum nimmt nun innerhalb der Geschichte keine Sonderstellung mehr ein, sondern ist der gleichen Betrachtungsweise wie alle anderen historischen Erscheinungen unterworfen. Diesem Grundsatz entsprechen für das historisch-kritische Verfahren drei Grundprinzipien: Kritik, Analogie, Korrelation.

Unter *Kritik* versteht Troeltsch die Haltung des Zweifels und ein methodisch kontrollierbares Urteil, dem die Erscheinungen der Geschichte ohne Ausnahme unterworfen werden. Zur Kritik tritt die *Analogie;* denn „das Mittel, wodurch Kritik überhaupt erst möglich wird, ist die Anwendung der Analogie. Die Analogie des vor unseren Augen Geschehenden und in uns sich Begebenden ist der Schlüssel zur Kritik. Täuschungen, Verschiebungen, Mythenbildungen, Betrug, Parteisucht, die wir vor unseren Augen sehen, sind die Mittel, derartiges auch in dem Überlieferten zu erkennen. Die Übereinstimmung mit normalen, gewöhnlichen oder doch mehrfach bezeugten Vorgangsweisen und Zuständen, wie wir sie kennen, ist das Kennzeichen der Wahrscheinlichkeit für die Vorgänge, die die Kritik als wirklich geschehen anerkennen oder übrig lassen kann"[215]. Durch das Prinzip der *Korrelation* wird jede geschichtliche Begebenheit in den Zusammenhang allen geschichtlichen Geschehens eingeordnet, „wo keine Veränderung an einem Punkte eintreten kann ohne vorausgegangene und folgende Änderung an einem anderen, so dass alles Geschehen in einem beständigen korrelativen Zusammenhang steht und notwendig einen Fluss bilden muss, in dem Alles und Jedes zusammenhängt und jeder Vorgang in Relation zu anderen steht."[216] Troeltschs Ziel ist eine

---

214 E. Troeltsch, Ueber historische und dogmatische Methode in der Theologie, in: ders., Zur religiösen Lage. Religionsphiosophie und Ethik, Ges. Schriften 11, ²1922, (729–753) 730.

215 A.a.O., 732.

216 A.a.O., 733.

religionsgeschichtliche Theologie, in der mit der historischen Methode voller Ernst gemacht wird, „nicht bloß indem man die relative Unsicherheit aller historischen Erkenntnisse anerkennt und demgemäß die Bindung des religiösen Glaubens an historische Einzeltatsachen nur als eine mittelbare und relative fasst, nicht bloß indem man rund und entschlossen die christlich-jüdische Geschichte allen Konsequenzen einer rein historischen Methode ohne Angst und Ausbeugen vor den Ergebnissen unterwirft, sondern vor allem, indem man die Verflechtung des Christentums in die allgemeine Geschichte beachtet und sich an die Aufgabe seiner Erforschung und Wertung nur von dem großen Zusammenhang der Geschichte aus begibt. Die historische Methode muss in der Theologie mit voller unbefangener Konsequenz durchgeführt werden. Es entsteht also die Forderung eines Aufbaus der Theologie auf historischer, universalgeschichtlicher Methode, und da es sich hierbei um das Christentum als Religion und Ethik handelt, auf religionsgeschichtlicher Methode."[217]

Dem Problem eines weltanschaulichen Atheismus bzw. Nihilismus als Folge eines historischen Relativismus versucht Troeltsch in Anlehnung an Hegel durch einen idealistischen Geschichtsbegriff zu entgehen: „Es ist das Wesen meiner Anschauung, dass sie den historischen Relativismus, der nur bei atheistischer oder religiösskeptischer Stellung die Folge der historischen Methode ist, rundweg bestreitet und die Aufhebung dieses Relativismus durch die Auffassung der Geschichte als einer Entfaltung der göttlichen Vernunft verlangt."[218]

13.2.8 Karl Barth

Der Schweizer Theologe Karl Barth (1886–1968) gehört als Mitbegründer der sog. ‚Dialektischen Theologie' zu den einflussreichsten Theologen des 20. Jahrhunderts. Bedeutsam für die ntl. Hermeneutik ist Barths Römerbriefauslegung aus dem Jahr 1919. Hier weist er im Vorwort der historisch-kritischen Methode lediglich eine Hilfsfunktion für das Schriftverständnis zu. „Die historisch-kritische Methode der Bibelforschung hat ihr Recht: sie weist hin auf eine Vorbereitung des Verständnisses, die nirgends überflüssig ist. Aber wenn

---

217 A.a.O., 738.
218 A.a.O., 747.

ich wählen müßte zwischen ihr und der alten Inspirationslehre, ich würde entschlossen zu der letzteren greifen: sie hat das größere, tiefere, wichtigere Recht, weil sie auf die Arbeit des Verstehens selbst hinweist, ohne die alle Zurüstung wertlos ist. Ich bin froh, nicht wählen zu müssen zwischen den beiden. Aber meine ganze Aufmerksamkeit war darauf gerichtet, durch das Historische hindurch zu sehen in den Geist der Bibel, der der ewige Geist ist."[219] Scharf kritisiert wurde diese Position von Vertretern der Liberalen Theologie (u.a. A. Jülicher), gegen die sich Barth im Vorwort der zweiten Auflage des Römerbriefes (1922) wehrt[220]. Nicht die historische Kritik macht er seinen Gegnern zum Vorwurf, sondern ihr Stehenbleiben bei dieser vordergründigen Art der Texterklärung. Er hingegen will zur inneren „Dialektik der Sache und ihre(r) Erkenntnis im Wortlaut des Textes"[221] vorstoßen. „Wenn ich ein ‚System' habe, so besteht es darin, dass ich das, was Kierkegaard den ‚unendlichen qualitativen Unterschied' von Zeit und Ewigkeit genannt hat, in seiner negativen und positiven Bedeutung möglichst beharrlich im Auge behalte."[222]

Bei der gebrochenen, dialektischen, nur in Gegensätzen zu fassenden Rede von Gott ist Barth nicht stehengeblieben, sondern im Rahmen seiner Beschäftigung mit Anselm von Canterbury zu einem Neuansatz gelangt. Ausgehend vom Anselmschen ‚Credo, ut intelligam' bestimmt Barth Theologie als denkenden Nachvollzug der Offenbarung Gottes in Jesus Christus. Bezeichnet ‚intelligere' die Aufgabe der Theologie, so ist das Credo bereits vorausgesetzt, d.h. Theologie kann sich nur als Nachdenken und Nachgehen des vorgegebenen Credos vollziehen. Nicht das ‚Dass' der Offenbarung kann Theologie erweisen, sondern nur das ‚Wie' nachzeichnen. Diese Denkbewegung des Nachvollzuges der vorgegebenen Offenbarung Gottes in Jesus Christus hat Barth in seiner ‚Kirchlichen Dogmatik' auf alle Gebiete der Dogmatik und Ethik übertragen und anzuwenden versucht (für die Hermeneutik ist besonders wichtig KD 1/2 §21.22). Inhaltlich hat dieser Ansatz eine christologische Konzentration zur Folge: Jesus Christus wird als die eine

219 K. Barth, Der Römerbrief, ²1922 (= ¹³1984), V.
220 Vgl. a.a.O., Xf.
221 A.a.O., XIII.
222 Ebd.

Wirklichkeit Gottes begriffen, die der menschlichen Wirklichkeit vorausliegt und sie bestimmt.

Historische Kritik kann bei diesem Ansatz keine inhaltlich relevante Funktion haben, so dass es folgerichtig ist, wenn Barth in seiner Spätzeit im Anschluss an Karl Girgensohn[223] die Begriffe ‚dogmatische‘ und ‚pneumatische‘ Exegese einführt. „Biblisch-theologische Wissenschaft arbeitet ja nicht im leeren Raum, sondern im Dienst der Gemeinde Jesu Christi, die durch das prophetisch-apostolische Zeugnis begründet ist. Eben von daher tritt sie in der Erwartung – mehr ist nicht zu sagen, aber auch nicht weniger! – an diese Texte heran: daß ihr dieses Zeugnis in ihnen begegnen werde – wobei sie sich nun doch (eben darum geht es in dem sog. ‚hermeneutischen Zirkel‘) für die Frage rückhaltlos offen hält: Ob, inwiefern, in welcher Gestalt und in welchen konkreten Aussagen sich diese ihre Erwartung erfüllen, die Auszeichnung, die diese Texte für die Gemeinde besitzen, sich also bestätigen möchte. ‚Dogmatische‘ Exegese? Sie ist das nur insofern, als sie ein Dogma ablehnt, das ihr diese Erwartung zum vornherein verbieten, deren Erfüllung zum vornherein als unmöglich erklären möchte. ‚Pneumatische‘ Exegese? Sicher nicht, sofern sie etwa aus irgendeinem ihr vermeintlich eigenen Geistbesitz heraus über die Schrift verfügen zu können meinte. Sie mag aber so genannt werden, sofern sie sich die doch aus der Schrift selbst zu begründende Freiheit nimmt, ernstlich, letztlich und entscheidend nur eben die Frage nach dem in ihr vernehmbaren Selbstzeugnis des Geistes an sie zu richten.“[224]

13.2.9 Rudolf Bultmann

Der Marburger Neutestamentler Rudolf Bultmann (1884–1976) gehört zu den überragenden Theologen des 20. Jahrhunderts. Als Mitbegründer der ‚Dialektischen Theologie‘ ist er mit Karl Barth darin einig, dass es gegenüber dem Wort Gottes keine distanzierte Neutralität gibt, sondern das Wort selbst die Krisis aller theologischen Arbeit ist und Theologie nicht unter Absehung der eigenen theologischen Existenz getrieben werden kann. Diese Anschauung findet sich in Bultmanns Geschichtsverständnis wieder, wonach der

---

223 Vgl. K. Girgensohn, Geschichtliche und übergeschichtliche Schriftauslegung, Allgemeine Evangelisch-Lutherische Kirchenzeitung, 1922.
224 K. Barth, Einführung in die evangelische Theologie, ²1977, 138f.

Mensch Geschichte nicht einfach als etwas Vorhandenes betrachten kann wie die Natur, „sondern er sagt mit jedem Wort über die Geschichte in gewisser Weise zugleich etwas über sich selbst"[225]. Geschichte ist also nicht jenseits der eigenen Geschichtlichkeit zu begreifen, so dass es folgerichtig ist, wenn Bultmann betont, dass alle Auslegung von Texten zugleich Selbstauslegung des Exegeten ist. Es gibt keine ‚neutrale' Exegese, vielmehr sind in jedem Verstehensprozess das Interesse des Auslegers, sein Vorverständnis der in Frage stehenden Sache sowie sein Lebensverhältnis zu den im Text genannten Dingen miteingeschlossen[226]. Für den Gottesbegriff bedeutet dies, dass es keine theoretische Gotteserkenntnis gibt, d.h. ich kann von Gott nicht unter Absehung meiner eigenen Existenz reden. „Will man von Gott reden, so muß man offenbar von sich selbst reden."[227] Theologie muss also in der Form theologischer Anthropologie getrieben werden. Glaube ist ja die Aufgabe des alten und die Annahme des neuen Selbstverständnisses, wonach menschliche Existenz allein durch Gottes unverfügbare Zukunft bestimmt wird. Dieser Glaube ist freilich ebenfalls unverfügbar; er ist nicht innerweltlich demonstrierbar, weil der Gegenstand und der Grund des Glaubens identisch sind: Jesus Christus. Die Unverfügbarkeit der Offenbarung und das Wunder des Glaubens zeigen sich gerade in der Destruierung falscher Sicherheiten, auch in der Destruierung vermeintlich historischer Sicherheiten.

Diesen Ansatz führte Bultmann in seiner hermeneutisch sehr einflussreichen Entmythologisierung des Neuen Testaments durch. Das Ziel der Entmythologisierung neutestamentlicher Aussagen liegt darin, das antike Weltbild als Glaubenshindernis zu überwinden und den echten Anstoß des Glaubens in den Mittelpunkt zu rücken, „nämlich das Wort vom Kreuz. Die Weltanschauung der Schrift ist mythologisch und daher für den modernen Menschen nicht annehmbar, dessen Denken von der Naturwissenschaft her geformt wird und deshalb nicht mehr mythologisch ist."[228] Mythologisch ist für Bultmann eine Vorstellungsweise, in der vom göttli-

225 R. Bultmann, Jesus, ⁴1970, 7.

226 Vgl. R. Bultmann, Das Problem der Hermeneutik, in: ders., Glauben und Verstehen II, ⁵1968, 211–235.

227 R. Bultmann, Welchen Sinn hat es, von Gott zu reden?, in: ders., Glauben und Verstehen I, ⁵1980, (26–37) 28.

228 R. Bultmann, Jesus Christus und die Mythologie, 1964, 38.

chen Handeln analog dem menschlichen Handeln gesprochen wird, „von Göttern, als wären sie Menschen, und von ihren Taten als menschlichen Taten"[229], nur dass die Götter mit übernatürlicher Macht begabt sind und die natürliche Ordnung durchbrechen können. „Man kann sagen, Mythen geben der transzendenten Wirklichkeit eine immanente weltliche Objektivität."[230] Mythen in diesem Sinn sind im Neuen Testament die Jungfrauengeburt, die Wunder, die Präexistenz Jesu, das leere Grab, die Himmelfahrt und die apokalyptische Endgeschichte. Diese mythologischen Vorstellungen sollen nicht eliminiert, sondern interpretiert, nicht entfernt, sondern gedeutet werden. Bultmann hält dies für unumgänglich, um dem Missverständnis zu entgehen, mythologische Aussagen in den Rang von objektiven Heilstaten zu erheben, die als ‚sacrificium intellectus' zu glauben sind.

Die Deutung der mythologischen Vorstellungen des Neuen Testaments vollzieht Bultmann mit Hilfe der ‚existentialen Interpretation' (zu unterscheiden von der ‚existentiellen Aneignung'). Er will das hinter der mythologischen Objektivierung liegende Existenzverständnis herausarbeiten, die existentiale Bedeutsamkeit der in die Form des Mythos gekleideten Aussagen aufzeigen. Die Bedeutung der mythologischen Redeformen im Neuen Testament kann erst dann richtig gezeigt werden, wenn das sich in ihnen aussprechende menschliche Existenzverständnis freigelegt wird. Den tieferen Sinn der mythologischen Predigt Jesu vom Reich Gottes formuliert Bultmann so: „offen sein für Gottes Zukunft, die uns, wirklich jedem einzelnen, bevorsteht; bereit sein für diese Zukunft, die wie ein Dieb in der Nacht kommen kann, wenn wir es nicht erwarten; bereit sein, denn diese Zukunft wird ein Gericht sein über alle Menschen, die sich selbst an diese Welt gebunden haben und die nicht frei sind, nicht offen für Gottes Zukunft."[231]

Indem so eine mythologische Vorstellung existential interpretiert wird, erscheint nicht nur ihr Glaubensgehalt, sondern kann sie auch für die Predigt in der Gegenwart fruchtbar gemacht werden. Entmythologisierung und existentiale Interpretation besagen somit nichts anderes, als dass die Botschaft der Schrift und die der

---

229 A.a.O., 17.
230 Ebd.
231 A.a.O., 32f.

Kirche nicht an die Vorstellungswelt und die Sprache einer Epoche gebunden sind, die nicht mehr die Unsere ist, und das Existenzverständnis (= Selbstverständnis) der ntl. Zeugen die Brücke zwischen Vergangenheit und Gegenwart zu schlagen imstande ist.

13.3 Neuere hermeneutische Ansätze

13.3.1 Hans Georg Gadamer

Der Philosoph H. G. Gadamer (1900–2002) ist für die theologische Hermeneutik durch seine These von Bedeutung, dass Verstehen immer zugleich ein Prozess der ‚Horizontverschmelzung' und dadurch ein wirkungsgeschichtliches Geschehen sei. Ausgehend vom Problem des Verstehens der Geschichte, ist nach Gadamer die Hermeneutik nicht nur eine Methodenlehre, sondern „eine Theorie der wirklichen Erfahrung, die das Denken ist"[232]. Die alte Trennung von Verstehen und Anwendung wird aufgehoben, und es gilt: „Applikation ist ein Moment des Verstehens selber."[233] Mit ‚Horizontverschmelzung' benennt Gadamer den Sachverhalt, dass im Verstehen von Geschichte Gegenwart und Vergangenheit nicht eindeutig zu trennen sind, sondern beide Horizonte miteinander verschmelzen. „Es gibt sowenig einen Gegenwartshorizont für sich, wie es historische Horizonte gibt, die man zu gewinnen hätte. Vielmehr ist das Verstehen immer der Vorgang der Verschmelzung solcher vermeintlich für sich seiender Horizonte."[234] Beabsichtigt Verstehen, „die Begriffe einer historischen Vergangenheit so wiederzugewinnen, daß sie zugleich unser eigenes Begreifen mit enthalten"[235], so ist damit jedoch nicht gemeint, dass man die Historie objektiv in den heutigen Verstehensprozess integrieren kann. Vielmehr begegnen wir einem historischen Objekt nur durch seine Wirkungsgeschichte, die unsere heutige Verstehenssituation entscheidend mitprägt. Wirkungsgeschichte ist nicht eine neue Disziplin der Geisteswissenschaften, sondern sie basiert auf der Erkenntnis, „daß in allem Verstehen, ob man sich dessen ausdrücklich bewußt ist oder nicht, die Wirkung dieser

---

232 H. G. Gadamer, Wahrheit und Methode, XXIV.
233 A.a.O., XX.
234 A.a.O., 289.
235 A.a.O., 356.

Wirkungsgeschichte am Werke ist. Wo sie in der Naivität des Methodenglaubens verleugnet wird, kann übrigens auch eine tatsächliche Deformation der Erkenntnis die Folge sein. Wir kennen sie aus der Wissenschaftsgeschichte als die unwiderlegliche Beweisführung für etwas evident Falsches. Aber aufs Ganze gesehen, hängt die Macht der Wirkungsgeschichte nicht von ihrer Anerkennung ab. Das gerade ist die Macht der Geschichte über das endliche menschliche Bewußtsein, dass sie sich auch dort durchsetzt, wo man im Glauben an die Methode die eigene Geschichtlichkeit verleugnet."[236] Ist hiermit die Notwendigkeit erkannt, dass historisches Objekt und Subjekt bei der Interpretation des ntl. Textes ineinandergreifen müssen, so ist freilich auch die Gefahr nicht zu leugnen, dass zu Lasten der Eigenständigkeit der Textaussage der Applikation ein unkontrollierter Vorrang eingeräumt wird.

13.3.2 Biblische Theologie

Literatur

CHILDS, B. S., Die Theologie der einen Bibel, I 1994. II 1996. – DOHMEN, Chr. – SÖDING, TH. (Hg.), Eine Bibel – zwei Testamente, 1995. – EBELING, G., Was heißt „Biblische Theologie"?, in: ders., Wort und Glaube I, ³1967, 69–89. – GESE, H., Zur biblischen Theologie. Gesammelte Aufsätze, BEvTh 78, 1977. – GRÄSSER, E., Offene Fragen im Umkreis einer Biblischen Theologie, ZThK 77 (1980), 200–221. – HÜBNER, H., Biblische Theologie des Neuen Testaments, I–III, 1990–1995. – OEMING, M., Gesamtbiblische Theologien der Gegenwart, ²1987. – REVENTLOW, H. v., Hauptprobleme der Biblischen Theologie im 20. Jahrhundert, EdF 203, 1983. – STRECKER, G., „Biblische Theologie"? Kritische Bemerkungen zu den Entwürfen von Hartmut Gese und Peter Stuhlmacher, in: Kirche (FS G. Bornkamm), hg. v. D. Lührmann u. G. Strecker, 1980, 425–445. – STUHLMACHER, P., Schriftauslegung auf dem Wege zur biblischen Theologie, 1975. – DERS., Wie treibt man Biblische Theologie?, BThSt 24, 1995.

Ausgehend von der sachlichen Einheit von Altem und Neuem Testament, der Integrität des biblischen Kanons und der Identität von Schriftlehre und Dogmatik, war die Biblische Theologie im 17. und 18. Jahrhundert eine selbstverständliche Voraussetzung der biblischen Exegese. Unter der Einwirkung der historischen Kritik und

---

236 A.a.O., 285.

der neugewonnenen Einsichten in die historische Bedingtheit der alt- und neutestamentlichen Literaturwerdung hat die ‚Biblische Theologie' einer je eigenständigen Theologie des Alten und Neuen Testaments Platz machen müssen. Die damit verbundenen historischen und theologischen Probleme sind in den letzten 30 Jahren eingehend diskutiert worden. Von besonderer Bedeutung sind in diesem Kontext die Entwürfe einer Biblischen Theologie von P. Stuhlmacher und H. Hübner[237].

P. Stuhlmacher geht von der methodischen Prämisse aus, dass Exegese nach allen Regeln der kritischen Kunst die historischen Dimensionen des biblischen Zeugnisses zu erheben habe. Zugleich gehört es aber zu ihrer ureigenen Aufgabe, den Wahrheitsanspruch der Texte zu thematisieren und zu respektieren. Um dies zu leisten, führt Stuhlmacher die hermeneutische Kategorie des ‚Vernehmens' ein, das neben die klassischen Kriterien der Kritik, Analogie und Korrelation tritt. Das ‚Vernehmen' zielt auf ein Einverständnis mit dem Wahrheitsanspruch der biblischen Texte. Bei der Bestimmung des Verhältnisses der beiden Testamente in der christlichen Bibel muss nach Stuhlmacher von der historischen Tatsache ausgegangen werden, dass Jesus, die Apostel und Paulus geborene Juden waren, wodurch allein schon die bleibende Bedeutung der Schriften des Alten Testaments gesichert ist. Hinzu kommt der komplexe kanonische Prozess, dem sowohl das hebräische Alte Testament, die Septuaginta und das Neue Testament entstammen. Dieser Prozess ist gleichermaßen von einer Traditionskontinuität und einer Bekenntniskontinuität geprägt. Zentrum des Kanons „ist das Zeugnis vom Heilshandeln Gottes für Juden und Heiden in und durch Christus. Dieses Zeugnis hat alt- und neutestamentliche Wurzeln, ist aber untrennbar eins, weil der eine Gott, der die Welt geschaffen und Israel zu seinem Eigentumsvolk erwählt hat, in seinem eingeborenen Sohn Jesus Christus für das Heil der Welt ein für allemal genug getan hat."[238]

---

237 Einen Überblick zur Forschungs- und Problemgeschichte gibt Th. Söding, Entwürfe biblischer Theologie in der Gegenwart, in: H. Hübner – B. Jaspert (Hg.), Biblische Theologie. Entwürfe der Gegenwart, BThSt 38, 1999, 41–103.

238 P. Stuhlmacher, Biblische Theologie des Neuen Testaments – Eine Skizze, in: Eine Bibel – zwei Testamente, hg. v. Chr. Dohmen u. Th. Söding, 282.

H. Hübner wählt als Ausgangspunkt für seine Verhältnisbestimmung zwischen Altem und Neuem Testament nicht den Gedanken einer Traditionskontinuität, sondern ihm geht es um den konkreten theologischen Umgang ntl. Autoren mit ihrer Heiligen Schrift. Gegenstand ist also nicht das Alte Testament an sich, sondern das Vetus Testamentum in Novo receptum. Im Zentrum dieses rezeptionsgeschichtlichen Ansatzes steht die Selbigkeit Gottes; das Neue Testament behauptet die Identität des Gottes Israels mit dem Vater Jesu Christi. Wie diese Selbigkeit Gottes zu denken ist, zeigt sich im Schriftgebrauch der einzelnen ntl. Autoren. Die Kontinuität vom Alten zum Neuen Testament wird von ihnen einzig im Handeln Gottes, dem in Offenbarungen sich aussprechenden Ich Gottes gesehen. „Es kommt somit alles darauf an, daß Gott, sich offenbarend, sein Ich spricht; die theologische Dignität des jeweils Angesprochenen hängt somit am Ansprechenden. Israel ist also soteriologisch relativiert, weil Gott Israel und die Völker in gleicher Weise berufend und rechtfertigend anredet."[239]

Die Diskussion um die Begründung einer Biblischen Theologie ist nach wie vor offen. Eine sachgemäße Bestimmung des Verhältnisses zwischen beiden Testamenten kann m.E. weder durch eine christologische Besetzung des Alten Testaments noch durch eine religionsgeschichtliche Auflösung des Neuen Testaments erreicht werden, sondern nur durch die Wahrnehmung jener soteriologischen Dynamik des Offenbarungshandelns Gottes, die schon in zentralen Texten des Alten Testaments auf die Rettung von Juden und Heiden zielt und durchgängig im Neuen Testaments bezeugt wird. Die Einheit des zweigeteilten christlichen Kanons lässt sich deshalb nur von einer christozentrischen Theologie und einer theozentrischen Christologie her entwerfen. Christozentrische Theologie bedeutet, dass Gottes im Alten Testament einsetzendes Heilshandeln im Christusgeschehen seine Erfüllung findet. Theozentrische Christologie heißt, dass der von Jesus Christus bezeugte Gott kein anderer ist als der im Alten Testament sich bereits offenbarende.

---

239 H. Hübner, Biblische Theologie II, 344.

13.3.3 Sozialgeschichtliche Auslegung

Literatur

KEE, H. C., Das frühe Christentum in soziologischer Sicht, UTB 1219, 1982. – LAMPE, P., Die stadtrömischen Christen in den ersten beiden Jahrhunderten WUNT 2.18, ²1989. – LOHMEYER, E., Soziale Fragen im Urchristentum, 1921 (= 1973). – MALINA, B. J., Die Welt des Neuen Testaments. Kulturanthropologische Einsichten, 1993. – MEEKS, W. A. (Hg.), Zur Soziologie des Urchristentums, TB 62, 1978. – DERS., Urchristentum und Stadtkultur, 1993. – SCHÖLLGEN, G., Probleme der frühchristlichen Sozialgeschichte, JAC 32 (1989), 23–40. – SCHOTTROFF, W. – STEGEMANN, W. (Hg.), Der Gott der kleinen Leute. Sozialgeschichtliche Auslegungen I–II, 1979. – STAMBAUGH, J. E. – BALCH, D. L., Das soziale Umfeld des Neuen Testaments, NTD.E 9, 1992. – STEGEMANN, E. W. – STEGEMANN, W., Urchristliche Sozialgeschichte, ²1997. – THEISSEN, G., Soziologie der Jesusbewegung, TEH 194, ⁵1984. – DERS., Studien zur Soziologie des Urchristentums, WUNT 19, ²1983.

Mit der Integration soziologischer Fragestellungen in fast alle Wissenschaftsgebiete seit den 60er Jahren entwickelte sich innerhalb der Exegese die sozialgeschichtliche Auslegung, die sich als bewusste Ergänzung und Weiterführung der historisch-kritischen Methode versteht. Die soziologische Fragestellung kann allerdings nicht als ein völliger Neuansatz verstanden werden, sondern als die konsequente Fortführung von Fragestellungen, die bereits zu Beginn des 20. Jahrhunderts von großer Bedeutung waren (vgl. M. Weber, E. Troeltsch, A. v. Harnack, E. v. Dobschütz). Es geht bei der sozialgeschichtlichen Auslegung primär um die Erhellung der kulturellen, wirtschaftlichen und sozialen Situation des Urchristentums und ihrer Bedeutung für die Theologie der ntl. Schriftsteller. Welchen Einfluss haben soziale Faktoren (z.B. arm/reich; Stadt/Land; Mann/Frau; alt/jung; Freund/Gegner) auf die ntl. Autoren und ihre Gemeinden? Im Mittelpunkt bisheriger sozialgeschichtlicher Analysen standen die Jesusbewegung und das paulinische Christentum.

G. Theißen bezeichnet die Jesusbewegung als Wandercharismatikertum, das durch ein Ethos der Heimat-, Familien-, Besitz- und Schutzlosigkeit gekennzeichnet ist. Innerhalb der durch Krisen gekennzeichneten Situation der jüdischen Gesellschaft im 1. Jh. n.Chr. leistet die Jesusbewegung einen wesentlichen Beitrag zur Aggressionsverarbeitung und Aggressionsüberwindung innerhalb der Gesellschaft, indem sie der Neigung zur Aggression das Liebesgebot entgegensetzt. „Eine kleine Außenseitergruppe experimentierte in einer aus den Fugen geratenen Gesellschaft, die unter einem Übermaß an Spannungen, Druck und Aggressionen litt, mit einer Vision von Liebe und Versöhnung, um die Gesellschaft von innen heraus zu erneuern. Dabei handelt es sich nicht um aggressionsarme Menschen, die von den Spannungen ihrer Zeit unberührt geblieben waren. Manches spricht für das Gegenteil. Viel Aggression konnte in Kritik an Reichtum und Besitz, Pharisäern und Priestern, Tempel und Tabus umgesetzt und so in den Dienst der neuen Vision gestellt werden. Ein großer Teil von Aggression wurde umgelenkt, verschoben, projiziert, transformiert und symbolisiert. Erst diese Aggressionsverarbeitung schuf Raum für die neue Vision von Liebe und Versöhnung, in deren Mittelpunkt das neue Gebot der Feindesliebe steht."[240] Voraussetzung für die verschiedenen Formen von Aggressionsverarbeitung war nach Theißen eine angstfreie Grundstimmung, ein erneuertes Grundvertrauen in die Wirklichkeit, das von der Gestalt Jesu ausstrahlt – bis heute.

Innerhalb des Corpus Paulinum steht die Erhellung der sozialen Struktur und der Lebensbedingungen der Gemeinden in hellenistischen Städten im Mittelpunkt. Aus welchen Schichten stammen die Gemeindeglieder? Welchen Einfluss hatten unabhängige Frauen, reiche Christen oder Sklaven? Lassen sich Konflikte in den frühen Gemeinden aus ihrer sozialen Schichtung heraus erklären? So kann z.B. gezeigt werden, dass die Missstände beim Herrenmahl, von denen Paulus in 1Kor 11,17–34 berichtet, zu einem erheblichen Teil ihre Ursache in der Sozialstruktur der korinthischen Gemeinde haben. Ein großer Teil der Gemeinde gehörte zur Unterschicht (vgl. 1Kor 1,26; 7,21; 11,22c). Daneben gab es in Korinth auch reiche Christen wie den Synagogenvorsteher Crispus (vgl. 1Kor 1,14) oder Erastos, den Stadtkämmerer von Korinth (vgl. Röm 16,23). Korinthische Christen besaßen Häuser (vgl. 1Kor 1,16; 11,22a), und die Gemeinde beteiligte sich intensiv an der Kollekte für die Heiligen in Jerusalem (vgl. 1Kor 8,4; Röm 15,31). Ursprünglich war in Korinth beim Herrenmahl die eigentliche sakramentale Handlung mit einer gemeinsamen Mahlzeit verbunden, wobei zunächst die Brot- und Kelchhandlung die Mahlzeit umrahmte (vgl. 1Kor 11,25). Diese anfängliche Praxis war z.Zt. der Abfassung des 1Kor geändert worden, nun fanden die Mahlzeiten

---

240 G. Theißen, Soziologie der Jesusbewegung, 103.

vor der eigentlichen sakramentalen Handlung statt. Hier traten nun die Unterschiede zwischen den armen und den reichen Gemeindegliedern massiv zutage, die einen schlemmten, andere hungerten (vgl. 1Kor 11,21f.33f). Zur Erfassung der sozialen Wirklichkeit früher Gemeinden gehört auch die Frage, welche Organisationsformen sie sich gaben, welche ethischen Normen Geltung besaßen und wie ihre Wirklichkeit durch Symbole und Rituale bestimmt wurde.

Die Kluft zwischen ideengeschichtlicher Exegese und sozialgeschichtlicher Bibelauslegung versucht B. J. Malina mit Hilfe der Kulturanthropologie zu überwinden. Die Kulturanthropologie versucht herauszuarbeiten, welche kulturellen Werte und Einstellungen die Christen mit ihrer Umwelt teilten und worin sie sich unterschieden. Der Kulturbegriff soll ermöglichen, die sozialen und ökonomischen Gegebenheiten des frühen Christentums ebenso zu erfassen wie die religiöse Ideenwelt. Als Problemfelder werden analysiert: Ehre und Scham, Individuum und Gruppe, die Begrenztheit der Güter in einer vorindustriellen Gesellschaft, Verwandtschaft und Ehe sowie rein und unrein. Dabei ist es jeweils das Ziel, die Werte und Normen ntl. Texte aus ihrem Eingebundensein in die mediterrane Gesellschaft zu erklären.

Ein zentrales Anliegen sozialgeschichtlicher Forschung ist es, die Wirtschaftsformen und Gesellschaftsstrukturen der mediterranen Welt im 1. Jh. n.Chr. insgesamt zu erfassen, um so die Lebensverhältnisse der frühchristlichen Gemeinden zu erhellen. „In diesem größeren Rahmen gewinnen die direkten und indirekten Aussagen des Neuen Testaments zu wirtschaftlichen und sozialen Sachverhalten ihre Konturen. Sie können zugleich auch selbst als Quelle der damaligen Lebensverhältnisse herangezogen werden."[241]

Schon diese wenigen Beispiele zeigen, dass die sozialgeschichtliche Auslegung als eine sachgemäße Ergänzung der historisch-kritischen Methode verstanden werden kann, weil sie auf die sozialen, politischen und kulturellen Gegebenheiten aufmerksam macht, in deren Umfeld die ntl. Autoren schrieben und die frühchristlichen Gemeinden lebten. Allerdings muss angemerkt werden, dass wir im Neuen Testament nur sehr spärlich soziologisch verwertbare Aussagen finden und eine sozialgeschichtliche Auslegung immer

---

241 E. W. Stegemann – W. Stegemann, Urchristliche Sozialgeschichte, 15.

in der Gefahr steht, nur die Produktionsbedingungen der ntl. Texte, nicht aber ihre Botschaft im Blick zu haben.

13.3.4 Linguistik

Literatur

GÜTTGEMANNS, E., studia linguistica neotestamentica, BEvTh 60, 1971. – SCHENK, W., Die Aufgabe der Exegese und die Mittel der Linguistik, ThLZ 98 (1973), 882–894. – SCHUNACK, G., Neuere literaturkritische Interpretationsverfahren in der nordamerikanische Exegese, VuF 41 (1996), 28–55. – SOWINSKI, B., Textlinguistik, 1983. – VATER, H., Einführung in die Textlinguistik, UTB 1660, 1992. – WISCHMEYER, ODA, Hermeneutik des Neuen Testaments (s. o. 13). – ZUMSTEIN, J., Narrative Analyse und ntl. Exegese in der frankophonen Welt, VuF 41 (1996), 5–26.

Gegenstand der ntl. Exegese sind antike Texte, so dass sie wie jede andere literaturwissenschaftliche Methode einer Texttheorie bedarf, die angemessen die Entstehung, Eigenart und Wirkung der ntl. Texte erfasst. In den letzten Jahrzehnten bot die Linguistik in zunehmendem Maße Texttheorien an, die zu einem Teil Eingang in die ntl. Exegese fanden. In Deutschland förderten besonders E. Güttgemanns und W. Schenk die Einführung linguistischer Fragestellungen in die ntl. Wissenschaft. Aktuell hat Oda Wischmeyer eine Hermeneutik vorgelegt, die sich als Text-Hermeneutik ausdrücklich philologischen, historischen, textlinguistischen und literaturwissenschaftlichen Fragestellungen verpflichtet weiß, ohne die klassischen exegetischen Methoden aufzugeben. Grundsätzlich ist diese Entwicklung zu begrüßen, da die historisch-kritische Exegese für Erweiterungen und Präzisierungen ihrer Methodik offen sein muss. Innerhalb des hier angewandten Methodenkanons erfolgt die Aufnahme linguistischer Fragestellungen vor allem in der Textanalyse (s.o. 5). Dazu gehört die sprachlich-syntaktische Analyse eines Textes, die den Wortschatz und dessen Verknüpfung durch die Grammatik zum Gegenstand hat. Angestrebt wird die Präzisierung der Untersuchung aller Textphänomene, um so die konkrete sprachliche Gestalt des Textes zu erfassen. In der Analyse der semantischen Dimension eines Textes geht es um die Bedeutung von Wörtern, Sätzen und Texten. Die Textsemantik fasst einen Text als Menge der Beziehungen zwischen den einzelnen Bedeutungselementen auf und versucht von den Bedeutungsinhalten her, den Textsinn zu er-

schließen. Die narrative Analyse beschäftigt sich mit der Handlungs-
folge, dem Handlungsablauf und den erzählerischen Darstellungs-
mitteln innerhalb eines Textes. Die Frage nach dem Verwendungs-
zweck eines Textes wird unter dem Begriff Textpragmatik behandelt. Die Textpragmatik versucht zu ergründen, warum und wozu
ein Text verfasst wurde. Dabei sieht sie Textinhalt, Textverwendung
und Textwirkung in ihrer Interdependenz: Der Verfasser eines Textes handelt durch sein Schreiben, indem er auf die Leser und deren
Kontext Einfluss nehmen will. Die historisch-kritische Exegese reflektiert die Fragen der Textpragmatik schon immer in der Formgeschichte (Sitz im Leben) und in der Redaktionsgeschichte. Die Form
von Texten wird in der Linguistik bzw. der linguistisch orientierten
Exegese unter dem Begriff der ‚Textsorten‘ betrachtet, worunter
Gruppen von Texten mit gemeinsamen Merkmalen verstanden
werden. Die Interpretation der Textsorten erfolgt primär im Rahmen einer Kommunikations- und Handlungstheorie, wonach Texte
als Sprechakte immer auch eine Form gesellschaftlichen Handelns
sind.

Die linguistischen Methoden führen zu einer Präzisierung der
Fragestellungen und sind insofern als Ergänzung der herkömmlichen Methodenschritte der historisch-kritischen Exegese anzusehen. Entscheidend für die Übernahme linguistischer Theorien ist
die Frage, ob sie dazu beitragen, die ntl. Texte als Zeugnisse geschichtlicher Glaubenserfahrungen besser zu erfassen und zu verstehen. Dies erfordert eine Texttheorie (s.o. 4), die nicht von einem
ideologischen Primat der Synchronie (vorliegende Gestalt des
Jetzttextes) ausgeht, sondern die Vor- und Wachstumsgeschichte
eines Textes mit einbezieht (Diachronie = Entstehung des Jetzttextes). Eine Vernachlässigung der diachronen Perspektive ist schon
aus linguistischer Sicht fragwürdig, denn die „Sprache funktioniert
synchronisch und bildet sich diachronisch. Doch sind diese Begriffe
weder antinomisch noch widersprüchlich, weil das Werden der
Sprache sich auf das Funktionieren hin verwirklicht."[242] Nicht Vorordnung der Synchronie, sondern Zuordnung von Diachronie und
Synchronie wird dem Wechselverhältnis von Werden und Sosein
des Textes gerecht. Weil die ntl. Texte Ergebnis und Zeugnis einer
Geschichte sind, von der sie berichten, stellt sich von selbst die Fra-

---

242 E. Coseriu, Synchronie, Diachronie und Geschichte, 1974, 237.

ge nach ihrer eigenen Geschichtlichkeit als Texte. Ein angemesseneres Textmodell muss davon ausgehen, dass der Jetzttext einer ntl. Schrift nur dann sachgemäß verstanden werden kann, wenn zunächst der geschichtliche Werdegang der einzelnen Texteinheiten herausgearbeitet wird. Erst diese Analyse ermöglicht den Einblick in die Geschichte des Textes, illustriert sein Gewordensein, um dann auf der synchronen Ebene sein Sachanliegen zu erheben.

13.3.5 Psychologische Auslegung

Literatur

BERGER, K., Historische Psychologie des Neuen Testaments, SBS 146/147, 1991. – BUCHER, A., Bibel-Psychologie. Psychologische Zugänge zu biblischen Texten, 1992. – DREWERMANN, E., Tiefenpsychologie und Exegese I.II, [3]1985.[2]1985. – JUNG, C. G., Antwort auf Hiob, (1952) [7]1981. – KODALLE, K.-M., Unbehagen an Jesus, 1978. – LEINER, M., Psychologie und Exegese, 1995. – NIEDERWIMMER, K., Jesus, 1968. – REBELL, W., Psychologisches Grundwissen für Theologen, 1988. – SPIEGEL, Y. (Hg.), Psychoanalytische Interpretationen biblischer Texte, 1972. – DERS. (Hg.), Doppeldeutlich. Tiefendimensionen biblischer Texte, 1978. – THEISSEN, G., Psychologische Aspekte paulinischer Theologie, FRLANT 131, 1983. – VOGT, T., Angst und Identität im Markusevangelium, NTOA 26, 1993. – WOLFF, H., Jesus der Mann, [7]1984.

Die ntl. Texte wurden von Menschen geschrieben und sind insofern grundsätzlich für eine psychologische Auslegung offen. Welche Gefühle, Hoffnungen und Sehnsüchte werden in den Texten sichtbar? Wie werden Normen, Wertvorstellungen und Verhaltensmuster begründet bzw. verworfen? In welcher Weise bestimmen Aggressionen das Weltbild ntl. Autoren? Wie erfolgt der Umgang mit der eigenen Geschichtlichkeit (Leid, Krankheit, Tod)? Von diesen Fragen kann eine psychologische Textinterpretation geleitet sein. Allerdings muss die Begrenztheit dieser Fragestellungen immer im Blick sein, denn jede psychologische Methode ist auf das lebendige Gespräch zwischen Menschen angewiesen. Texte können sich gegen die Allmacht der Exegeten nicht wehren, sie sind sachgemäßen, aber auch spekulativen Interpretationen ausgeliefert. Zudem unterliegen die als ideologischer Überbau herangezogenen psychologischen Meta-Theorien (z.B. Psychoanalyse) im Hinblick auf ihre Voraussetzungen und ihre praktische Anwendung neuerdings einer massiven Kritik innerhalb der Psychologie[243]. Psychologische Interpretationen müssen sich dieser methodologischen Probleme bewusst sein, um den Texten und ihren Autoren gerecht zu werden. Aus der Vielzahl psychologischer Interpretationsmodelle biblischer Texte können nur einige wichtige Entwürfe dargestellt werden.

G. Theißen analysiert ausgewählte Paulustexte (2 Kor 3, Röm 7 u.a.) auf drei voneinander abhängigen Ebenen: 1) der Ebene der bewussten Textaussage eines Autors, 2) der Ebene der ihm vorgegebenen Vergangenheit, und 3) der psychischen Ebene, die einen Text verstehbar und in die Gegenwart übertragbar macht. Dabei wertet Theißen Religion nicht als einen Verdrängungsprozess (S. Freud) oder als Ausdruck archetypischer Grundstrukturen (C. G. Jung), sondern als ein geschichtlich gewordenes und veränderbares Kommunikationssystem, das eine aktive Weltdeutung gestattet.

E. Drewermann will durch eine an C. G. Jung orientierte tiefenpsychologische Bibelauslegung die historisch-kritische Methode überwinden. Er wirft ihr Erstarrung, unangemessene Distanz zu den Texten und Vernachlässigung der Tiefenschichten biblischer Erzählungen vor und konstatiert, dass „diese Form von ‚Exegese' prinzipiell gottlos" ist, „sooft sie auch den Namen ‚Gott' in ihrem Munde führen mag."[244] Drewermann will ein umfassendes Verstehen biblischer Texte und eine neue Unmittelbarkeit erreichen, indem er nicht an das äußere Wort anknüpft, sondern an den „inneren Erfahrungsraum seelischer Zustände"[245], auf den alle religiöse

---

243 Vgl. die Fundamentalkritik der Psychoanalyse durch M. Pohlen u. M. Bautz-Holzherr, Psychoanalyse. Das Ende einer Deutungsmacht, 1995, 12: „Das Unternehmen Psychoanalyse hat nach einem Jahrhundert die Seele zu Ende analysiert, das Licht der Öffentlichkeit ist durch die aufklärerische Arbeit der Psychoanalyse in den letzten Winkel der Seele gedrungen und hat das Seelische völlig in den Griff ihrer Interpretationsmaschinerie genommen. Es gibt keine Seele mehr; denn die Innerlichkeit ist dem Subjekt entzogen und zur totalen Veräußerlichung eines pathetischen Diskurses von Tiefenexegetik geworden. Und Psychoanalyse nährt diesen kulturellen Glauben an eine mysteriöse Tiefe, der allen Erscheinungen eine verborgene Bedeutung unterstellt, die es mit Hilfe der psychoanalytischen Prozeduren gesellschaftlich wie subjektiv aufzuklären gilt, so daß am Ende dieses Prozesses statt der christlichen die psychoanalytischen Beichtstätten das Geständnis des verborgenen Begehrens offenbaren."
244 E. Drewermann, Tiefenpsychologie und Exegese I, 12.
245 A.a.O., 14.

Erfahrung zurückgeht und der sich auch in biblischen Texten widerspiegelt. Als anthropologischer Ansatz ergibt sich daraus: „Das wahre Problem des Menschen besteht darin, daß er nur in der Wahrheit seiner selbst zu dem ihm möglichen und zugedachten Glück imstande ist, und man sucht letztlich nach Gott, wenn man in den Abgrund des Unbewußten eines Menschen hinabsteigt."[246] Das historische Erkennen beschreibt nur die Außenseite des Verstehens, die äußere Geschichte kann nach Drewermann nur durch die Verbindung mit der inneren Geschichte, den archetypischen Szenen der menschlichen Seele, lebendig werden. Problematisch an Drewermanns Vorgehen ist nicht seine Absicht, biblische Texte durch tiefenpsychologische Auslegung wieder zum Sprechen zu bringen und Unmittelbarkeit herzustellen. Er verbindet aber diesen Ansatz unentwegt mit historischen und theologischen Werturteilen, die sich weder aus einem angeblichen Konsens der historisch-kritischen Methode noch aus der von ihm angewandten psychologischen Fragestellung ableiten lassen. Die eigentliche Problematik der tiefenpsychologischen Interpretation biblischer Texte durch E. Drewermann liegt auf dem Gebiet der Anthropologie. In der Rechtfertigungslehre des Paulus drückt sich die grundlegende Erkenntnis der Vorgängigkeit des Heilshandelns Gottes aus. Der Mensch lebt nicht mehr aus sich selbst heraus, er verdankt sein Leben dem Heilshandeln Gottes in Jesus Christus. Gott handelte bereits in Jesus Christus, bevor der Mensch zu handeln beginnt. Dieses bereits geschehene Handeln Gottes wird von Paulus streng getrennt und unterschieden vom stets nachfolgenden Tun des Menschen. Der Mensch wird damit von der unmöglichen Aufgabe entlastet, sich Sinn und Heil selbst schaffen zu müssen. Er muss nicht in das Innere seiner Psyche hinabsteigen und eine bestimmte Theorie der Weltdeutung aus dem 19. Jh. übernehmen, um die Wahrheit Gottes zu erkennen. Das heißt auch: Biblische Texte gewinnen nicht erst im Erkennen oder Handeln der Menschen ihre Wahrheit und Verbindlichkeit. Das Geltenlassen des von den ntl. Texten behaupteten Wahrheitsanspruches bedeutet nichts anderes als die Übertragung der Rechtfertigungslehre auf das Gebiet der Hermeneutik. Naturgemäß sind die ntl. Texte immer auf ihre historischen und auch psychologischen Implikationen ansprechbar, sie

---

246 E. Drewermann, Tiefenpsychologie und Exegese II, 257.

lassen sich aber nicht auf das Feld der vergangenen Geschichte begrenzen. Wer nur die psychologischen Entstehungsbedingungen der Texte im Blick hat, gelangt noch nicht zu einer wirklichen Wahrnehmung[247].

Im Gegensatz zu Drewermann entwertet die ‚Historische Psychologie' die historische Dimension des Menschen nicht. Vielmehr geht sie davon aus, dass auch das seelische Innere des Menschen einem geschichtlichen Wandel unterworfen ist. „Historische Psychologie des Neuen Testaments fragt nach den menschlichen Erfahrungen im Zeugnis der Schrift. Historische Psychologie ist damit die wissenschaftlich-kategoriale Antwort auf die hermeneutische Erkenntnis der Bedeutung menschlicher Erfahrung in der Theologie."[248] Die Frage nach der Erfahrung der Menschen in den biblischen Texten verbindet sich bei diesem Entwurf mit der Aufnahme der historischen, politischen und sozialen Aspekte, die diese Erfahrung zur damaligen Zeit mitbestimmten. Nicht eine konstante Beschaffenheit der menschlichen Erlebniswelt ist die Voraussetzung (so die archetypische Bilderwelt bei Drewermann), sondern die historisch einzigartigen und zugleich historisch bedingten Erfahrungen, die sich in neutestamentlichen Texten niederschlugen. Die historische Eigenart der ntl. Texte wird innerhalb dieses Ansatzes ernst genommen, zugleich geht es aber auch immer darum, die Erlebnisweisen der Psyche nach dem Zeugnis des Neuen Testaments mit unseren eigenen Anschauungen ins Gespräch zu bringen. Wie erscheinen im ntl. Denken Angst und Trauer? Wie werden sie verarbeitet? Wie verstehen ntl. Autoren das Herz des Menschen, seinen Leib und sein Gewissen? Wo und wie werden Gefühle reflektiert, in welchem Weltbild dachten die damaligen Menschen? Wie waren Diesseits und Jenseits, das Sichtbare und das Unsichtbare, die geistige und die körperliche Person miteinander verwoben? Welche Bedeutung haben Symbole im Neuen Testament? Der historischen Psychologie des Neuen Testaments geht es somit um die Erhebung der Erfahrensweisen von Wirklichkeit in der damaligen Zeit, um sie mit unserer Wirklichkeitserfassung zu

---

247 Zur Kritik an Drewermann vgl. auch G. Lohfink – R. Pesch, Tiefenpsychologie und keine Exegese, SBS 129, 1987; J. Frey, Eugen Drewermann und die biblische Exegese, WUNT 2.71, 1995.

248 K. Berger, Historische Psychologie des Neuen Testaments, 43.

konfrontieren. Dabei will die Historische Psychologie des Neuen Testaments nicht den unmittelbaren Zugriff auf ein angeblich hinter den Texten liegendes Unbewusstes mit Hilfe einer psychologischen Theorie des 19. Jhs. praktizieren, sondern eine intersubjektiv nachprüfbare Annäherung an die Erfahrungswelt des Neuen Testaments[249].

13.3.6 Feministische Bibelauslegung

Literatur

GERBER, U., Die feministische Eroberung der Theologie, 1987. – HAUSCHILDT, F. (Hg.), Frau und Mann – befreundet in Christus, 1988. – HEINE, S., Frauen der frühen Christenheit, ³1990. – DIES., Wiederbelebung der Göttinnen? Zur systematischen Kritik einer feministischen Theologie, ²1988. – MOLTMANN-WENDEL, E., Das Land, wo Milch und Honig fließt. Perspektiven einer feministischen Theologie, ²1987. – SCHOTTROFF, L. – WACKER, M. TH., (Hg.), Kompendium Feministische Theologie, ³2007. – SCHÜSSLER-FIORENZA, E., Zu ihrem Gedächtnis, 1988.

Das Recht der feministischen Bibelauslegung liegt vor allem darin, dass sie mit Nachdruck auf vielfach vernachlässigte Aspekte der Interpretation des Neuen Testaments hinwies. Bekanntlich spielen Frauen eine bedeutsame Rolle innerhalb der Jesusbewegung (vgl. z.B. Lk 8,1–3). Der Auferstandene erschien nicht nur Petrus und den anderen Aposteln (vgl. 1Kor 15,3ff), sondern nach den Berichten der Evangelien gehörten auch zahlreiche Frauen zu den ersten Augenzeugen (vgl. Mt 28,1ff; Mk 16,1ff; Lk 24,1ff; Joh 20,1ff). In den paulinischen Gemeinden nahmen Frauen zentrale Aufgaben wahr, ungefähr ein Viertel der Mitarbeiter des Paulus waren Frauen. Besonders instruktiv ist die Grußliste in Röm 16, wo u.a. das Ehepaar Prisca und Aquila als Leiter einer Hausgemeinde in Rom erscheinen (V. 3f) und wahrscheinlich eine Frau, Junia, in Röm 16,7 von Paulus als Apostel bezeichnet wird.

Zustimmung verdient die Kritik feministischer Theologie an ntl. Aussagen, die in der Tradition der Unterordnung der Frau gegenüber dem Mann stehen. Ein solcher Text liegt z.B. in 1Tim 2,11–14 vor, wo der in der Antike verbreitete Topos der Unterordnung aufgenommen wird, um die Stellung der Frau in der Gemeinde zu beschreiben. Als ein zweites Argument gilt die sexuelle Verführbar-

---

249 Vgl. a.a.O., 44.

keit der Frau, die sie zur Lehre ungeeignet mache. Heftig umstritten ist 1Kor 14,33b–35: „Wie in allen Gemeinden der Heiligen sollen die Frauen in der Gemeindeversammlung schweigen, denn es ist ihnen nicht gestattet zu reden, sondern sie sollen sich unterordnen, wie es ihnen das Gesetz sagt. Wollen sie aber etwas lernen, so sollen sie daheim ihre Männer fragen. Es steht der Frau schlecht an, in der Gemeinde zu reden." Vielfach wird dieser Text als eine nachpaulinische Einfügung angesehen, die inhaltlich den Pastoralbriefen nahesteht. Wo der Abschnitt hingegen als ursprünglich gilt, wird λαλεῖν zumeist als ‚Dazwischenfragen' oder ‚Drauflosreden' interpretiert, so dass Paulus hier nur für die Einhaltung von Ordnungen innerhalb des Gottesdienstes votieren würde. Keineswegs verbietet der Apostel den Frauen in der Gemeindeversammlung zu sprechen, wie 1Kor 11,5 zeigt. Paulus setzt selbstverständlich voraus, dass Frauen sich aktiv am Gottesdienst beteiligen.

Mit der berechtigten Forderung nach einer Aufarbeitung der Rolle von Frauen in der Geschichte des Urchristentums verbindet die feministische Theologie aber häufig auch die Forderung nach einer Veränderung der christlichen Lehre, weil die in ihren Augen ungerechten Verhältnisse in Kirche und Gesellschaft unmittelbarer Ausdruck einer von Männern geprägten Lehre sind. Grundlage ist dabei die Behauptung, dass die biblischen Schriften nicht nur innerhalb einer von Männern beherrschten Gesellschaft entstanden, sondern das Produkt einer patriarchalen Gesellschaft sind. „In der männlich redigierten Bibel mit ihrer sich zuspitzenden Frauenverachtung sind auch die verwendeten Gottesbilder vorwiegend männlich."[250]

Während die biblische Lehre von Gott als dem Vater einer sehr scharfen, zumeist auf das Alte Testament bezogenen und z.T. antijüdischen Kritik unterzogen wird, beurteilen die meisten feministischen Theologinnen Jesus positiv. Allerdings erst, nachdem sie diese Gestalt in ihrem Sinne uminterpretiert haben. So versucht man aufzuzeigen, dass hinter den ntl. Jesusüberlieferungen ein Jesus sichtbar wird, der Frauen nicht nur positiv gegenüberstand, sondern durch Frauen verändert wurde. So behauptet Christa Mulack, Jesus sei von Frauen und durch Frauen zum Messias gesalbt worden. „Er (Jesus) hatte sich ihnen (den Frauen) zugewandt, war

---

250 E. Moltmann-Wendel, Das Land, wo Milch und Honig fließt, 97.

bereit gewesen, von ihnen zu lernen, und hatte sich ihre Werke zu eigen gemacht ... Die Frauen hatten also Grund genug, ihn in Dankbarkeit, Liebe und Trauer als ihren Messias zu salben."[251] Als Beleg für diese These dienen die ntl. Salbungsgeschichten (vgl. z.B. Lk 7,36–38: Jesu Salbung durch die Sünderin). Nicht mehr das Handeln Gottes in Kreuz und Auferstehung ist das Entscheidende, sondern das Verhalten von Frauen gegenüber Jesus. Der Inhalt des Evangeliums ist dann auch nicht mehr die frohe Botschaft vom Versöhnungstod Jesu Christi am Kreuz, sondern: „Das Evangelium ist die frohe Botschaft von der Überwindung patriarchalischer Verhältnisse, für die Jesus und die Frauen sich einsetzten. Frauen sind es daher, deren Gedächtnis mit der frohen Botschaft in der Welt erhalten werden soll. Den Jüngern wird ein solches Andenken an keiner Stelle gestiftet."[252]

Weil die ntl. Texte derartige Theorien in keiner Weise belegen, gehört es zu den Kennzeichen feministischer Theologie, dass ihr Umgang mit den biblischen Texten höchst selektiv und damit auch fundamentalistisch ist. Es werden nur Texte bzw. Personennamen herangezogen, die für die eigene These verwertbar sind. Nur sie sind von Bedeutung; alle anderen Texte, d.h. faktisch fast die gesamte Bibel, verlieren an Wert und Bedeutung. Diese Vorgehensweise wird damit begründet, dass die Evangelisten und natürlich auch Paulus die ursprünglichen Wurzeln des Christentums unterdrückt und verändert hätten. Alle biblischen Texte stehen deshalb unter dem Verdacht, aus männlichen Interessen heraus formuliert zu sein, um Unterdrückung zu legitimieren. Konsequenterweise entwickelt daher Elisabeth Schüssler-Fiorenza eine Hermeneutik des Verdachts. „Eine Hermeneutik des Verdachts und ihre ideologiekritische Funktion ist Anfang und Grund einer kritisch-befreienden Bibelauslegung. Ihr Verdacht bezieht sich jedoch nicht nur auf die gegenwärtigen Interpretationen des Textes und seine Interpretations- und Wirkungsgeschichte, sondern sowohl auf den Text selbst wie auf seine Traditions-, Redaktions- und Kanonisationsgeschichte."[253] Die meisten biblischen Texte können natürlich diesem

---

251 Chr. Mulack, Jesus – der Gesalbte der Frauen, 1987, 114.
252 A.a.O., 115.
253 E. Schüssler-Fiorenza, Biblische Grundlegung, in: Feministische Theologie. Perspektiven zur Orientierung, hg. v. M. Kassel, 1988, 25.

Verdacht nicht standhalten. So untersucht die Verfasserin die Erzählung von Maria und Martha (Lk 10,38–42) und kommt zu dem Ergebnis, „daß ein solcher Text nicht die Autorität Gottes für sich beansprucht und als das Wort Gottes verkündigt werden kann."[254] Der alleinige Maßstab für das Wort Gottes ist somit die Entscheidung der Exegetin, ob ein Text unter den Verdacht fällt, aus männlichen Interessen heraus geschrieben zu sein, oder ob er eine Frauen ansprechende und befreiende Thematik hat. Nicht Gott verbürgt die Wahrheit, die Wahrheit ist auch nicht vorgegeben, sondern Frauen entscheiden darüber, was als Wahrheit zu gelten hat oder nicht.

Die Anfragen der feministischen Theologie müssen dort aufgenommen werden, wo biblische Traditionen neu entdeckt und nun endlich ernst genommen werden; wo die Benachteiligung oder Unterdrückung von Frauen in der Kirche aufgedeckt und bekämpft wird; wo Strukturen gefördert werden, die eine gemeinsame Teilhabe von Mann und Frau ermöglichen. Zugleich muss der feministischen Theologie dort energisch widersprochen werden, wo sie eigenmächtig grundlegende biblische Aussagen manipuliert, vernachlässigt oder bewusst übergeht[255].

13.3.7 Theologie als Sinnbildung

Literatur

LAMPE, P., Die Wirklichkeit als Bild, 2006. – MOXTER, M., Erzählung und Ereignis, in: Schröter, J. – Brucker, R. (Hg.), Der historische Jesus, BZNW 114, 2002, 67–88. – REINMUTH, E., Neutestamentliche Historik, ThLZ.F 8, 2003. – SCHNELLE, U., Theologie des Neuen Testaments, 2007, 15–46. – SCHRÖTER, J. – EDDELBÜTTEL, A. (Hg.), Konstruktion von Wirklichkeit, 2004.

Unter Aufnahme der neueren geschichtstheoretischen Diskussion[256] wird bei diesem aktuellen hermeneutischen Ansatz danach gefragt,

---

254 A.a.O., 40.

255 Dies ist eindeutig der Fall bei der sog. ‚Bibel in gerechter Sprache', hg. v. U. Bail u.a., 2006, die keine Übersetzung, sondern eine ideologische Neuschreibung des biblischen Textes vor allem aus feministischer Perspektive ist. Zur Kritik vgl. I. U. Dalferth – J. Schröter (Hg.), Bibel in gerechter Sprache? Kritik eines misslungenen Versuchs, 2007.

256 Vgl. dazu J. Rüsen, Grundzüge einer Historik I–III, 1983–1989; Chr. Lorenz, Konstruktion der Vergangenheit. Eine Einführung in die Geschichtstheorie,

wie Geschichte entsteht und welche Faktoren dabei eine maßgebliche Rolle spielen. Das klassische Ideal des Historismus, nur zu zeigen, was eigentlich gewesen ist (L. v. Ranke), erwies sich in mehrfacher Hinsicht als ideologisches Postulat. Die Gegenwart verliert mit ihrem Übergang in die Vergangenheit unwiderruflich ihren Realitätscharakter, so dass es schon deshalb nicht möglich ist, das Vergangene ungebrochen gegenwärtig zu halten. Die eigentliche Zeitstufe des Historikers/Exegeten ist immer die Gegenwart, in die er untrennbar verwoben ist und deren kulturelle und politische Standards sein gegenwärtiges Verstehen entscheidend mitprägen. Zudem sind auch die Verstehensbedingungen selbst, speziell die Vernunft und der jeweilige Kontext, einem Wandlungsprozess unterworfen, insofern die jeweilige geistesgeschichtliche Epoche und die sich notwendigerweise ständig wandelnden erkenntnisleitenden Absichten das historische Erkennen bestimmen. Nicht das wirklich vollzogene Geschehen ist uns zugänglich, vielmehr nur die je nach Standort der Interpreten verschiedenen Deutungen vergangener Ereignisse. Geschichte wird nicht rekonstruiert, sondern unausweichlich und notwendigerweise konstruiert. Das verbreitete Bewusstsein, die Dinge nur ‚nachzuzeichnen' oder zu ‚re-konstruieren' suggeriert eine Kenntnis des Ursprünglichen, die es in der vorausgesetzten Art und Weise nicht gibt. Geschichte ist auch nicht identisch mit Vergangenheit, vielmehr immer nur eine gegenwärtige Stellungnahme, wie man Vergangenes sehen könnte. Deshalb gibt es keine ‚Fakten' im ‚objektiven' Sinn, sondern innerhalb historischer Konstruktionen bauen Deutungen auf Deutungen auf. Es gilt: „es wird Geschichte, aber es ist nicht Geschichte"[257]. Zu diesen erkenntnistheoretischen Einsichten kommen sprachphilosophische Überlegungen. Geschichte ist immer sprachlich gestaltete Vermittlung; Geschichte existiert nur, insofern sie zur Sprache gebracht wird. Historische Nachrichten werden erst durch die semantisch organisierte Konstruktion des Historikers/Exegeten zu Geschichte. Geschichte ist somit immer ein selektives System, mit dem die Interpretierenden nicht einfach Vergangenes, sondern vor allem ihre eigene Welt ordnen und deuten. Dabei müssen historische Nachrich-

---

1997; H.-J. Goertz, Umgang mit Geschichte, 1995; ders., Unsichere Geschichte, 2001.

257 J. G. Droysen, Historik, hg. v. P. Leyh, 1977 (= Nachdruck 1857/1882), 69.

ten in der Gegenwart erschlossen und zur Sprache gebracht werden, so dass sich in der Darstellung/Erzählung von Geschichte notwendigerweise ‚Fakten' und ‚Fiktion', Vorgegebenes und schriftstellerisch-fiktive Arbeit miteinander verbinden. Zugleich gilt aber: Der Bezug auf das Geschehene wird damit keinesfalls aufgegeben, sondern die Bedingungen seiner Realisierung werden reflektiert. Konstruktion meint nicht etwas Willkürliches oder aus sich selbst Begründbares, sondern ist an Methoden und Realitätsvorgaben gebunden. Die Sachgehalte von Quellen müssen in einen sinn- und bedeutungsvollen Zusammenhang gebracht werden und innerhalb des wissenschaftlichen Diskurses diskutier- und rezipierbar bleiben[258].

Damit verbindet sich eine zweite Grundeinsicht, die aus der Wissenssoziologie in die Geschichtstheorie übernommen wurde und für die ntl. Wissenschaft von grundlegender Bedeutung ist: Sprachliche Konstruktion von Geschichte vollzieht sich stets auch als ein sinnstiftender Vorgang[259], der sowohl dem Vergangenen als auch dem Gegenwärtigen Sinn, d.h. Deutungskraft zur Orientierung innerhalb der Lebenszusammenhänge verleihen soll. Menschliches Sein und Handeln zeichnet sich grundsätzlich durch Sinn aus[260].

Es lässt sich keine menschliche Lebensform bestimmen, die nicht auf Sinn zu rekurriert. Sinn ist die Grundform menschlichen Daseins. Schon die kulturanthropologische Unabweisbarkeit von Transzendenzvollzügen des Menschen mit sich selbst und seiner soziokulturellen Lebenswelt hat notwendigerweise Sinnbildungen zur Folge. Zudem wird der Mensch immer schon in Sinnwelten hineingeboren[261]. Sinn ist unabwendbar, die menschliche Lebenswelt muss sinnhaft gedacht und erschlossen werden, denn nur so ist Leben und Handeln in ihr möglich. Jede Religion ist als Sinnform ein solcher Erschließungsvorgang, somit auch das frühe Christentum und die in ihm entwickelten Theologien.

---

258 Zur Kritik an postmodernen, radikal konstruktivistischen Beliebigkeitstheorien vgl. J. Rüsen, Narrativität und Objektivität, in: ders., Geschichte im Kulturprozeß, 2002, 99–124; ders., Kann gestern besser werden?, 2003.

259 Vgl. J. Rüsen, Zerbrechende Zeit. Über den Sinn der Geschichte, 2001.

260 Vgl. dazu grundlegend A. Schütz, Der sinnhafte Aufbau der sozialen Welt, 1974; A. Schütz – Th. Luckmann, Strukturen der Lebenswelt, 2003.

261 Vgl. P. L. Berger – Th. Luckmann, Die gesellschaftliche Konstruktion der Wirklichkeit, [17]2000.

Was für die Geschichtsschreibung generell zutrifft, gilt auch für das Neue Testament; seine Schriften sind das Resultat einer umfassenden Sinnbildung und müssen als solche gelesen und verstanden werden. Bereits Jesus von Nazareth nahm eine Sinnbildung vor, indem er seine Person und sein Handeln in einzigartiger Weise mit dem Reich Gottes und so mit Gott selbst verband. Die Osterereignisse ließen die Person des Jesus von Nazareth in einem veränderten und neuen Licht erscheinen und machten Sinnbildungen unabweisbar. Maßgebliche ntl. Autoren wie Paulus, Markus und Johannes konnten mit Kreuz und Auferstehung gar nicht anders umgehen, als dieses Ereignis erzählend zu deuten[262]. Diese Deutungen entfalteten eine einmalige Wirkungsmacht, weil sie in mehrerer Hinsicht anschlussfähig waren: an die Jesusgeschichte, das Judentum und den Hellenismus. Wenn Sinnbildung immer konstruierte gegenwärtige Weltdeutung ist, stellt sich z.B. bei Paulus, Markus und Johannes die Frage nach dem Muster der dabei verwendeten Matrix: Neutestamentliche Theologie als Sinnbildung kommt somit die Aufgabe zu, die tragenden Gedanken der neuen Sinnwelt und das damit verbundene Identitätskonzept zu erheben und ihren Ort innerhalb der zeitgenössisch existierenden Sinnwelten des Judentums und der römisch-hellenistischen Welt, aber auch innerhalb des frühen Christentums zu bestimmen.

13.4 Das Ziel der neutestamentlichen Hermeneutik

Die ntl. Exegese ist ein methodisch geleiteter Lese-, Lern- und Verstehensprozess, der auf die umfassende Erhebung der historischen und theologischen Dimensionen der Texte zielt. Die Notwendigkeit einer derart reflektierten Exegese ergibt sich aus dem geschichtlichen und sachlichen Abstand des Neuen Testaments zur Gegenwart. Der geschichtliche Abstand erfordert eine hermeneutische Reflexion, die Voraussetzungen, Wesen, Wege und Konsequenzen historischen Verstehens zum Gegenstand hat. Der sachliche Abstand zur ntl. Zeit verlangt umfassende philologi-

---

262 Vgl. U. Schnelle, Theologie als kreative Sinnbildung: Johannes als Weiterbildung von Paulus und Markus, in: Th. Söding (Hg.), Johannesevangelium – Mitte oder Rand des Kanons?, QD 203, 2003, 119–145.

sche, literaturwissenschaftliche und kulturgeschichtliche Informationen, um so den Aussagegehalt der Texte zu ermitteln.

Das Bewusstsein eines Abstandes zum Ursprungsgeschehen ist untrennbar mit dem neuzeitlichen Rationalismus und Historismus verbunden. Der Rationalismus befördert ein an allgemeiner Überprüfbarkeit und universaler Geltung orientiertes Wissenschaftsideal. Er weiß sich einem Weltbild verpflichtet, das durch Autonomiebewusstsein, Pluralismus, Emanzipation und eine fortschreitende Säkularisierung gekennzeichnet ist. Nicht kirchliche Glaubensbindung, sondern allein das der Vernunft verpflichtete rationale Urteil vermag Begründungen zu liefern. Der Historismus ebnet alle Ereignisse in den Gleichfluss der Geschichte ein, wobei die Gleichartigkeit allen geschichtlichen Geschehens es überhaupt erst ermöglicht, zwischen tatsächlich Geschehenem und Täuschungen zu unterscheiden. Dem Neuen Testament wurde damit eine durch kirchliche Autorität verbürgte Sonderstellung genommen. Wie jedes literarische Dokument der Antike unterliegt es den im Diskurs der Wissenschaften sich herausbildenden maßgeblichen Verstehensbedingungen. Spätestens mit der Aufklärung setzte ein Prozess der historischen und methodischen Differenzierung ein, der bis in die Gegenwart hinein anhält. Er wurde im 19. Jh. wesentlich durch die Blüte kritischer Geschichtswissenschaft und klassischer Philologie, im 20. Jh. durch die expandierenden Sozial- und Sprachwissenschaften geprägt. Es setzte sich die Einsicht durch, dass es keine einfache Identität von Wahrheit und Text gibt. Weil die Selbstgewissheit des Glaubens nicht durch an Texte gebundene historische Vergewisserung begründet werden kann, wurde in vielfältiger Weise der Versuch unternommen, die Wahrheit hinter den Texten zu bestimmen: In ‚notwendigen Vernunftswahrheiten' (G. E. Lessing), in der Unmittelbarkeit des religiösen Bewusstseins (F. D. E. Schleiermacher), im Ideal des historischen Jesus (liberale Theologie des 19. Jh.), im ‚Kerygma' (R. Bultmann), in den Strukturen der Psyche (psychologische Bibelauslegung) oder in einer bestimmten Art der Glaubenspraxis (Befreiungstheologie). Den bis heute massivsten Einspruch gegen eine Trennung von Wahrheit und unmittelbarem Textzeugnis erhob M. Kähler[263], indem er die Unterscheidung zwischen dem his-

---

263 Vgl. M. Kähler, Der sogenannte historische Jesus und der geschichtliche, biblische Christus, TB 2, 1953 (= 1892).

torischen Jesus und dem gepredigten Christus für historisch nicht möglich und dogmatisch falsch erklärte. Die Aporien beider Ansätze sind deutlich: Je mehr sich die Exegese durch methodische und hermeneutische Vorentscheidungen vom unmittelbaren Textzeugnis entfernt, verliert sie ihren einzigen historischen Bezugspunkt und gibt die Identität des christlichen Glaubens preis. Identifiziert sie hingegen Textzeugnis und Wahrheit gänzlich, dann negiert sie die grundlegende Unterscheidung zwischen dem einmaligen Ursprungsgeschehen selbst und seiner Bezeugung durch die ntl. Texte. Die Wahrheit ist somit nicht einfach identisch mit dem Text, zugleich gibt es die Wahrheit nicht jenseits des Textes. Für die ntl. Exegese heißt dies: Sie darf das Spannungsverhältnis zwischen Text und Wahrheit nicht aufheben, sondern muss ihm durch die bewusste Erhebung und Zuordnung der historischen und theologischen Dimensionen der ntl. Überlieferung entsprechen.

Um dieses Ziel zu erreichen, hat die ntl. Exegese zunächst ihre eigenen Voraussetzungen zu erkennen und zu benennen. Im Zentrum steht dabei die Frage nach dem Charakter und der Reichweite historischen Erkennens. Historisches Erkennen vollzieht sich immer in einem Zeitabstand. Der Zeitabstand bedeutet Abständigkeit, er verwehrt historisches Erkennen im Sinn einer umfassenden Feststellung dessen, was geschehen ist. Somit kann sich historische Erkenntnis immer nur als Annäherungsakt an die vergangenen Geschehnisse verstehen. Neben dem Zeitabstand bedingt die Interpretationsbedürftigkeit historischen Geschehens die Relativität historischen Erkennens. Erst in der Interpretation des erkennenden Subjektes wird Geschichte konstruiert. Nicht das wirkliche Geschehen ist uns zugänglich, sondern nur die je nach Standort des Interpreten verschiedenen Deutungen vergangener Ereignisse. Schließlich sind auch die Verstehensbedingungen selbst, speziell die Vernunft und der Kontext, einem Wandlungsprozess unterworfen, insofern die jeweilige geistesgeschichtliche Epoche und die sich notwendigerweise ständig wandelnden erkenntnisleitenden Absichten das historische Erkennen bestimmen. Dem historischen Erkennen kommt somit die grundlegende Aufgabe zu, die Entstehungsbedingungen der Texte zu erheben. Als Annäherungsakt vermag es jedoch das zu Erkennende nie als das zu erfassen, was es war. Deshalb kann es auch nicht über den Wahrheitsanspruch der

Texte entscheiden, der ihm ebenso entzogen ist wie das Ursprungsgeschehen selbst. Überall dort, wo das historische Erkennen auch über die Wahrheit des christlichen Glaubens entscheiden will, ignoriert es seine eigene Geschichtlichkeit und Relativität. Für das Verhältnis von Text und Wahrheit heißt dies: Seine Wahrheit gewinnt der Text nicht erst im Tun des Menschen, sondern im Wahrheitsanspruch der ntl. Texte artikuliert sich ein Zuvor des Handelns Gottes. Die Wahrheit muss und kann nicht vom Menschen gefunden, konstruiert oder postuliert werden. Vielmehr ist sie ihm schon immer vorgegeben und kann nur ausgelegt werden. Weil nach dem Anspruch der Texte Gott selbst die Wahrheit verbürgt, lassen sie sich nicht auf das Feld der vergangenen Geschichte begrenzen. Vielmehr gehören der Einblick in die historischen Entstehungsbedingungen und die Wahrnehmung des Wahrheitsanspruches der Texte immer zusammen. Der Methodenkanon der ntl. Exegese muss deshalb so strukturiert werden, dass er beides leisten kann.

Hinsichtlich ihrer historischen Dimensionen versteht sich die ntl. Exegese als ein Teil der allgemeinen Geschichts- und Literaturwissenschaft und partizipiert an deren Methoden. Die Erstellung einer sicheren Textgrundlage als Basis aller philologisch-historischen Arbeit erfolgt in der Textkritik. Als Sprachdokumente müssen die ntl. Texte auf die verschiedenen Dimensionen ihrer sprachlichen Struktur hin untersucht werden. Die literarische Gestalt der einzelnen ntl. Schriften erfordert in unterschiedlicher Weise zur Erklärung des Jetzttextes literarkritische Annahmen. Die nachweisbare Gleichförmigkeit bei der Überlieferung bestimmter Texteinheiten wird in der Formgeschichte reflektiert. Aus dem Eingebundensein des Neuen Testaments in eine bestimmte geschichtlich-kulturelle Situation resultieren religions- und zeitgeschichtliche Fragestellungen. Die Redaktionsgeschichte verdankt sich der grundlegenden Einsicht, dass die Verfasser ntl. Schriften nicht nur als Tradenten, sondern als bewusst konzipierende Theologen arbeiteten. Der zunehmende Einfluss sozial- und literaturwissenschaftlicher Fragestellungen führte zu einer produktiven Ergänzung des herkömmlichen Methodenkanons. Die antike Alltagswelt in ihren historischen, religiösen, politischen und wirtschaftlichen Dimensionen wird ebenso wie die sprachliche Eigenwelt der Texte zu einem maßgeblichen Faktor des Verstehens. Ntl. Texte besitzen aber nicht nur eine zu analysierende sprachliche Struktur, sie sind vor allem Träger eines Inhalts, den sie vermitteln wollen. Sie sprechen von der Geschichte Gottes in Jesus Christus und wollen Glauben hervorrufen. Die theologischen Aussagen der Texte müssen in der hermeneutischen Reflexion als Teildisziplin der ntl. Exegese bedacht werden.

Die ntl. Exegese vollzieht sich im Spannungsfeld von Text und Wahrheit. Weil die ntl. Texte als Zeugnisse geschichtlicher Glaubenserfahrungen zu lesen sind, hat die Exegese gleichermaßen eine historische und eine theologische Dimension. Der historischen Analyse kommt grundlegende Bedeutung zu, denn die Identität des urchristlichen Glaubens ist ursächlich an die Verbindung mit seinem Ursprungsgeschehen gewiesen. Zugleich muss die ntl. Exegese aber die Reichweite historischer Vernunft angesichts des in den ntl. Texten postulierten Offenbarungsanspruches reflektieren. Es gehört zu ihren Aufgaben, den Verweischarakter der ntl. Texte auf die Offenbarung Gottes in Jesus Christus zur Sprache zu bringen. Nur so wird sie ihrer Aufgabe gerecht, einen methodisch angemessenen Zugang zu den Texten zu gewähren und deren Anredecharakter zu wahren.

13.5 Aufgabe

Vergleichen Sie das Verständnis von „Glaube", wie es sich in der Darstellung Abrahams bei Paulus (Gal 3,6ff und Röm 4,1ff) und im Jakobusbrief (2,21ff) ausspricht, und beurteilen Sie es unter der Perspektive der reformatorischen Lehre der ‚iustificatio impiorum'. Versuchen Sie, den unter Anwendung des Instrumentariums der historisch-kritischen Methode erhobenen Skopus einer Perikope so in einem Satz zusammenzufassen, dass er zur Grundlage einer Predigt oder eines Unterrichtsentwurfes werden kann.

14. Die Anfertigung einer Proseminararbeit

Literatur zum wissenschaftlichen Arbeiten
BÄNSCH, A., Wissenschaftliches Arbeiten. Seminar- und Diplomarbeiten. ⁶1998. – KAMMER, M., Bit um Bit. Wissenschaftliches Arbeiten mit dem PC, 1997. – LÜCK, W., Technik des wissenschaftlichen Arbeitens, 1999. – STANDOP, E., Die Form der wissenschaftlichen Arbeit, ¹⁵1998. – THEISSEN, M. R., Wissenschaftliches Arbeiten. Technik, Methodik, Form, 1998.

14.1 In einer neutestamentlichen Proseminararbeit ist ein neutestamentlicher Text auf seine literarische Gestalt, seine historische Entstehung und seine theologischen Aussagen eingehend zu untersuchen. Hierfür sind die einzelnen Arbeitsschritte der historisch-kritischen Methode anzuwenden.

Die *Gliederung* einer Proseminararbeit richtet sich nach dem zu untersuchenden Text; der folgende Aufriss ist deshalb als genereller Vorschlag zu verstehen:
1. Übersetzung
2. Textkritik
3. Textanalyse
4. Synoptischer Vergleich (Quellenkritik)
5. Formgeschichte
6. Traditionsgeschichte
7. Begriffs- und Motivgeschichte
8. Religionsgeschichtlicher Vergleich
9. Redaktionsgeschichte
10. Hermeneutische Besinnung

14.2 Die Proseminararbeit ist maschinenschriftlich bzw. mit dem Computer anzufertigen; der laufende Text ist 1½-zeilig, die Anmerkungen sind 1-zeilig zu formatieren.

Eine Proseminararbeit soll eine *Länge* von ca. 20 DIN A4-Seiten haben.

14.3 Die *Anmerkungen* enthalten alle Belegstellen für wörtliche Zitate, freie Wiedergaben und sonstige Hinweise. Zur Entlastung der Darstellung sollen nebensächliche Exkurse und knappe Auseinandersetzungen mit der Sekundärliteratur in den Anmerkungen stehen. Auf die Anmerkungen ist im Text durch hochgestellte Ziffern zu verweisen. Die Anmerkungen stehen durchgehend nummeriert am unteren Rand der Seite, auf die sie sich beziehen.

14.4 Die *Abkürzungen* richten sich nach den Abkürzungsverzeichnissen der RGG[4], des EWNT oder der TRE (hg. v. S. Schwertner).

14.5 *Zitierungen*

14.5.1 Direkte Zitate: *Direkte Zitate* sind in doppelte Anführungszeichen zu setzen; sie müssen wörtlich und in Rechtschreibung und Interpunktion mit der Quelle übereinstimmen; *Auslassungen* innerhalb des Zitates werden durch drei Punkte gekennzeichnet, denen ein Leeranschlag vorhergeht und folgt.

Beispiele:

„Um seine Vorläufigkeit weiß der Mensch, wenn er von der Ewigkeit und Jenseitigkeit Gottes redet."[264]

„Um seine Vorläufigkeit weiß der Mensch, wenn er von der Ewigkeit ... Gottes redet."

14.5.2 Für das Verständnis notwendige *Zusätze* und *Ergänzungen* sind in Klammern einzuschieben; um ganz sicher zu gehen, fügt man „Verf." hinzu.

Beispiel:

„Um seine Vorläufigkeit (hier im Sinne Bultmanns; Verf.) weiß der Mensch, wenn er von der Ewigkeit und Jenseitigkeit Gottes redet."

Wenn das angeführte Zitat einen Satz in runden Klammern schon enthält und darin Zusätze des Verfassers erforderlich werden, so sind diese durch eckige Klammern kenntlich zu machen.

Beispiel:

„Das Urchristentum, und zwar zunächst Paulus, hat die Idee der Freiheit vom Hellenismus übernommen (wie schon vor ihm das

---

[264] R. Bultmann, Die Frage der natürlichen Offenbarung, in: ders., Glauben und Verstehen II, ⁵1968, (79–104) 84.

hellenistische Judentum [aus dem Paulus stammt, Verf.]), nämlich die Idee der inneren Freiheit als der Unabhängigkeit – wie es nun charakteristisch heißt: von der Welt."[265]

14.5.3 Interpunktionszeichen am Schluss eines *vollständig* zitierten Satzes werden in die Zitation aufgenommen.

Interpunktionszeichen am Schluss von wörtlich zitierten *Satzfragmenten* werden grundsätzlich nicht in die Zitation aufgenommen; das Satzzeichen schließt ja den ganzen (eigenen) Satz (des Verfassers) ab, nicht das Zitat.

Beispiel:

So gilt denn, dass der Mensch sich seiner Endlichkeit bewusst ist „wenn er von der Ewigkeit und Jenseitigkeit Gottes redet".

14.5.4 Zitat innerhalb des Zitates:

Wenn ein ganzes Zitat oder ein Zitatfragment bzw. Begriffe, die im Original durch doppelte Anführungsstriche gekennzeichnet sind, ins eigene Zitat übernommen werden, so erfolgt die Auszeichnung – weil sich das Gesamtzitat in doppelten Anführungsstrichen befindet – nur in *einfachen* Anführungsstrichen.

Beispiel:

„Die drängende Frage ist ja die nach dem Bleibenden in allem Wandel, nach der ‚Identität des Seienden' in der Geschichte."[266]

14.5.5 Indirekte Zitate: Hier handelt es sich um die sinngemäße Übernahme einer Textstelle mit den eigenen Worten des Verfassers der Arbeit, um eine reflektierende Wiedergabe also, die ebenfalls der Quellenangabe bedarf. Bei indirekten Zitierungen wird in der Anmerkung die Abbreviatur ‚vgl.' vor das betreffende Werk gesetzt.

14.5.6 Erstreckt sich ein Zitat über zwei Seiten bzw. Spalten des Quellenwerkes, so wird der Seitenzahl des Zitatanfangs ein ‚f' (= und die folgende) hinzugefügt. Werden mehrere Seiten bzw. Spalten zitiert, so kann auf diese mit ‚ff' verwiesen werden. Es erleichtert jedoch das Nachprüfen und Wiederfinden, wenn jeweils die erste und letzte Seite bzw. Spalte angegeben werden.

---

265 R. Bultmann, Die Bedeutung des Gedankens der Freiheit für die abendländische Kultur, in: ders., Glauben und Verstehen II, (274–293) 277.

266 R. Bultmann, Reflexionen zum Thema Geschichte und Tradition, in: ders., Glauben und Verstehen IV, ⁴1975, (56–68) 63.

14.5.7 Wird dasselbe Werk wiederholt nacheinander zitiert, so benutzt man nach der ersten vollständigen Zitierung die Abkürzung ‚a.a.O.' mit der jeweiligen Seitenangabe; ‚ebd.' bedeutet in der Regel dieselbe Seite desselben Werkes.

14.5.8 Bei Zitierungen der biblischen und außerbiblischen Schriften werden die Abkürzungen der obengenannten (14.4) Abkürzungsverzeichnisse verwendet. Die Trennung der Kapitel und Versangaben erfolgt durch ein Komma, parallel gestellte Verse oder Kapitel werden durch einen Punkt voneinander getrennt, verschiedene Stellenverweise durch Semikolon. Ein Bindestrich verbindet den ersten und letzten Vers bzw. das erste und letzte zitierte Kapitel.

Beispiel: Mt 1,1.5–16.25; 2,23.

14.6 *Bibliographie*

Das Literaturverzeichnis darf nur wirklich benutzte Bücher enthalten. Diese müssen vollständig und nach dem neuesten Stand angegeben werden (jeweils letzte Auflage zitieren!). In den Anmerkungen kann dann gekürzt hierauf verwiesen werden (nur Verfassernamen und Hauptwort des Titels angeben). Die Anfangsbuchstaben der Vornamen der Verfasser werden im alphabetisch geordneten Literaturverzeichnis dem Nachnamen nachgestellt. Nur bei Verwechslungsmöglichkeiten wird der Vorname ausgeschrieben. Im übrigen müssen die bibliographischen Angaben dem Titelblatt des Werkes wörtlich entsprechen. Ist ein Untertitel vorhanden, so wird dieser durch Punkt vom Obertitel abgesetzt. Bei inländischer Literatur müssen Verleger und Verlagsort(e) nicht angegeben werden. Nach dem Titel sind – soweit vorhanden – Reihe und Bandnummer (bzw. Zeitschrift und Jahrgang in Klammern) zu nennen. Die Auflage wird durch eine hochgestellte Ziffer vor dem Erscheinungsjahr kenntlich gemacht. Ist das Jahr der Veröffentlichung auf dem Titelblatt nicht erwähnt, aber erschließbar, so wird es durch Klammern hinzugefügt; wenn es nicht ermittelt werden kann, so wird stattdessen das Kürzel „o.J." gesetzt. Bei Lexika, Enzyklopädien u.ä. wird die Bandzahl in römischen oder arabischen Ziffern (ohne „Bd.") unmittelbar dem Titel und der Abkürzung der Reihe folgend angegeben, danach in Klammern das Erscheinungsjahr. Anschließende Seiten- oder Spaltenbezeichnungen werden in arabischen Ziffern mit Komma angefügt. Zur besseren Übersichtlichkeit sollte das Literaturverzeichnis wie folgt gegliedert sein:

I. Hilfsmittel (Quellenausgaben, Konkordanzen, Wörterbücher und Grammatiken)
II. Kommentare
III. Monographien, Aufsätze, Lexikonartikel u.ä.

Beispiele des bibliographischen Nachweises:

1. Monographie
   Bultmann, R., Die Geschichte der synoptischen Tradition, FRLANT 29, [10]1995.
2. Aufsatz
   Bultmann, R., Die Geschichtlichkeit des Daseins und der Glaube, ZThK 11 (1930), 339–364.
3. Beitrag in Sammelwerken
   Bultmann, R., Zur Geschichte der Paulus-Forschung, in: Das Paulusbild in der neueren deutschen Forschung, hg. v. K. H. Rengstorf, WdF 24, [2]1969, 304–337.
4. Lexikonartikel
   Bultmann, R., Art. θάνατος, ThWNT III (1938), 7–25.

15. Die Arbeit mit der Computertechnik

Die Arbeit mit der Computertechnik ist aus mehreren Gründen für die ntl. Wissenschaft unverzichtbar geworden: Zum einen vereinfacht die Computertechnik den Überblick über die zunehmende Publikationsflut und beschleunigt den Zugriff auf dieses Material. Zum anderen werden z.B. die Daten aus der Alten Geschichte und der Klassischen Philologie mehr und mehr digitalisiert und stehen deshalb in noch größerer Zahl zur Verfügung. Schließlich geschieht die Verarbeitung des erhobenen Materials in präsentabler Form am besten mithilfe dieser Computertechnik[267]. Dieser zuletzt genannte Aspekt soll im Folgenden entfaltet werden.

15.1 Messen, Layout und Zeichensätze

In Deutschland existiert die **D**eutsche **I**ndustrie **N**orm (DIN), die die Bemaßung des Layouts enthält. Hinsichtlich der gültigen DIN ist das Layout einer A4-Seite mit 209,9x296,69mm (= 8,26x11,68 inch) angegeben, wobei sich diese Bemaßung bei einem A3-Bogen verdoppelt, bei A2 vervierfacht etc. Folgende Vorüberlegungen sollten im Blick auf die Wahl des Layouts angestellt werden: Kann der Drucker das gewählte Maß (Blattrand) drucken? Entspricht die Blattgröße der Akzeptanz derer, die das Blatt lesen sollen? Wie verarbeitet der Drucker das gewählte Papier (sog. „Laser-Wellen")?

Die Berechnungsgrundlage hinsichtlich des Zeichen- und Schriftmodus' ist der sog. Punkt. Die Größe eines Punktes ist jedoch nicht einheitlich: In Deutschland und Frankreich wird der

---

267 Aus der Vielzahl der Publikationen zum Thema Typographie: B. Brenner, Schrift.Setzen. Handbuch für Gestaltung, 1993; J. Gulbins, C. Kahrmann, Mut zur Typographie. Ein Kurs für DTP und Textverarbeitung, 1993 (Nachdruck); S. Cavanaugh, Insiderbuch TypeDesign. Digitales Gestalten mit Schriften, übers. v. H. Kraus, 1995. Satztechnik und Typographie 1. Typographische Grundlagen, hg. v. Gewerkschaft Druck und Papier, ²1998; Satztechnik und Typographie 2. Satztechnik, hg. v. Gewerkschaft Druck und Papier, ³1997.

Didot[268] verwendet, während in den englischsprachigen Ländern (vor allem USA und UK) mit Pica gerechnet wird[269]. Einige Begriffe bürgern sich zunehmend ein: Als *Zeichensatz* (Font) bezeichnet man alle Schriften, die in Schriftenfamilien weiter zusammengefasst werden (Antiqua-, sans serife, gebrochene, moderne, dekorative und Schreibschriften). Ein solcher Zeichensatz besteht aus verschiedenen *Schnitten:* ein Antiqua-Zeichensatz umfasst dann beispielsweise einen kursiven, fetten, condensed (narrow), Kapitälchen, wide Schnitt. Die kleinste Einheit ist ein einzelnes Zeichen, das in der Regel manuell geschnitten worden ist.

Die Computertechnik gestattet eine schier endlose und als qualvoll empfundene Wahl. Frei nach 1Kor 6,12 ist zwar alles möglich, aber nicht alles ist sinnvoll. Der folgende Schriftenkatalog will zwei Typen von Zeichensätzen mit kurzer Charakteristik, Anwendungsbeispiel und Zeichensatzprobe vorstellen, um die Entscheidung zu erleichtern[270]: Antiqua-Schriften und serifenlose Schriften[271].

---

268 Der Schriftgießer François Ambroise Didot und sein Sohn passten 1785 ein auf dem englisch-amerikanischen Fuß beruhendes Maßsystem dem französischen an; 1878 übertrug Hermann Berthold dieses auf das deutsche Metermaß.

269 Die beiden Systeme seien gegenübergestellt:

Deutschland/Frankreich: USA/UK:
1 Punkt = 0,376 mm; 1 Punkt = 0,352 mm;
1 Cicero = 12 Punkt; 1 Pica = 12 Punkt = 1/6 Inch = 4,218 mm;
4 Cicero = 1 Konkordanz = 48 Punkt 1 Inch = 25,4 mm.

Die Differenz ist demnach nicht unerheblich: Bei 14 Didot-Punkt ist man bereits bei knapp 15 Pica-Punkt! Sie zeigt sich im praktischen Vollzug dort, wo beispielsweise der griech. Zeichensatz der Windows-Plattform „Bibleworks" mit einem dt. Zeichensatz, etwa einer Palatino Linotype, in *einem* Text verwendet wird: Die jeweiligen Kegelhöhen der Versalien sind unterschiedlich und produzieren auf diese Weise unschöne ‚Treppen' im Schriftbild.

270 Ein kleines typographisches Lexikon: Als *Kegelhöhe* wird die gesamte Höhe eines Zeichens, die maximal erreicht werden kann, bezeichnet. Dabei sind die Unterschiede z.B. eines ‚Ö' oder eines ‚g' ohne Belang. Als *Versalhöhe* bezeichnet man die Höhe des Großbuchstabens (Kegelhöhe minus Unterlänge). *Basislinie* ist die Linie, auf der der Buchstabe ‚steht', und die als Grundlinie der Schrift empfunden wird. *Unterlänge* wird unterhalb dieser Basislinie definiert. *Serifen* sind kleine Häkchen an den Enden der Buchstaben. Sie erhöhen die Lesbarkeit, weil das Auge diese Serifen als angenehm empfindet (Ggs.: sans serif). *Fleisch* ist alles, was nicht gedruckt wird und das, worin der Buchstabe eingezeichnet wird (Koordinatensystem). Dort liegen auch die Informationen, die den Buchstabenabstand (sog. *Kerning)* zum nächsten Buchstaben beeinflussen. So überlappen sich z. B. das ‚V' und das ‚A', wenn beide Buchstaben direkt aufeinanderfolgen: VA. Es

Antiqua-Schriften

(Renaissance, Barock- und klassizistische Antiqua)

Es sind sog. Serifenschriften. Die Serifen bilden den Zeichenübergang und lassen damit die Zeichen zu Worten zusammenfließen. Sie werden aber als solche nicht wahrgenommen. Zu diesen Buchsatzschriften zählt man vor allem folgende Zeichensätze: Bodoni, Baskerville, Garamond oder der Palatino. Die heutige Times oder Times New Roman gehört im strengen Sinne nicht zu den Buchsatz-Schriften. Sie wurde von Stanley Morrison für die engl. Zeitung „The Times" mit ihrem enger laufenden Spaltensatz entworfen und 1932 zum ersten Mal gedruckt. Ein Vergleich zwischen „Times" und „Palatino" zeigt dies:

Zeichensatzprobe[272]:

Hallo, ein Test, der mit „Palatino" geschrieben worden ist.

Hallo, ein Test, der mit „Times Roman" geschrieben worden ist.

Anwendung: große Mengen Text (Bücher, Zeitschriftenartikel).

Serifenlose Schriften

(sans serife)

Diese Schriften werden auch als „groteske Schriften" bezeichnet, weil das Fehlen der Serifen als grotesk empfunden wurde. Hierher gehören etwa die Franklin, Gill Sans, Helvetica und Swiss. Die Schrift wirkt *nüchterner,* hebt sachliche Informationen hervor und ist nicht so gut zu lesen wie die Antiqua-Schriften. Es sollte ein größerer Durchschuss gewählt werden.

Zeichensatzprobe:

Hallo, ein Test, der mit „Helvetica" geschrieben worden ist.

Anwendung: kurze, kleine Textmengen, die klare Linienführung verlangen.

---

kommt hinzu, dass dort die Informationen der Laufweite eines Buchstabens niedergelegt ist, d.h., wieviel Zeichen auf einem Inch Platz finden. Als *Durchschuss* bezeichnet man den sog. Zeilenabstand, also den Abstand zwischen der Kegelhöhe.

271 Ferner lassen sich noch serifenbetonte, dekorative, gebrochene, moderne und technische Zeichensatz-Typen unterscheiden.

272 Anhand der Zeichensatzproben lässt sich leicht eine unterschiedliche Laufweite des gewählten Beispiels erkennen, die für die Zahl der Zeichen pro Zeile verantwortlich ist. Beispielsweise bei Examens- bzw. Diplomarbeiten, die exakte Formatierungen zum Zweck der Vergleichbarkeit fordern, ist dies in die Wahl des Satzspiegels (s.u.) mit einzubeziehen.

Text und Überschriften können mit jedem Schriftstil gemischt werden, aber *nicht* aus derselben Klassifizierung. So ist davon abzuraten, unterschiedliche Antiqua-Schriften, etwa eine Bodoni im Haupttext und eine Garamond in Überschriften, zu verwenden. Möglich ist es hingegen, Haupttext in einer Antiqua-Schrift und Überschriften in Sans-Serifen zu schreiben[273]. Ob das letztlich sinnvoll ist, hängt in vielen Fällen entweder vom persönlichen Empfinden ab oder aber von einer entsprechenden Formatiervorgabe. Aus Sicht des klassischen Buchsatzes ist die Einschätzung jedoch klar negativ.

15.2 Satzspiegel

In der Einteilung unterscheidet man zwischen einer rechten Seite mit ungerader Seitenzählung und einer linken Seite mit gerader Seitenzählung. Das Seitenlayout kann gespiegelt oder kopiert werden. Im ersten Fall kann der sog. Bundsteg größer eingestellt werden: Der innere Rand des Blattes ist für das Blättern vorgesehen und sollte größer sein als der Außensteg. Auf diese Weise können beidseitig bedruckte Seiten absolut deckungsgleich ausgegeben werden. Bei kopiertem Layout bleiben rechte wie linke Seite im Satzspiegel identisch. Der Nachteil dieses Verfahrens liegt in den höheren Papierkosten, da bei einseitigem Druck die doppelte Papiermenge benötigt wird.

Kolumnentitel (Kopf- und Fußzeilen) sind dafür gedacht, wiederkehrende Informationen am oberen oder unteren Seitenlayout zu platzieren. Dazu gehören Seitenzählungen, Kapitel- und Unterüberschriften. Da auch für die Kopf- und Fußzeilen zwischen rechtem und linkem Layout unterschieden werden kann, sind auch diese der Einteilung des Satzspiegels anzupassen. Die bekannteste Anwendung liegt im Buchsatz vor, wo der linke Kolumnentitel die Kapitelüberschrift mit Seitenzählung links enthält, der rechte Kolumnentitel hingegen die Unterüberschrift mit Seitenzählung rechts.

---

273 Für eine solche Mischung kann beispielhaft auf G. Theißen – A. Merz, Der historische Jesus (s.o. 7.5.1), verwiesen werden.

Anwendungsbeispiel: gespiegeltes Layout für Gemeindebriefe, Bücher, Zeitungen, Seminararbeiten, Diplomarbeiten etc., wo beidseitiger Druck angestrebt ist; kopiertes Layout auch für einseitig bedruckte Seminararbeiten.

15.3 Absatzformate

Hierunter verbergen sich jene Formatierungen, die bisweilen verschieden benannt werden: Formatvorlagen oder Lineale o.ä.m. Sachlich besteht kein Unterschied: Es wird festgelegt, welches Aussehen der zu schreibende Text insgesamt hat, d.h. welchen Zeichensatz, Durchschuss, Einzüge, Tabulatorenzeilen, Folgeformate etc. ein Dokument enthalten soll. Der Vorteil solcher einmal zentral festgelegten und im Zuge des Schreibens jeweils zugewiesenen Formatierungen ist leicht einzusehen: Sollte am Ende festgestellt werden, dass beispielsweise der Durchschuss geringfügig erhöht werden soll, ist es lediglich nötig, die Einstellungen in jener zentralen Formatiervorgabe zu ändern, die dann auf das übrige Dokument rasch angewandt wird. Ein zeitaufwendiges, einzelnes Durchgehen durch das mehr oder weniger große Dokument entfällt. In diesen Absatzformaten liegen darüber hinaus auch die Angaben für die Wahl des Schnittes, die auf dieselbe Art und Weise rasch geändert werden können, wenn sich herausstellen sollte, dass die etwa von einer Diplomordnung vorgegebenen Stilmerkmale nicht mit den eigenen übereinstimmen. Im Einzelnen sollen erneut einige Einzelaspekte vorgestellt und kurz in ihrer Anwendung beschrieben werden.

Der *Durchschuss* kann in der Regel fest eingestellt werden (z.B. auf das 1,5 fache der Kegelhöhe) oder aber sich flexibel an die Schriftgröße anpassen. Vorzuziehen ist jedoch die feste Einstellung, um bei der gleichzeitigen Verwendung etwa eines hebr. Zeichensatzes nicht wegen dessen größerer Kegelhöhe plötzlich einen größeren Durchschuss im Haupttext zu erhalten. Jener dann flexibel angepasste Durchschuss stört die Wahrnehmung ganz entscheidend. Denkbar sind linker *Einzug* der ersten oder aber der folgenden Zeilen (hängend). Im vorliegenden Fall hat immer der zweite Absatz nach einer Überschrift diese Hervorhebung. Ein etwas anderes Beispiel kann man in den Fußnoten erkennen: Sie haben einen hängenden Einzug, um so die Fußnotenziffer leichter erkennen zu können. Schließlich bezieht sich eine Einrückung oftmals auf den rechten Rand.

1 Eine eingezogene Fußnote, deren erste Zeile von links eingezogen worden ist.

1 Eine eingerückte Fußnote, deren zweite Zeile von links auf einen linksbündigen Tabulator eingerückt worden ist.

1 Eine eingerückte Fußnote, deren zweite Zeile von links auf einen linksbündigen Tabulator und von rechts um 14 Punkt eingerückt worden ist.

Anwendungsbeispiele: Exkurse, Fußnoten, Kapitelüberschriften, große Textmengen.

15.4 Tabulatoren

Bei den Tabulatoren ist im Wesentlichen zwischen linksbündigen, rechtsbündigen, zentrierten und dezimalen zu unterscheiden. Erstere lassen den Text ab dem Tabulator in der Schreibrichtung (in der Regel von links nach rechts) an einer gedachten vertikalen Linie verlaufen. Der rechtsbündige lässt den Text ab dem Tabulator entgegen der Schreibrichtung (in der Regel von rechts nach links) an einer gedachten vertikalen Linie verlaufen. Der zentrierte Tabulator richtet den Text gleichmäßig an diesem nach links und rechts aus. Und schließlich formatiert der dezimale Tabulator den Text bis zum Dezimaltrennzeichen (meistens das Komma) links, danach jedoch weiter in der gewohnten Schreibrichtung. Zusammen mit der Option Füllzeichen lässt sich der Text bis zum jeweiligen Tabulator mit verschiedenen Füllzeichen versehen (gepunktet, gestrichelt etc.)[274].

---

274 Die folgenden Beispiele veranschaulichen die konkreten Auswirkungen: Der erste Fall zeigt einen linksbündigen Tabulator, darunter einen rechtsbündigen, gefolgt von einem zentrierten. Das vierte Beispiel ist eine Zusammenstellung aller genannten Varianten, wie sie sich etwa in Rechnungen (Menge, Artikel-Nummer, Bezeichnung, Einzelpreis und Summe) finden. Die gestrichelte Linie ist in allen Fällen mit einem rechtsbündigen Tabulator und der Füllzeichen-Option erzeugt worden.

Test	Test	Test
Testversion	Testversion	Testversion
Testlauf	Testlauf	Testlauf

- -

Test	Test	Test
Testversion	Testversion	Testversion
Testlauf	Testlauf	Testlauf

- -

Test	Test	Test
Testversion	Testversion	Testversion
Testlauf	Testlauf	Testlauf

- -

2	0815	Test	5,30	10,60
10	4711	Testversion	−,75	7,50
12	B6-A5	Testlauf	−,56	6,72

Anwendungsbeispiele: Tabulatoren werden für Tabellen, hängende Fußnoten (Einzug per linksbündigem Tabulator), außenstehende Seitenangaben in der Kopfzeile, Rechnungen u.a.m. verwendet. Die Füllzeichenoption lässt sich verschiedentlich anwenden: • für ein Inhaltsverzeichnis, in dem die Überschriften von der Seitenzahl entsprechend abgesetzt werden sollen, • für einen mehrspaltigen Index, um auf große vertikale Trennlinien zu verzichten und um das Auffinden der Schriftstellen zu erleichtern, • für Tabellen, um verschiedene Spalten voneinander abzuheben.

In der Regel können verschiedene Tabulatorzeilen in ähnlicher Weise erzeugt werden wie die Absatzformate. Es ist dann möglich, für die Fußnoten andere Tabulatoren zu verwenden als für den Haupttext oder die Kopfzeilen. Oft sind diese individuell erstellten Tabulatorzeilen als fertige ‚Absatzformate‘ speicherbar. Sie können in einem solchen Fall anderen Absatzformaten zugewiesen werden, so dass beispielsweise das Absatzformat für die Fußnoten zugleich die Information enthält, welche spezifische Tabulatorzeile verwendet werden soll. Die Änderung etwa einiger Tabulatoren, die im Haupttext eine Gegenüberstellung formten, wird dann nicht die Positionierung der hängend ausgerichteten Fußnoten beeinflussen, weil beide Absatzformate unterschiedliche Tabulatorzeilen enthalten.

Zum Weiterlesen: Studienbücher aus unserem Programm

Rochus Leonhardt / Rochus Leonhardt
Grundinformation Dogmatik
Ein Lehr- und Arbeitsbuch für das Studium der Theologie

UTB 2214

Ein Überblick zu den Hauptinhalten der christlichen Dogmatik mit Übersichten und Abbildungen sowie Anregungen zu eigener Weiterarbeit.

Gunda Schneider-Flume
Grundkurs Dogmatik
Nachdenken über Gottes Geschichte

UTB 2564
2., durchgesehene Auflage 2008. 414 Seiten, kartoniert
ISBN 978-3-8252-2564-3

Dieser besonders für Studienanfänger und Studienanfängerinnen geeignete Grundkurs behandelt die Themen des Apostolischen Glaubensbekenntnisses und die methodischen Grundprobleme der Dogmatik.

Bernd Moeller
Geschichte des Christentums in Grundzügen
UTB 905
9., überarbeitete Auflage 2008. 436 Seiten, kartoniert
ISBN 978-3-8252-0905-6

In dieser bewährten Darstellung wird die Geschichte des Christentums im Überblick und in ihrem inneren Zusammenhang geschildert. Es geht nicht nur um Namen, Daten und Einzelfakten, sondern vor allem um die elementaren Strukturen und die Hauptereignisse.

Hans-Christoph Schmitt
Arbeitsbuch zum Alten Testament
Grundzüge der Geschichte Israels und der alttestamentlichen Schriften

UTB 2146

Eine Einführung in die Theologie und Geschichte des Volkes Israel und die Schriften des Alten Testaments in einem Band.

»Solide Grundlage und ... Anregung für alle weiterzuführende Arbeit am Alten Testament« *Theologische Literaturzeitung*
»For students, this is the ideal book to start with.«
International Review of Biblical Studies
»Eine konzentrierte und sehr übersichtliche Darstellung des alttestamentlichen Grundwissens.« *TheoWeb. Zeitschrift für Religionspädagogik*

Jan Christian Gertz (Hg.)

Grundinformation Altes Testament

Eine Einführung in Literatur, Religion und Geschichte des Alten Testaments

In Zusammenarbeit mit Angelika Berlejung, Konrad Schmid und Markus Witte
UTB 2745

»Dies ist ein Lehrbuch mit hohem Anspruch [...] Eine kluge Einführung in das Alte Testament, aus der man auch viel über die Methodik wissenschaftlichen Arbeitens lernen kann.« *Literaturtest.de / amazon.de*
»Das Lehrbuch ist gleichermaßen für Diplom- wie für Lehramtsstudierende in allen Studienphasen bis hin zum Examen geeignet, ist aber auch darüber hinaus jedem zu empfehlen, der sich in kirchlicher und schulischer Praxis um ein vertieftes Verständnis des Alten Testaments bemüht.«
Zeitschrift für die Alttestamentliche Wissenschaft

Astrid Dinter / Hans-Günter Heimbrock / Kerstin Söderblom (Hg.)

Einführung in die Empirische Theologie

Gelebte Religion erforschen

UTB 2888

Dieses Lehrbuch skizziert Schlaglichter der alltäglichen Forschungspraxis und stellt Impulse phänomenologischer Theologie sowie Momente der Alltagskultur als Ausgangspunkt für die Erforschung gelebter Religion vor.

Markus Mühling

Grundinformation Eschatologie

Systematische Theologie aus der Perspektive der Hoffnung

UTB 2918

Diese »Grundinformation« erschließt den wichtigen, aber schwierigen Bereich der Systematischen Theologie auf verständliche Weise. Mühling stellt verschiedene Modelle der Eschatologie vor und bedenkt ihren praktischtheologischen Kontext.

Lukas Bormann
Bibelkunde
Altes und Neues Testament

UTB 2674

Lukas Bormann legt eine umfassende und übersichtliche Bibelkunde vor, die sich nicht nur für Studierende bei der Prüfungsvorbereitung, sondern auch zum Selbststudium und als praxisbegleitende Lektüre eignet.

»It is the intention of this exegetical discipline and textbook to provide students with a basic knowldge and to instruct them to read the Bible. This aim can easily be fulfilled with this attractive and clear presentation.« *Journal for the Study of the New Testament*

Christian Grethlein
Grundinformation Kasualien
Kommunikation des Evangeliums an Übergängen des Lebens

UTB 2919

Kasualien kommunizieren die Botschaft des Evangeliums. Grethlein führt in ihre Modelle und ihre Geschichte ein und beleuchtet empirische, ökumenische und handlungsorientierende Perspektiven.

Dieter Vieweger
Archäologie der biblischen Welt
UTB 2394

Umfassende Einführung in Geschichte, Methoden und Ausgrabungsorte. Zahlreiche Abbildungen, Karten, Zeichnungen und Artefakte.

»Ein hervorragendes Sachbuch zur Archäologie und Kulturgeschichte der biblischen Welt ..., das sich auch durch seine souveräne didaktische Gestaltung auszeichnet.« *Zeitschrift für katholische Theologie*

Kristin De Troyer

Die Septuaginta und die Endgestalt des Alten Testaments
Untersuchungen zur Entstehungsgeschichte alttestamentlicher Texte

Übersetzt aus dem Amerikanischen von Gesine Schenke Robinson.
UTB 2599

Die Studie arbeitet die Bedeutung der Septuaginta-Texte für die Text-
entwicklung des Alten Testaments heraus.

»This book will prove extremely useful to students of Old Testament exegesis, both for its thorough analysis of individual cases and for its encom-
passing pedagogical project. » *Ephemerides Theologicae*

Volker Drehsen / Wilhelm Gräb / Birgit Weyel (Hg.)
Kompendium Religionstheorie
UTB 2705

Erstmalig umfassend bietet dieses Kompendium einen Überblick über die
Klassiker der Religionstheorie und das Religionsverständnis in den klassischen Kulturtheorien des 19. und 20. Jahrhunderts.

»Bei manchen Büchern wundert man sich, dass es sie nicht schon längst
gibt. Dies gilt auch für das von Volker Drehsen, Wilhelm Gräb und Birgit
Weyel herausgegebene Kompendium Religionstheorie. ... Das gehaltvolle,
aspektenreiche Kompendium ist ein unentbehrliches Hilfsmittel für alle,
die sich zuverlässig über religionstheoretische Entwürfe informieren wollen.« *Kirchliches Amtsblatt der Evangelischen Kirche von Westfalen*

Susanne Heine
Grundlagen der Religionspsychologie
Modelle und Methoden
UTB 2528

Systematisch und umfassend verschafft Susanne Heine einen Zugang zum
geistesgeschichtlichen und biographischen Hintergrund der wichtigsten
religionspsychologischen Richtungen.

»Fulminante[s] Grundlagenwerk ... Zu Beginn unseres ›Jahrhunderts der
Religionen‹ gehört dieses inhaltsreiche, spannende und schlüssig systematische Werk- und Arbeitsbuch zur Pflichtlektüre.« *Christ in der Gegenwart*

Michael Roth (Hg.)
Leitfaden Theologiestudium
UTB 2600

Der Leitfaden Theologiestudium ist eine ausführliche, zuverlässige und ganz neue Form der Studienberatung.

»Insgesamt eine gelungene Einführung, die man zu studienberatenden Zwecken gut weiter empfehlen kann. Insbesondere die praktischen Hinweise, wie das Fach zu studieren ist, sind wertvoll.« *Theologische Beiträge*

Jürgen Ziemer
Seelsorgelehre
Eine Einführung für Studium und Praxis

UTB 2147

Das Buch stellt eine Einführung in die Grundzüge der Seelsorgelehre und in die seelsorgerlichen Handlungsfelder der Gegenwart dar. Kommentierte Literaturhinweise sowie eine didaktische Aufbereitung der Darstellung dienen der Nutzbarkeit des Buches als Grundlagenliteratur für die Examensvorbereitung.

Karl-Wilhelm Niebuhr (Hg.)
Grundinformation Neues Testament
Eine bibelkundlich-theologische Einführung

In Zusammenarbeit mit Michael Bachmann, Reinhard Feldmeier, Friedrich Wilhelm Horn und Matthias Rein
UTB 2108

Das Arbeitsbuch stellt die Schriften des Neuen Testaments allgemeinverständlich in der Reihenfolge des Kanons dar. Der Zugang erfolgt über eine bibelkundliche Erschließung. Exegetische Hinweise dienen der Einordnung der behandelten Schrift und der Erhellung ihrer Entstehung. Anschließend werden theologische Schwerpunkte dargestellt und Hinweise zu Wirkungsgeschichte und gegenwärtiger Bedeutung gegeben – im Kirchenjahr, in der Kunst oder auch im »säkularen« Alltag. Durch vorangestellte Thesen, eingefügte Übersichten sowie zusätzliche Informationen in einer Randspalte wird der Text didaktisch erschlossen. Mit einem Verzeichnis der wichtigsten Studienliteratur, Glossar und biblischem Personenverzeichnis.

Otto Kaiser
Der Gott des Alten Testaments
Theologie des AT 3: Jahwes Gerechtigkeit
UTB 2392

Der 3. Band enthält eine Darstellung der alttestamentlich-jüdischen Eschatologie, ihrer Voraussetzungen, ihrer Entwicklung und ihrer Bedeutung. Er behandelt abschließend die Frage der Bedeutung des Alten Testaments als Auslegung der Existenz und beantwortet damit die über dem ganzen Werk stehende Leitfrage nach der Gegenwartsbedeutung des Alten Testaments. Mit einem Gesamtregister der in den drei Bänden behandelten Bibeltexte.

Wolfgang Sommer / Detlef Klahr
Kirchengeschichtliches Repetitorium
Zwanzig Grundkapitel der Kirchen-, Dogmen- und Theologiegeschichte. Mit Lernfragen auf CD-ROM von Marcel Nieden
UTB 1796

»Das Repetitorium verbindet geschickt Kirchen-, Dogmen- und Theologiegeschichte und ist eine intelligente Mischung der Darstellung von Ereignissen und Entwicklungslinien. Ein knapper Einstieg gilt als Hinführung zum Abschnittsthema, dessen Grundaspekte dann, lernorientiert aufbereitet, entfaltet werden. Wenige Literaturhinweise am Schluss des Kapitels verstehen sich als Vorschlag zur begleitenden Lektüre. Den Abschluss bilden Schwerpunktfragen zur Wiederholung. Dieses gelungene Repetitorium wird sicher schnell zum unentbehrlichen Hilfsmittel bei der Examensvorbereitung werden.« *JETh*

Friedrich Wilhelm Horn / Friederike Nüssel (Hg.)
Taschenlexikon Religion und Theologie (TRT)
3 Bände und 1 Registerband

Aktualität und Leserbezogenheit zeichnen das Taschenlexikon Religion und Theologie (TRT) entsprechend seinem bisher bewährten Konzept auch in der völlig überarbeiteten und erweiterten Neufassung aus. Die 500 wichtigsten Begriffe aus dem Christentum und den Weltreligionen, aus Theorie und Praxis und dem kirchlichen Leben werden in kurzen, aber umfassenden Beiträgen thematisiert. Mehr als 100 ausgewiesene Fachleute haben an dem Lexikon in drei Bänden (und einem Registerband) mitgewirkt.

Stephen A. Cooper
Augustinus für zwischendurch
Aus dem Englischen von Christophe Fricker

Augustinus ist wohl der beliebteste unter den Kirchenvätern. Er hat die abendländische Philosophie und Theologie geprägt wie kein anderer. Dieser Band führt in seine Grundgedanken ein.

Wen auch immer man sich unter Augustinus vorstellt, so gilt er doch allen als ein Denker, der die Tiefen der menschlichen Seele ausgelotet hat. Augustinus war ein Pionier. Seine brillanten theologischen, philosophischen und psychologischen Gedanken beeinflussen noch heute unser abendländisches Denken. Die »Bekenntnisse« sind Weltliteraturerbe.

Dieser Band führt auf allgemein verständliche Weise an die »Bekenntnisse« heran und bettet sie in kompakte Hintergrundinformationen zu Leben und Person des Augustinus ein.

Timothy M. Renick
Thomas von Aquin für zwischendurch
Aus dem Englischen von Barbara Vetter

Die wichtigsten Episoden aus Leben und Werk des Thomas von Aquin (1225–1274), eingebettet in eine humorvolle Einführung von Timothy M. Renick.

Thomas von Aquin ist einer der bedeutendsten Lehrer der Kirche. Seine Gedanken sind für Laien jedoch nicht immer leicht fassbar. Dieser Band skizziert die wichtigsten Eckpfeiler der Theologie und Philosophie Thomas von Aquins und rahmt sie mit kuriosen Zwischenfällen aus dem Leben des Aquinaten. Dadurch schafft er einen verständlichen Zugang, der von zahlreichen humorvollen Karikaturen von Ron Hill begleitet wird.

Christopher Elwood
Calvin für zwischendurch
Aus dem Englischen von Margit Ernst-Habib

Johannes Calvin war einer der einflussreichsten Theologen der Reformationszeit. Seine Bedeutung reicht jedoch weit ins 21. Jahrhundert hinein. Die Welt von heute, ihre Wissenschaften, ihre Wirtschaft und ihre Politik, ist ohne Hintergrundwissen zu Calvin kaum zu verstehen. Fixpunkt seiner Theologie ist die »Erkenntnis Gottes und unserer selbst«. Die rechte Gotteserkenntnis findet der Mensch weder in der Natur noch in sich selbst, sondern in Jesus Christus. Die Grundthemen der Theologie Calvins (Bundestheologie, Prädestinationslehre, Sakramentenlehre u.a.) werden vorgestellt und auf allgemein verständliche Weise behandelt.

Steven Paulson
Luther für zwischendurch
Aus dem Englischen von Tina Bruns

Martin Luthers Theologie läutete im 16. Jahrhundert einen radikalen Richtungswechsel in Kirche und Gesellschaft ein. Gegen das autoritätsgewandte römisch-katholische Denken in Substanzen setzte er ein am Evangelium orientiertes Denken, das das Wort Gottes als externen Anker für Glaube und Hoffnung und die direkte Beziehung des Einzelnen zu Gott in den Mittelpunkt rückte. Diese Einführung führt gut verständlich, locker und humorvoll an Luthers Theologie heran und bringt die Schlüsselmomente ihrer Geschichte, auch über die zahlreichen Karikaturen, auf den Punkt.

John R. Franke
Barth für zwischendurch
Aus dem Englischen von Sonja Schöpfel

Auch wenn Barth einen Großteil seines Lebens in den Höhen des akademischen Elfenbeinturms schwebte und die »Kirchliche Dogmatik« vorwiegend von seinen Universitätskollegen gelesen wurde, war ihm die Gemeinde seine wichtigste Hörerschaft. Fielen seine Gedanken dort auf fruchtbaren Boden, traf dies den Kern seiner Motivation, Theologie zu treiben. Christliches Leben sei nur möglich, so Barth, wenn man die biblischen Aussagen mit dem gegenwärtigen Geschehen in Welt und Moderne verbinden könne.

Personenlexikon zum deutschen Protestantismus 1919–1949
Zusammengestellt und bearbeitet von Hannelore Braun und Gertraud Grünzinger

Das Personenlexikon erschließt erstmals den deutschsprachigen Protestantismus in der ersten Hälfte des 20. Jahrhunderts. Mehr als 1000 Personen, die zwischen 1919 und 1949 ein kirchliches Amt, einen Lehrstuhl oder eine leitende Funktion innehatten, werden in Kurzbiogrammen vorgestellt. Hinzu kommen Persönlichkeiten, die ohne Amtshintergrund Bedeutung für den Protestantismus erlangen und einen wichtigen Beitrag für seine Entwicklung leisten konnten.

Neues Testament

V&R

Udo Schnelle

Theologie des Neuen Testaments

UTB 2917
2007. 747 Seiten, kartoniert
ISBN 978-3-8252-2917-7

Christologie, Pneumatologie, Soteriologie, Anthropologie, Ethik, Ekklesiologie und Eschatologie im Neuen Testament stehen im Zentrum dieser neuen »Theologie« von Udo Schnelle.

Dieser Band gibt einen umfassenden Überblick zur Theologie des Neuen Testaments auf dem aktuellen Stand der internationalen Forschung. Der Darstellung der Verkündigung Jesu folgen umfangreiche Kapitel über Paulus, die Logienquelle, die synoptischen Evangelien, die Apostelgeschichte u.a. Dabei konzentriert sich Schnelle jeweils auf Theologie, Christologie, Pneumatologie, Soteriologie, Anthropologie, Ethik, Ekklesiologie und Eschatologie. Der Band ist nicht nur wissenschaftlich fundiertes Grundlagenwerk, sondern durch Inhalt und Struktur auch fächerübergreifend und für allgemein Interessierte attraktiv.

Udo Schnelle

Einleitung in das Neue Testament

UTB 1830
6., neubearbeitete Auflage 2007.
607 Seiten mit 6 Karten, kartoniert
ISBN 978-3-8252-1830-0

Udo Schnelles Einleitung behandelt die Entstehungsverhältnisse der 27 neutestamentlichen Schriften und stellt die theologischen Grundgedanken jeder Schrift und die Tendenzen der neuesten Forschung dar. Darüber hinaus werden Themen wie die Chronologie des paulinischen Wirkens, die Paulus-Schule, methodische Überlegungen zu Teilungshypothesen, die Gattung Evangelium, Pseudepigraphie und das Werden des neutestamentlichen Kanons ausführlich erörtert.

Vandenhoeck & Ruprecht

Bewährte Studienhilfen

Jörg Ulrich / Uta Heil

**Klausurenkurs
Kirchengeschichte**

61 Entwürfe für das 1. Theologische
Examen

UTB 2364
2002. 189 Seiten, kartoniert
ISBN 978-3-8252-2364-9

Der Klausurenkurs Kirchenge-
schichte bietet 61 Klausurent-
würfe zu den gängigsten The-
men für das erste Theologische
Examen. Er versteht sich als
Examenshilfe, die den umfang-
reichen Stoff aus 2000 Jahren
Kirchengeschichte auf konkrete
Klausur-Themen hin struk-
turiert. Zusätzlich enthält er
Ratschläge zur Vorbereitung und
Durchführung des Examens so-
wie Hinweise auf die wichtigste
Literatur zum jeweiligen Thema.

Der Band beruht auf dem Material, das die Verfasser für die
entsprechenden Übungen an den
Universitäten zusammengestellt
haben und das sich bei den Exa-
menskandidaten bewährt hat.

Jörg-Michael Grassau

**Vokabeltrainer 3.0.
Hebräisch – Griechisch –
Lateinisch**

CD-ROM mit Sprachausgabe

Basierend auf den Verzeichnissen von
Hans-Peter Staehli, Friedrich Rehkopf, Hans
Baumgarten. Mit Smart-Audio-Funktion für
MP3-Player.
Koproduktion mit dem Verlag R. Brockhaus
Neuausgabe 2007. DVD-Box
ISBN 978-3-525-26410-2

Die CD basiert auf den im
Theologie-Studium vielfach
bewährten Vokabularien von
Hans-Peter Stähli (Hebräisch-
Vokabular. Grundwortschatz,
Formen, Formenanalyse) und
Friedrich Rehkopf (Griechisches
Lernvokabular zum Neuen Te-
stament). Abgerundet wird das
Trainingsprogramm durch die
Aufnahme eines lateinischen
Grundwortschatzes, den Hans
Baumgarten vorgelegt hat (Com-
pendium Vocabulorum). Bib-
lische Texte und Vertonungen
aller fremdsprachigen und
deutschen Vokabeln erleichtern
das Selbststudium. Jetzt auch
geeignet für MP3-Player.

Vandenhoeck & Ruprecht